매일 멋진

보육교사 인성론과 리더십

이소희

창지사

머리말

아시다시피 예비교사들은 양성과정에서 '교사론'을 학습합니다.

물론 학습하는 '교사론'의 성격은 유아교육기관과 초·중·고등학교 등 각급 학교에 따라 다릅니다만, 모든 예비교사들이 '교사론'에서 학습하게 되는 공통되는 주제들이 있습니다.

그중에서도 핵심은 교육의 본질, 교육의 목적, 교사의 정체성, 교사의 역할 등이며, 이러한 과정을 통해서 진정한 교사가 되기 위한 여러 가지 준비를 하게 됩니다.

"행복은 성적순이 아니잖아요"라는 말이 있으며, 그 공감도가 높은 편입니다.

그러면 성적과 사람의 됨됨이는 어떨까요?

"사람의 됨됨이도 성적순은 아니에요"라고 답할 수 있을 것입니다.

그렇다면 교사의 됨됨이는 어떨까요?

"교사의 됨됨이도 역시 성적순이 아닐뿐더러, 성적 운운하기 전에 교사의 됨됨이는 교사의 기본이다"라고 강하게 말할 것입니다.

여기서 말하는 됨됨이는 다름 아닌 바로 인성(人性, character)입니다.

최근 들어 특히 유아보육·교육기관인 어린이집 보육교사의 인성이 주목받고 있는데, 그것은 주지하다시피 어린이집에서 점증되고 있는 영유아학대사건 때문입니다.

이에 따라 사회는 예방과 치료의 모든 영역에서 여러 가지 대응책을 펴고 있으며, 그중에서 보육교사 양성과정에 대한 개편이 포함되었습니다.

아동복지교육에서는 '아동의 권리'가 강조되었는데, 그것은 영유아는 어떠한 학대로부터 보호받을 권리가 있다는 것을 재강조한 것이며, 이는 「아동권리에 관한 국제협약」에 비준한 모든 국가가 이행해야만 하는 과제이며, 당연히 우리나라도 포함됩니다.

그리고 교사론에서는 특히 '인성'이 강조되었는데, 종전의 〈보육교사론〉이 〈보육교사 인성론〉으로 개편한 것이 그것입니다. 사실 이렇게 교과목에 '인성'을 강조한 것은 교과목명만으로도 인성의 중요성을 환기시키는 데 일조합니다. 그러나 보다 중요한 것은 인성이 더욱 함양되고, 영유아학대가 큰 폭으로 감소되어야 하는 것입니다. 물론 인성은 영유아학대에 국한된 것이 아니며, 모든 보육활동 전반에 걸쳐 기본적인 바탕이 된다는 것은 두말할 나위가 없습니다.

이러한 점들을 고려하여 이 책이 쓰였습니다.

첫째, 이 책에서는 '보육교사'를 넘어 **매일멋진보육교사**를 지향합니다.

- 보육교사가 되기 위해 양성과정에 지원한 것은 이미 '좋은 인성의 교사'로서의 출발이다.
- 보육교사의 인성에 관하여 학습하고 있는 것은 '좋은 인성의 교사'가 되는 멋진 과정이다.
- 매일매일 '더 좋은 인성의 교사'가 되기 위해 의식적으로 노력하면 **매일멋진보육교사**가 된다.

둘째, 이 책은 총 5부로 구성되어 있으며, '보육교사'를 넘어 **매일멋진보육교사**가 학습해야 할 주요 내용에 대해 알고 현장에 적용하는 것을 목표로 하고 있습니다.

- PART 1 보육론: **매일멋진보육교사**는 탁아로부터 보육으로 발달된 역사적 과정을 안다.
- PART 2 보육교사론: **매일멋진보육교사**는 어린이집사람들, 즉 영유아의 발달특성과 가정환경, 부모와 가족의 역할과 생활환경 및 보육교사와 보육교직원들의 직무와 역할 및 어린이집 환경의 특성을 안다.
- PART 3 보육교사의 전문성계발론: **매일멋진보육교사**로서 전문성과 기술을 더욱 발달시킬 이유와 함께 자격유지를 위해 이수해야 할 교육과정과 교육내용 및 자기계발을 위한 다양한 방법에 대해 안다.
- PART 4 보육교사의 인성론: **매일멋진보육교사**는 인성을 함양하기 위해 인성에 대한 기본내용과 함께 인성교육의 접근 방법에 대해 안다.
- PART 5 보육교사의 인성리더십과 코칭론: **매일멋진보육교사**는 인성리더이다. 따라서 리더십을 코칭방식으로 계발하고 활용할 줄 안다.

이러한 접근은 보육계에서 처음 시도되는 접근방법으로서 의의가 있습니다. 왜냐하면 좋은 인성을 지닌 보육교사는 매일 적재적소에서 '리더십'을 발휘할 가능성이 매우 높기 때문입니다. 이러한 맥락에서 볼 때, 인성을 리더십차원으로 접근한 것은 이 책의 중요한 특징입니다.

셋째, 이 책은 총 5부에 해당하는 내용을 보다 효과적으로 학습하기 위해 다음 두 가지 토픽과 책 속에서 이루어지는 특별코너를 활용합니다.

〈보육교사 인성이야기〉

각 Chapter의 성격을 고려하여 다양한 이론과 현장사례를 유기적으로 연결시켜 보육교사의 인성을 함양하도록 돕습니다.

〈매일멋진보육교사의 더 깊고, 넓고, 높은 생각〉

각 Chapter를 마무리하면서 더 깊고, 넓고, 높은 생각을 통해 명실공히 **매일멋진보육교사**로서 통합적 자세를 유지할 수 있도록 이해를 높힙니다.

〈책 속의 멋진 워크숍〉

총 12개의 Chapter를 모두 학습한 다음, Chapter 13의 〈책 속의 멋진 워크숍〉을 통해 명실공히 **매일멋진보육교사**로서 통합적 자세를 유지할 수 있도록 여덟 가지 주제로 이해를 높입니다. 이 주제에 따라 학생들은 미니 워크숍을 수업 중에 열고 격의 없이 토론하며, 서로의 견해를 참고할 수 있습니다.

이 책이 출간되기까지 여러 분들의 지지가 있었습니다. 먼저 2009년『유아리더십교육의 이론과 실제』를 출간한 이후 10년 만에 다시『보육교사 인성론과 리더십』의 출간으로 보육교사가 리더십을 통한 인성을 함양하고 계발할 수 있는 장을 만들어 주신 김기섭 사장님과 특별히 이 책의 집필을 권유하신 이상대 상무님께 감사드립니다.

이 책이 다양한 형태의 보육교사 양성기관은 물론, 대학과 어린이집 관계자 및 육아종합지원센터에도 의미 있는 작업이 될 것으로 보고 자료수집과 교정을 도와준 석·박사과정의 제자 원장과 센터장들에게도 고마움을 표합니다. 또한 밤을 도와가며 작업하는 엄마에게 늘 사랑과 믿음으로 함께하는 아들과 딸의 가족들, "너희가 나의 에너지의 원천이란다"라고 행복한 고백을 합니다.

특히 개인적으로 석사과정을 마치고, 결혼하고, 연년생의 두 아이를 3살까지 기른 20대 후반의 저에게 한국어린이집협회(*지금의 한국어린이집총연합회) 간사로 일할 기회를 주시며 보육을 머리와 몸과 맘으로 생생히 익히도록 해 주신 고(故) 주정일 지도교수님께 변함없는 사랑과 존경을 담아 이 책을 올립니다.

이 책을 쓰면서 교수님께서 한국의 보육계를 위해 발휘하신 그 멋진 리더십을 제자들에게 전할 것을 다짐해 보며, 오늘의 저를 있게 해 주신 지도교수님, 참 감사를 드립니다.

2019년 2월

풀잎, 이소희 썼습니다.

목차

PART 1

보육론

Chapter 01

보육의 어제와 오늘

"오늘은 어제 죽어간 사람들이 그렇게도 살고 싶어 했던 내일이었다"는 말은 거의 대부분의 사람들이 인정하는 사실(fact)이다. 그러므로 오늘을 살고 있는 사람들은 "어제보다 더 잘 살지 않는다면 우리는 왜 사는가?" 하는 질문에 스스로 답할 수 있어야 한다.

우리나라에서 부모의 자녀양육을 지원하기 위한 정책은 크게 어제의 탁아와 오늘의 보육으로 구분한다. 오늘날의 보육은 어제의 탁아에서 진일보 한 것인데, 그것은 어제의 경험을 오늘에 되살려 보다 나은 내일을 기대하고자 하는 분명한 목적을 지니고 함께 노력해 온 역사적 소산이다. 그러므로 어제의 탁아와 오늘의 보육에서는 유사점과 차이점이 있다. 따라서 오늘의 보육을 잘 이해하고 더 잘 발전시키기 위해서는 어제의 탁아의 배경과 그 과정을 제대로 파악할 필요가 큰데, 특히 보육교사는 보육의 한가운데에 있는 사람이기 때문이다.

그러므로 바른 인성을 갖춘 **매일멋진보육교사**가 되기 위한 첫 출발은 보육과 보육교사의 어제와 오늘을 아는 것이다.

1. 어제의 탁아

어제의 탁아는 오늘의 보육과 유사하지만, 가장 크고 중요한 차이는 질적 및 양적 수준의 차이이다.

전형적인 탁아는 1961년「아동복리법」에 기반하여 아동의 복리에 대한 사회적 책임의 일환으로 출발하였으며, 요보호 아동을 위한 서비스였다. 탁아가 이루어지는 장소는 당시의 법에 의한 탁아시설이며, 실제적으로 이 시설에서 탁아서비스를 담당하는 사람을 보모, 교사, 선생님, 시설종사자 등으로 혼용하여 불렀다.

1) 탁아(託兒)

탁아의 의미는 한자와 영어로 볼 때, 그 의미를 더 명료히 알 수 있다. 오늘날 공공장소에서 자주 볼 수 있는 설비로 '물품 보관함(物品 保管函)'이 있다. 이것은 자신의 어떤 '그' 물품을 가지고서는 해야 할 일을 효율적으로 하기 어렵기 때문에 보관료를 지불하고 일정 기간 동안 물건을 맡겨놓고, 약속된 시간이 되면 도로 찾아가도록 만들어진 것이다.

아동과 물품이라는 관점에서 비유하기에는 어폐가 있지만, 역할과 기능적 측면에서 보면 탁아(託兒)는 물품 보관함과 매우 유사하다. 다시 말하면 아이를 데리고는 원하는 '그 일'을 제대로 하기 어렵기 때문에 일정한 비용을 내고 일정한 장소의 누군가에게 맡기는 것이다. 일을 하기가 어렵다는 '그 일'은 거의 생계를 위한 '벌이'이며, 거의 자녀양육을 맡고 있는 '어머니'가 벌이를 위해 '일'을 하러 나가는 것이었다.

보육교사 인성이야기

출처: 전남 고흥문화원.

알 림 장

탁아소와 물품 보관함의 차이는 아(兒)와 물(物)이다.
탁아는 맡겨진 아이를 '돌보는 것'이나, 보관은 맡겨진 그대로 '보관'하는 것이다.

물론 아이를 맡기기 때문에 물품과 같은 단순 보관은 결코 아니다. 탁아라고 불렀던 이 돌봄을 북미와 서구에서는 'day care services'라고 불러왔다. 이 말에는 '낮 동안의 아이를 돌보며 보호한다'는 뜻이 함축되어 있다. 이 서비스가 제공된 이유는 주로 일하는 저소득층의 엄마가 취업하는 낮시간 동안 자녀를 제대로 양육하기가 어려웠기 때문이다. 이러한 개념은 오늘날에도 거의 그대로 적용되고 있으며, 산업구조의 변화에 따라 일하는 시간이 교대제로 변화하여 늦은 오후에도 서비스가 지속되는 상황을 감안하여 day를 빼고 child care라고 부르고 있다. 나아가 보육이 보호와 교육을 통합한 용어이므로 영어로는 에듀케어(edu-care)로 표기하고 있다.

2) 탁아소, 탁아시설, 새마을 유아원

우리나라의 탁아사업은 일찍 시작되었는데, 1921년 태화기독교사회복지관이 효시로 알려져 있다. 즉 종교적 차원에서의 자애가 그 바탕이 되고 있으며, 시대적인 상황도 있었지만, 초기에는 '시설'이라기보다는 '집'과 같은 공간에서 가정적 분위기에서 실시되었다.

보육교사 인성이야기

출처: 태화기독교사회복지관.

알림장

종교의 본질과 종교인의 자세는 사람을 진정으로 사랑하는 것이다!
그중에서도 연약한 아이와 어려움에 처한 여성을 먼저 사랑하는 것이다!

사회의 발달은 산업의 구조와 밀접히 관련된다. 사회사적으로 볼 때, 농경사회에서 상·공업중심의 산업사회로 그리고 정보사회로 나아가고 있다. 이 변화의 과정이 사회구성원들에게 미치는 영향은 막강하여 '혁명'으로 표기하고 있을 정도이다. 그 예로 산업혁명 및 정보혁명을 들 수 있다. 오늘날은 초고속정보사회를 넘어 소위 제4차 산업혁명으로 부르는 사회로 변화하고 있으며, 부모와 영유아가 직면한 여러 가지 상황을 고려하여 다양한 형태의 어린이집이 설립되고 있다.[1]

1) 제4차 산업 혁명은 물리적, 생물학적, 디지털적 세계를 빅 데이터에 입각해서 통합시키고 경제 및 산업 등 모든 분야에 영향을 미치는 다양한 신기술로 설명될 수 있다(클라우스 슈밥, 2018).

그러나 이전의 농경사회에서는 농사일이 너무 바쁜 농번기때에 자녀를 돌보기가 어려웠기 때문에 소위 말하는 '농번기탁아소'가 자생적으로 생겨날 수 밖에 없었다.

보육교사 인성이야기

출처: 1972년, 경기도 수원, 농촌여성신문(2009. 2. 9.).
1976년, 지곡면 덕암. 주간함양(2015. 8. 3.).

알림장

농번기 탁아소의 아이들은 농촌봉사활동의 일환으로 참여한 대학생들인 누나와 언니에 의해 돌보아졌다.

한편 상·공업 사회로 이행하면서 농번기 때는 물론이려니와 경제개발 5개년 계획이 진행되면서 상·공업 현장으로 나간 부모의 자녀를 위해 본격적인 탁아사업이 시작되었으며, 점차 다양한 사정으로 자녀를 돌보기 어려운 가정으로 확대되었다. 즉 '탁아시설'은 1961년 아동복리법에 규정되었던 시설이며, 자녀의 보호와 양육 때문에 일을 하기 어려워서 생활에 지장을 받거나 또는 질병, 수형, 실종 등의 여러 사정에 따라 가정에서의 보호와 양육이 어려울 때, 주로 낮 동안 돌보기 위한 목적으로 설치된 시설을 말한다.[2)]

2) 우리나라에서의 탁아의 효시는 1921년 태화기독교사회복지관으로 알려져 있다(구자헌, 1969).

보육교사 인성이야기

출처: 네이버 블로그(https://m.blog.naver.com/PostList.nhn?blogId=kbnavi, 백 넘버 9, 2015. 4. 21.).

알 림 장

탁아소에서는 영아와 유아를 혼합하여 보호하는 경우가 많았다. 그것은 영아와 유아의 혼합보육이 영유아의 발달에 도움이 되기 때문이라는 관점보다는 시설설비의 열악과 보모의 수가 부족한 것에 기인하였다.

다만 탁아시설은 보호에 더 중점을 두기 때문에 교육적 활동이 부족하다는 평가가 지속적으로 제기되었고, 동시에 정권의 교체에 따른 새로운 정책의 도입에 따라 1982년 「유아교육진흥법」이 제정되면서 '새마을유아원'으로의 전환이 이루어졌다.

보육역사로 볼 때, 새마을유아원은 영유아들의 보호와 교육을 확충시키는데 기여하였을 뿐 아니라, 유아교육산업의 비약적인 발전을 가져옴으로써 유아의 성장과 발달에 대한 사회적 인식을 제고하는 데도 영향을 미쳤다. 다만 지나친 확장으로 인해 행정적인 측면에서 무리수를 두었다는 평가가 있다(이경남, 1989; 이경순, 2008; 홍인혜, 2006). 단적인 예로 국가의 안전과 치안 등을 담당하는 내무부가 주무부서가 되었다는 점을 들 수 있다.

보육교사 인성이야기

출처: e영상역사관(1984. 9. 13.).
경북기록문화원.

알 림 장

새마을(협동)유아원 개원은 단순 보호를 넘어 영유아기 교육이 강화되었다.

그러나 양적 및 질적 확대라는 바람직한 측면에도 불구하고 늘어나는 보육수요를 충족시키기에는 역부족이었으며, 또한 분산된 행정기구에 따른 비효율성의 문제도 제기되었다. 보육수요에 적극적으로 대처하고 체계적이고 효율적인 정책적 쇄신이 필요하다는 각계 각층의 요구가 점증함에 따라 1961년에 제정되었던 「아동복리법」을 1981년에 「아동복지법」으로 전면 개정하였으며, 동일한 명칭의 '탁아시설'을 다시 아동복지시설의 한 종류로 포함시켰다.

제도적인 조치를 거쳤음에도 불구하고 여전히 탁아에 대한 인식은 마치 어쩔 수 없이 짐짝 맡기듯 아이를 맡겨버린다는 부정적인 느낌을 강하게 내포하였다. 여기에는 북한의 '탁아소'에 내포된 선입견도 작용하였다고 볼 수 있다.

보육교사 인성이야기

출처: KTV.
출처: WFP 한국사무소(2015).

알 림 장

예전, 우리나라도 북한처럼 WFP로부터 어린이집의 급식용 식량지원을 받았었다. 그러나 이제 우리나라는 다른 나라 어린이가 배고프지 않도록 지원하는 나라가 되었다.

그러나 「영유아보육법」이 제정되면서 탁아시설은 다시 폐지되고, 보육시설로 개칭되었으며, 현재는 보육시설이라는 용어가 아닌 '어린이집'이라는 친근한 용어를 사용하고 있다. 이는 단순한 보호나 돌봄을 넘어서 교육적 기능까지 보완된 대응조치였다고 할 수 있다.

3) 보모(保母)

오늘날 보모는 낯선 용어이지만, 「아동복지법」과 「유아교육진흥법」 및 「영유아보육법」의 제정 전까지는 탁아소에서 영유아를 돌보는 여성은 물론, 고아원에서 18세 미만의 아동을 보호하는 여성 종사자들에 대한 호칭으로도 사용되었다. 위키백과(2018)에서는 보모를 보육원이나 탁아소 따위의 아동복지시설에서 어린이를 돌보며 가르치는 여성으로서 현재의 보육교사를 말한다고 명시하고 있다.

보육은 법적 기반을 토대로 한 사회적 제도이다. 그러므로 모든 관련서비스에서는 법에 규정된 명칭을 사용해야 한다. 이렇게 할 때, 보육사업은 사회적 공감대를 형성한 가운데 사회적 지지를 받아 보육의 전문성과 정체성을 확보하여 더 나은 서비스를 할 수 있기 때문이다.[3)]

보육교사 인성이야기

출처: 경향신문.
전남 고흥문화원.

Q&A

당시, 보모들은 어떤 교육을 받고, 어떤 평가를 받았을까?

---

3) 보모처럼 아직도 영유아를 포함한 아동복지분야에서는 이러한 잔재가 남아 있다. 예를 들면 아동복지시설을 보육원, 영아원, 고아원 등으로 부르고 있는 것을 들 수 있다.

2. 오늘의 보육

오늘의 보육은 보호와 교육의 합성어로서 보호도 하고, 교육도 한다는 뜻이다. 보육의 기반은 기본법적 성격을 지니는「영유아보육법」이다.「영유아보육법」제1조(목적)에서는 영유아(嬰幼兒)의 심신을 보호하고 건전하게 교육하여 건강한 사회 구성원으로 육성함과 아울러 보호자의 경제적·사회적 활동이 원활하게 이루어지도록 함으로써 영유아 및 가정의 복지 증진에 이바지함을 목적으로 하고 있다.

보육은 어린이집에서 이루어지며, 여기에서 영유아를 직접 보호하고 교육하는 전문가를 보육교사라고 호칭하고 있다.

1) 보육(保育)

현행「영유아보육법」제2조에서 '보육'은 영유아를 건강하고 안전하게 보호·양육하고 영유아의 발달 특성에 맞는 교육을 제공하는 어린이집 및 가정양육 지원에 관한 사회복지서비스를 말한다고 규정되어 있다. 그리고 같은 법에서의 보육대상자인 영유아는 6세 미만의 취학 전 아동을 말하며, 취학은 초등학교를 기점으로 하고 있다.

한편, 보육의 제도화 및 활성화에 따라 '보육'에 대한 개념의 논의가 시작되었으며, 이 과정에서 자연스럽게 보육자인 보육교사에 대해서도 유치원교사와 관련하여 새로운 용어가 편의적으로 사용되고 있는데, 그 관점은 '영유아기'라고 하는 발달단계에 두고 있다. 그래서 유치원교사와 보육교사를 통틀어 영유아교사(조부경, 백은주 외, 2016) 또는 유아교사라고 부르며(박봉환, 2017; 신은수, 유홍옥 외, 2015), 이 유아교사의 역할을 돌봄과 가르침으로 대별하고 있다(이경화, 손원경 외, 2018). 여기에서 돌봄=보호 그리고 가르침=교육으로 볼 수도 있지만, 보육 및 돌봄에 대한 재개념화의 필요성도 제기되고 있다.

구체적으로 모성으로 상징되는 '보육'은 영유아의 생존과 훈육, 사회적 적응을 위해 선택하고 판단하는 사유의 과정이 수반되는 지적인 행위로서 보호와 교육을 포괄하는 개념으로 재정비되어야 한다고 보았다. 또 돌봄에 대한 관점을 크게 전통적 관점과 재개념화된 관점으로 구분하였는데, 여기에서 전통적 관점에서는 돌봄과 보호를 필요로 하는 자를 직접 보호하는 행위로 규정하고 있다. 그래서 특별한 지식이나 훈련이 없어도 누구나 할 수 있는 비전문적인 일로서 대리양육이나 보호로 인식함과 동시에 전통적으로 어머니가 하던 일을 대신하는 '여성의 일'로 간주하고 있다. 따라서 전통적 관점의 돌봄은 비전문적·여성적·비주체적인 이미지를 갖는다고 보고 있다. 반면에 돌봄의 재개념화 관점에서는 돌봄 대상을 돌보는 행위 이상의 것, 즉 도덕적·인지적·감정적 요인을 포함하는 복잡한 과정으로서 타인의 요구에 민감하게 반응하고 이해하며, 그에 걸맞은 적절한 대처를 위해 상당한 전문성이 필요된다고 보고 있다. 따라서 돌봄은 아이를 보호하고 성장시키기 위하여, 또한 양육하고 있는 사회에서 아이가 적절하게 받아들여질 수 있도록 훈육하기 위해서는 끝없는 사유가 필요하다고 보고 있다(정선아, 2016; 이가형, 정선아, 2016). 이렇게 볼 때, 보육에서의 돌봄은 전문성을 요하는 특성을 지닌다고 재개념화할 수 있다.

보육교사 인성이야기

출처: 국제뉴스. 2018. 8. 25.
베이비뉴스. 2016. 5. 2.

Q&A

다음 학회 중에서 한 학회를 선택하여 최근 3년 동안의 동향에 대해 살펴보자. (한국보육학회, 한국보육지원학회, 한국아동학회, 한국아동가족복지학회, 한국영유아보육학회, 한국유아교육학회 등.) 각 보육 관련 단체 및 학회에서 어떤 주제로 보육을 연구하고 있는가?

2) 어린이집

어린이집은 「영유아보육법」에 규정되어 있다. 즉 어린이집이란 보호자의 위탁을 받아 영유아를 보육하는 기관을 말한다. 그리고 보호자란 친권자 · 후견인 · 그 밖의 자로서 영유아를 사실상 보호하고 있는 자를 말한다.

이러한 목적의 어린이집의 종류는 역시 같은 법에 규정되어 있으며, 다양한 가정과 직장의 상황에 따라 영유아와 부모 및 가족의 복지를 증진시키는 데 기여한다. 「영유아보육법」에 규정된 어린이집의 종류는 다음과 같다.[4)]

- 국공립어린이집: 국가나 지방자치단체가 설치 · 운영하는 어린이집
- 사회복지법인어린이집: 사회복지사업법에 따른 사회복지법인(이하 '사회복지법인'이라 한다)이 설치 · 운영하는 어린이집
- 법인 · 단체 등 어린이집: 각종 법인(사회복지법인을 제외한 비영리법인)이나 단체 등이 설치 · 운영하는 어린이집으로서 대통령령으로 정하는 어린이집
- 직장어린이집: 사업주가 사업장의 근로자를 위하여 설치 · 운영하는 어린이집으로서 국가나 지방자치단체의 장이 소속 공무원 및 국가나 지방자치단체

4) 경과조치 규정에 의해 이 법 시행 당시 종전의 규정에 따른 국공립보육시설, 법인보육시설, 직장보육시설, 가정보육시설, 부모협동보육시설 및 민간보육시설은 제10조의 개정규정에 따른 국공립어린이집, 법인어린이집, 직장어린이집, 가정어린이집, 부모협동어린이집 및 민간어린이집으로 본다고 규정하고 있다. 그리고 관련법도 개정하여 어린이집으로 명시하고 있다(「가족친화 사회환경의 조성 촉진에 관한 법률」, 「감염병의 예방 및 관리에 관한 법률」, 「개별소비세법」, 「고용보험법」, 「구강보건법」, 「국민영양관리법」, 「남녀고용평등과 일 · 가정 양립 지원에 관한 법률」, 「군인복지기본법」, 「국제과학비즈니스벨트 조성 및 지원에 관한 특별법」). 또한 관계법에서 규정되었던 보육시설의 장은 어린이집의 원장으로, 보육시설의 종사자는 보육교직원으로 개정 · 조치하였다.

의 장과 근로계약을 체결한 자로서 공무원이 아닌 자를 위하여 설치·운영하는 어린이집을 포함한다.

- 가정어린이집: 개인이 가정이나 그에 준하는 곳에 설치·운영하는 어린이집
- 협동어린이집: 보호자 또는 보호자와 보육교직원이 조합(영리를 목적으로 하지 아니하는 조합에 한정한다)을 결성하여 설치·운영하는 어린이집
- 민간어린이집: 위의 규정에 해당하지 아니하는 어린이집

이와 같은 모든 어린이집은 입구의 간판에 '○○○○어린이집'으로 표기해야 한다.[5)]

그리고 어린이집관련 단체도 '어린이집'을 사용해야 한다. 대표적으로 1996년에는 어린이집 관련 협의체가 한국보육시설총연합회였으나, 2011년부터는 '한국어린이집총연합회'로 변경되어 사용되고 있다. 이 밖에 어린이집 관련 업무를 담당하는 민간단체도 어린이집이라는 용어를 사용하고 있다. 이렇듯 '어린이집'으로의 통일은 어린이집관계자들을 한방향으로 정렬하도록 이끈다. 모두 이 땅의 영유아를 위한 사랑과 열정에서 비롯된 것이다. 멋지고 소중하다.

3) 보육교사(保育教師)

「영유아보육법」에서는 어린이집에서 보육의 목적을 실현시키기 위해 일하는 사람을 총칭하여 보육교직원이라고 칭한다. 보육교사는 이 보육교직원 중의 한 사람이며, 주된 직무는 영유아를 보육하는 것이다. 직무는 보육교사의 직업적 특성을 분명히 나타내 준다. 왜냐하면 탁아시설에서도 유치원교사처럼 '선생님'이라고 불렸으나, 법적으로는 '종사자'로 규정되었었다. 그러나 「영유아보육법」에는 보육교직원(保育教職員)으로 통칭된다. 다시 말하면 교육을 주된 직무로 하

5) 장애보육을 실시하는 기관도 장애통합어린이집 및 장애전담어린이집으로 호칭된다.

는 '교직원'인 것이다.

한편, 탁아에서 보육으로 발달하는 것처럼 보육교사도 점진적으로 성장발달하는데, 이는 교육기관의 유형에 관계없이 일반적으로 진행되는 과정이다. 일반적으로 직무의 발달을 단순, 직선형과 순환, 역동형으로 대별하고 있는데,[6] 특히 노길영(2000)은 유아교사의 발달유형을 세 가지로 구분하였다.

- 연속형: 스스로 연속적으로 발달하는 유형
- 단계형: 결정적 전환점을 통해 단계적으로 발달하는 유형
- 정체형: 대체로 좌절이나 침체에 빠지면서 뚜렷한 발달을 보이지 않는 유형

물론 이러한 발달과정과 유형은 보육교사의 개인적 특성과 가정환경 및 양성과정을 이수한 학교 및 어린이집 환경에 따라 차이가 날 수 있지만, 대체로 순환·역동적인 과정을 거친다. 더 구체적으로 말하면 성장 ⇨ 반성 ⇨ 갱신의 과정이라고 말할 수 있다(문혁준, 안효진 외, 2014). 이렇듯 역동의 과정을 통해 우상향의 직선방향으로 발달하게 된다. 이를테면 초임보육교사 ⇨ 현직보육교사 ⇨ 경력보육교사(중간관리자) ⇨ 원장의 단계가 그것이다. 이 과정에서 상급학교의 진학을 통해 석사와 박사과정을 이수하기도 하고, 관심과 능력에 따라 학계로 진출하여 연구·교육자가 되기도 하며, 교육산업계로 진출하여 보육을 지원하는 경영인이 되거나, 보육 관련 정책 및 행정직으로 나아가 보육제도를 통한 보육발전에 기여하게 된다.

6) Fuller & Brown(1975): 교직이전 관심단계 ⇨ 생존에 대한 초기 관심단계 ⇨ 교수상황 관심단계 ⇨ 학생(아동)에 대한 관심단계로 진행된다고 하였다.
- Katz(1972): 생존기(교직입문~1년) ⇨ 강화기(1년~3년) ⇨ 갱신기(3~5년) ⇨ 성숙기(5년 이상)
- Burke, Christensen, Fessler(1984): 교직이전단계 ⇨ 교직입문단계 ⇨ 능력구축단계 ⇨ 열중과 성장단계 ⇨ 교직좌절단계 ⇨ 안정 ⇨ 침체단계 ⇨ 직업적 쇠퇴단계 ⇨ 교직퇴직단계로 진행된다고 하였다.

매일멋진보육교사의
더 깊고, 넓고, 높은 생각

나의 삶, Time Line

여기 삶의 선(Life Line/Time Line)이 있다.

지금 이 과목을 배우기까지의 과정을 되돌아보고,
중요한 계기가 되었던 어떤 사건이 있었는지를 생각해 봄과 동시에
그 지닌 의미를 생각해 보자.
나는 여기에 무엇을 위하여 있는가?

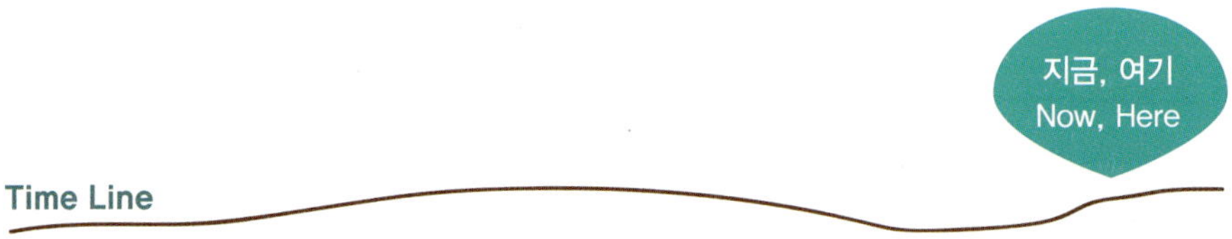

Chapter 02

보육의 기능과 가치

최근 '사전'과 '설명서'라는 말을 자주 사용하고 있다. 예를 들어 가치사전이라든가 인생설명서 등을 들 수 있다. 유사하게 「영유아보육법」에서는 영유아보육의 기능과 이를 통해 창출할 수 있는 가치를 명료하게 읽을 수 있다. 즉 「영유아보육법」에서 규정된 보육의 기능은 영유아(嬰幼兒)의 심신을 보호하고 건전하게 교육하여 건강한 사회 구성원으로 육성함과 아울러 보호자의 경제적·사회적 활동이 원활하게 이루어지도록 하는 것이다.

그러므로 보육교사가 보육의 기능적 가치를 잘 알고 계속 강하게 내재화하면서 이를 실천하면, 보육의 첫 번째 대상자인 영유아의 복지를 보장하고, 두 번째 대상자인 부모와 가족의 안정을 도모하게 된다. 이 과정을 통해 보육교사가 자연스럽게 자아실현을 이루면서 행복한 삶을 살 수 있게 된다. 나아가 대물림하면서 영원히 잘 살도록 리더십을 발휘함으로써 매일멋진보육교사로서 의미 있는 삶을 살게 되는 것이다.

1. 영유아의 심신보호기능과 생존가치

인간은 생명체다. 한창 성장발달과정 중에 있는 영유아도 생명체다. 생명체의 본질과 명제는 모든 생명체는 언젠가 죽지만, 그때까지 건강하게 생명을 유지하는 것이다. 따라서 이 땅의 생명체들은 이러한 사실을 겸허하게 수용하면서 열심히 살아가고 또한 다른 생명체를 키워낸다. 바로 영유아들이다. 어떻게 키워내는가? 가정과 어린이집이 협력하여 양육하고 보육한다. 즉 심신을 보호하여 건강하게 키우면 된다.

1) 영유아의 심신보호

심신(心身)은 문자 그대로 마음과 몸이다. 마음과 몸은 분리되어 있지 않고 서로 유기적으로 움직인다. 이를 나타내는 단적인 표현이 "몸이 아프면 마음이 아프고, 마음이 아프면 몸이 아프다"는 것이다.

그래도 심신의 보호를 위한 생활지도를 효과적으로 하기 위해 주로 몸의 영역에서 다루는 주제와 마음의 영역에서 다루는 주제로 구분하여 접근한다. 그 예로 영유아의 급식과 수면지도는 몸의 영역에 해당되는 주제이며, 한국보육진흥원에서 주관하는 보육교사의 인성교육을 위한 〈마음성장 프로젝트〉는 주로 마음을 다루는 영역에 해당되는 주제라는 것을 들 수 있다. 이러한 맥락에서 「영유아보육법」에서는 심신의 영역에 해당되는 것으로 세 가지 주제를 제시하고 있는데, 그것은 건강, 영양, 안전관리이다.

(1) 예방적 차원에서의 영유아 심신보호

출생 후의 인간발달에서 가장 초기에 해당되는 단계는 영유아기이다. 그러므로 영유아기가 지니는 발달적 의미는 매우 크다.

영유아복지를 포함한 아동복지실천에서의 바람직한 방향은 예방복지의 구축에 있다. "치료의 한 온스보다 예방의 한 파운드가 더 낫다"라는 영국의 격언이 이를 잘 대변해 준다. 실제로 영유아복지에서 중요한 비중을 차지하는 보육복지는 기본적으로 예방적 차원에서의 접근이다(이소희, 2018c).

영유아복지에서 예방은 문자대로 영유아와 부모 및 가족이 지닌 문제와 장애의 발생을 미리 방지하기 위한 대책을 말한다. 이는 실제적으로 영유아기의 발달이 전 생애를 결정할 만큼 영향력이 크다는 사실이 예방의 중요성을 매우 강조하고 있는 이유이다. 나아가 예방은 문제가 발생한 후 대처하는 치료적 접근보다 비용과 노력면에서 경제적이다. 이 사실은 미국의 랜드연구소(2006)의 미래예측에 관한 다양한 연구결과에서 입증되고 있다(www.rand.org). 즉 빈곤 아동에 대한 사회적 투자는 취업률, 소득수준, 교육성취, 복지수급 등의 측면에서 1달러를 투자했을 때, 최대 16.1달러의 환원효과가 발생한다는 것이다. 특히 보건의료와 교육분야에서 예방적 차원의 효과는 매우 크며, 우리나라에서 시행되고 있는 보건의료분야의 정책사례로는 어린이 국가예방접종사업을 들 수 있다. 이 사업은 영유아보육의 기능인 심신의 보호을 위한 첫 출발점이 된다.

(2) 치료적 차원에서의 영유아 심신보호

출생 후의 인간발달에서 가장 초기에 해당되는 단계는 영유아기이다. 그러므로 영유아기 때 발달적인 문제가 발생하였을 때, 조기에 치료하지 않으면 발달의 원리에 따라 누적적으로 장기적인 영향을 미친다. 또한 한 번 손상된 기능은 회복하는 데 오랜 시간과 노력이 소요되므로 적지 않은 사회적 비용을 낭비하게 된다.

특히 몸과 마음의 문제는 우열을 가리기 어려울 만큼 모두 중요하지만, 실제로 마음의 영역이나 인지영역의 문제보다도 몸의 영역인 신체에서 발생하는 문제는 가시성이 크기 때문에 관리부실에 따른 문제는 어린이집의 존폐는 물론, 보육교사로서의 삶도 뒤흔들 만큼 파괴적이다. 따라서 사려 깊은 관리가 필요하다. 왜냐하면 영유아 보육을 위한 직접적인 실천을 넘어 보육교직원들과 함께 생활해야 하므로 직무 분담에 따른 갈등과 스트레스가 발생할 수 있기 때문이다. 게다가 긴급한 상황들이 지속적으로 발생할 가능성도 높기 때문에 누적되다 보면 소진현상까지 나타날 수도 있다. 따라서 보육교사는 교직인성을 최대한 발휘하여 지혜롭게 관리하는 성숙한 자세가 필요한 것이다.

2) 영유아보육법에서의 심신보호의 영역

실제로 오늘날 어린이집에서 보내는 시간이 길어짐에 따라 영유아를 위한 건강, 영양, 안전은 매우 중요한 주제가 되고 있지만, 제도적 문제와 어린이집 보육교직원의 수와 직무 분담 등의 한계로 인하여 전문적으로 관리하기가 쉽지 않다.

그러나 보육에서 건강, 영양, 안전영역의 관리를 자칫 소홀히 할 경우, 영유아에게 질병과 사고 등이 개인적 및 집단적으로 발생하여 어린이집 운영에 치명적인 결과를 초래할 가능성이 높다. 따라서 다음과 같은 주요 영역에서 지혜로운 대응이 필요하다.

(1) 건강영역

건강영역에 포함되는 내용은 건강관리 및 응급조치, 건강진단, 보육공간의 위생관리, 실내 공기질 및 석면관리 등이다.

어린이집에서는 포괄적인 차원에서 예방대책을 실시하게 되며, 이때 건강주치의제도는 매우 효과적이다. 그렇지만 실제로 어린이집 전담 의사로 모시기에는 한계점이 있다. 그래도 어린이집 단체를 통하여 어린이집 전담의사나 의원과 병원을 공동으로 이용하는 것은 매우 효과적이라고 할 수 있다.

보육교사는 적절한 보육을 통해 건강영역에서 심신의 보호가 잘 이루어졌는가를 평가할 수 있어야 한다.

〈표 2-1〉은 건강영역에서 보육교사가 갖추어야 할 직무능력을 말한다. 건강지도란 영유아가 신체적, 정신적으로 건강하게 지내기 위하여 영유아의 발달단계 특성을 토대로 건강하게 생활할 수 있도록 지원하는 능력이다.

〈표 2-1〉 **건강영역에서의 보육교사의 직무능력**

능력단위요소	수행 준거
건강관리 계획하기	1.1 건강관련 법규와 전년도 건강관리 실행내용을 확인하여 당해 연도의 건강에 대한 행동요령 및 지침을 마련할 수 있다. 1.2 보육교직원과 영유아의 연령별 건강관리 계획서를 작성할 수 있다.
	【지식】
	○ 발달에 따른 건강관리 특성 ○ 영유아보육법 ○ 예방접종시기
	【기술】
	○ 보육교사의 법규에 따른 실행 계획서 작성능력 ○ 보육교직원과 영유아의 건강관리 계획서 작성능력
	【태도】
	○ 건강관리법규 및 지침을 적극적으로 활용 ○ 영유아 개별관리기록에 민감한 태도
건강관리 실행하기	2.1 보육일과를 진행하면서 영유아의 건강상태를 수시로 점검할 수 있다. 2.2 영유아의 질병에 따른 투약보고서 및 일지를 작성할 수 있다.
	【지식】
	○ 영유아 건강검진 ○ 적합한 실내 적정 온도 및 습도, 조도, 환기 ○ 법정 전염병 종류 및 휴원을 요하는 전염병 종류
	【기술】
	○ 영유아의 연령별, 계절별 건강관리 ○ 투약보고서 및 일지 작성 ○ 주치의와 협약
	【태도】
	○ 질병감염에 적극적으로 대비하려는 노력 ○ 전염병 질환 및 예방접종 시기를 알리는 태도

능력단위요소	수행 준거
응급상황 대처하기	3.1 관련 기관에서 실시하는 건강교육에 참여하여 습득한 지식을 토대로 응급상황에 적절히 대처할 수 있다. 3.2 어린이집에서 전염병 발생사항을 파악하여 절차에 따라 보육교직원과 시·군·구에 보고할 수 있다.
	【지식】
	ㅇ건강관리 행동요령 원리 ㅇ영아 돌연사 예방방법 ㅇ연령에 따른 사고 유형
	【기술】
	ㅇ응급상황 발생 시 대처능력 ㅇ전염성 질환 대처 ㅇ학부모와 비상연락망 구축
	【태도】
	ㅇ응급상황에 적극적으로 대처하는 태도 ㅇ전염병 발생 시 절차에 따라 보고하는 태도

(2) 영양영역

영양영역에 포함되는 내용은 급식관리(식단관리 및 식자재 관리), 급식 위생관리(개인 위생, 조리실 위생, 배식과정의 위생) 등이다.

최근 우리나라에서는 어린이집 무상급식이 실시됨에 따라 어린이집에서의 영양은 매우 중요한 관리영역이 되었다. 왜냐하면 조리와 영양영역에서 조금이라도 문제가 발생하면 집단 사고로 이어지기 때문이다. 예전에는 높은 분에게 음식을 올릴 때, 아랫사람이 먼저 맛을 보았다. 왜 그랬겠는가? 이러한 태도는 책임의식에서 비롯된 것이다. 소파 방정환 선생님께서는 "아이들을 내려다보지 말고 쳐다보아주시오"라고 말씀하셨다. 아이가 높은 사람이어서가 아니라, 귀해서이다.

보육교사 인성이야기

출처: 어린이급식관리지원센터(https://ccfsm.foodnara.go.kr/).
코리아모닝포스트(2015. 7. 10.).

알 림 장

옛 어른들께서는 '먹는 것 가지고 장난치면 안 된다'고 말씀하셨습니다!

〈표 2-2〉는 영양영역에서 보육교사가 갖추어야 할 직무능력을 말한다. 영양지도란 영유아가 건강하게 지내기 위하여 영유아의 발달단계 특성을 토대로 급간식 계획을 수립하고 올바른 식습관을 지도하여 건강하게 생활할 수 있도록 지원하는 능력이다.

〈표 2-2〉 영양영역에서의 보육교사의 직무능력

능력단위요소	수행 준거
급·간식 계획하기	1.1 영양사가 작성한 기본 식단을 토대로 급·간식 계획을 수립할 수 있다. 1.2 개별 영유아의 식습관과 특이체질 여부를 확인하여 식단을 계획하고 제공할 수 있다.
	【지식】
	◦ 영유아의 특이체질 및 알레르기 ◦ 영유아의 연령별 영양관리
	【기술】
	◦ 균형 잡힌 급간식 식단 구성 능력 ◦ 영유아들의 특이체질 및 알레르기 반응에 대한 신속한 발견 및 처리대처능력
	【태도】
	◦ 영유아들의 식습관을 관찰하고 개별적인 배려를 도모하는 적극적인 태도
식습관 지도하기	2.1 영유아 식습관. 위생지도 방법을 토대로 지도할 수 있다. 2.2 영유아가 균형 잡힌 식습관을 형성할 수 있도록 지도할 수 있다. 2.3 올바른 식사 태도, 편식지도, 식사도구의 바른 사용 등 식사예절을 지도할 수 있다. 2.4 영아가 수유 및 이유식을 편안하게 먹을 수 있도록 지도할 수 있다.
	【지식】
	◦ 다양한 음식에 대한 각종 영양소 ◦ 영아 수유(이유) 단계 및 필요물품 ◦ 영유아의 올바른 식습관
	【기술】
	◦ 영유아 영양상태의 유지·관리 능력 ◦ 영유아의 균형 잡힌 식습관 형성 지원 ◦ 영양 관련 교육자료 활용 ◦ 부모와의 원활한 의사소통능력
	【태도】
	◦ 영유아가 다양한 음식을 골고루 섭취하도록 지원하는 태도

(3) 안전영역

안전영역에 포함되는 내용은 물리적 환경에 대한 안전관리, 인적 환경에 대한 안전관리 등이 있다. 어린이집은 영유아의 생활공간이면서 배움의 공간이다. 그러므로 영유아의 발달과 교육에 직접적으로 영향을 미칠 수 있으므로 안전한 환경조성은 대단히 중요하다.

보육교사 인성이야기

출처: 서울대학교 의과대학 국민건강지식센터(http://hqcenter.snu.ac.kr).

알림장

"사람이 만일 온 천하를 얻고도 제 목숨을 잃으면 무엇이 유익하리요 사람이 무엇을 주고 제 목숨을 바꾸겠느냐" - 마태복음 16:26 -
그 무엇과도 바꿀 수 없는 것은 아이의 목숨입니다!

안전지도란 영유아가 신체적, 정신적으로 안전하게 지내기 위하여 영유아의 발달단계 특성을 토대로 안전하게 생활할 수 있도록 지원하는 능력이다.

〈표 2-3〉 안전영역에서의 보육교사의 직무능력

<table>
<tr><th>능력단위요소</th><th>수행 준거</th></tr>
<tr><td rowspan="7">안전관리
계획하기</td><td>1.1 법규내용 및 전년도 안전관리 실행내용을 분석하여 당해 연도의 영유아 안전에 대한 행동요령 및 지침을 작성할 수 있다.
1.2 영유아 연령별로 안전교육 내용을 계획할 수 있다.</td></tr>
<tr><td>【지식】</td></tr>
<tr><td>○ 영유아보육법
○ 도로교통법
○ 아동복지법
○ 안전공제회 가입방법</td></tr>
<tr><td>【기술】</td></tr>
<tr><td>○ 행동요령 업무분장능력
○ 안전관리 기관과 협약
○ 안전교육 내용 작성능력</td></tr>
<tr><td>【태도】</td></tr>
<tr><td>○ 안전관리 행동 업무 절차를 준수하려는 의지
○ 주기적으로 안전을 점검하려는 태도</td></tr>
<tr><td rowspan="7">안전관리
지도하기</td><td>2.1 안전관리 행동 요령 및 지침에 따라 시설·설비를 정기적으로 점검할 수 있다.
2.2 소방대피훈련과 다양한 안전교육을 실행할 수 있다.</td></tr>
<tr><td>【지식】</td></tr>
<tr><td>○ 영유아 안전관리
○ 영유아 발달특성별 안전관리 요령
○ 소화기 사용법</td></tr>
<tr><td>【기술】</td></tr>
<tr><td>○ 소방대피 훈련 및 안전교육을 진행하는 능력
○ 정기적인 안전관리에 대한 기술
○ 심폐소생술</td></tr>
<tr><td>【태도】</td></tr>
<tr><td>○ 안전관리 법규 및 지침을 적극적으로 활용하려는 자세
○ 안전사고에 대비하는 적극적인 노력</td></tr>
</table>

능력단위요소	수행 준거
안전사고 대처하기	3.1 소방서 등 관련 기관과 비상연락망을 구축할 수 있다. 3.2 관련 기관에서 실시하는 안전교육에 참여하여 습득한 지식을 상황 발생 시 적용할 수 있다.
	【지식】
	ㅇ안전관리 행동요령 및 지침 ㅇ응급상황 및 대처방안 ㅇ연령에 따른 사고유형 및 응급처치 방법
	【기술】
	ㅇ안전 및 응급상황 발생 시 대처 능력 ㅇ사고처리를 위한 소통 능력 ㅇ심폐소생술 활용 기술 ㅇ학부모와 관련 기관과의 비상연락망 구축
	【태도】
	ㅇ응급상황에 침착하게 적극적으로 대처하는 태도 ㅇ안전사고 초기대처 방법을 활용하려는 자세 ㅇ안전사고로 인한 갈등을 최소화하려는 자세

이와 같이 영유아의 심신을 보호할 수 있는 일차적 책임은 어린이집의 보육교직원에 있지만, 제도적 장치가 필요하다.

2. 영유아의 건전한 교육과 성장가치

교육의 영역은 다양하며, 그만큼 다양한 주제를 포함하고 있다. 교육이 지니는 대단한 효과성 때문에 어떻게 보면 "교육 아닌 것은 없다"라고 말할 수 있을 정도이다. 영유아보육은 보호와 교육이지만, 이 보호도 효과를 거두려면 교육적 접근이 필요하며, 교육과정 속에서 구현되고 있다.

어린이집에서는 연령적 특성을 고려하여 표준보육과정(3~5세 누리과정 포함)으로 접근하고 있으며, 0~2세 6개 영역과 3~5세의 5개 영역의 구성에는 심신의 보호를 위한 내용이 포함된다. 이러한 교육운영은 기본적으로 네 가지 발달의 원리에 염두에 둔 것이다. 왜냐하면 교육의 궁극적 목적은 개인의 잠재능력을 개발하고 이를 통해 건강하고 건전하게 행복한 생활을 장기적으로 유지하는 것이기 때문이다.

1) 발달이론에 기반한 건전한 영유아교육

영유아보육에서 핵심 키워드는 '발달'이다. 이 발달은 기본적인 전제 개념이자 지속적인 발달을 위해 추구하는 지향점이다. 왜냐하면 인간은 무한한 가능성을 지니고 태어나며, 특별한 장애요인이 없다면, 지속적으로 성장하기 때문이다.

그리고 인간의 발달은 일정한 시기가 오면 시간의 경과에 따라 발현할 뿐만 아니라, 긍정적으로 변화한다. 따라서 발달은 매우 역동적인 과정이다. 그러므로 시기에 맞게 최적의 자극이 제공되면 발달하기 마련이며, 이때 최고의 자극을 제공할 수 있는 힘과 자원은 바로 다양하고도 적절한 교육에 있다.

(1) 발달의 원리에 따른 영유아교육

발달의 기저에는 네 가지 원리가 자리 잡고 있다. 이러한 주요 발달 원리로 기초성, 적기성, 누적성, 불가역성을 들 수 있으며, 서로 유기적인 관련성을 지니고 있다(정범모, 1987). "세 살 버릇 여든까지 간다"는 우리 속담은 네 가지 발달 원리의 관계성을 잘 설명해 준다.

① 기초성의 원리와 영유아보육

기초성의 원리란 인간이 출생한 이후, 특히 발달초기의 경험이 이후의 발달에 긍정적 및 부정적 영향을 미친다는 원리이다. 이 기초성의 원리를 지지하는 대표적이자, 고전적인 발달심리이론으로 대상관계이론, 애착이론, 심리사회이론을 들 수 있다. 저명한 애착이론가 중 한 사람인 존 보울비(J. Bowlby)는 그의 논문 「The Nature of the Child's Tie to His Mother, 1965」에서 아이에게 첫 애착 대상자는 어머니이며, 이 어머니와 형성한 애착관계가 아이의 성격형성에 지대한 영향을 미친다고 하였다. 아이는 자신의 안정된 삶을 위해 적극적으로 어머니를 향해 나아가며, 어머니 역시 아이와의 애착형성을 위해 노력을 기울일 때, 애착은 안정적으로 형성된다. 물론 변화하는 사회에서는 조부모, 아이돌보미와의 안정적인 애착도 중요하다. 그렇기 때문에 발달초기에 애착을 형성하지 않으면 이후의 발달에서 불안정하게 되어 행복한 삶을 살기 어렵게 된다.

또한 저명한 대상이론가 중 한 사람인 도날드 위니콧(Donald Winnicott)은 그의 책 『*The Child, the Family and the Outside World*, 1965』에서 양육환경에서 어머니의 역할에 주목하였다. 어머니는 아이를 출산하자마자 '일차적인 모성 몰입'에 들어간다고 하였다. 더 구체적으로 말하면, 어머니가 되자마자 놀라울 정도로, 헌신적으로 아이를 양육하기 시작한다는 것이다. 이는 가히 본능적인 태도라고 해도 좋을 것이다.

보육교사 인성이야기

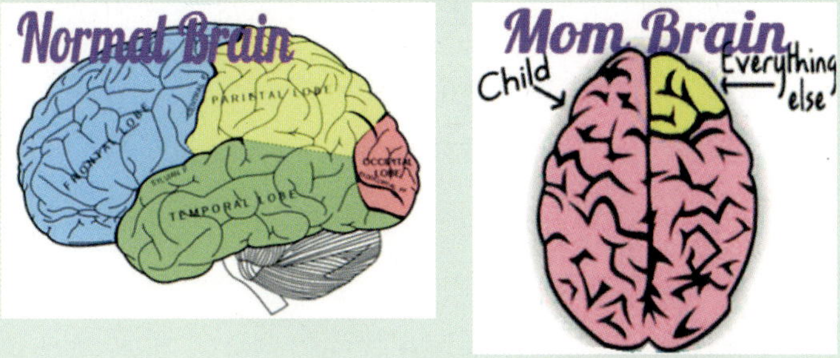

출처: https://aeroflowinc.com/is-mom-brain-real/

Q&A

어머니의 뇌는 거의 '아이 생각'으로 가득 차 있다.
보육교사의 뇌에는 무슨 생각이 얼마나 차 있는가?

또한 위니콧은 어머니가 아이로 하여금 안전한 환경에서 생활할 수 있도록 의지적인 환경을 조성해 주는 붙들기(holding)를 하게 되면, 아이는 안정적으로 성장·발달하면서 거짓자아가 아닌 참자아(true self)를 형성할 수 있다고 보았다. 여기서 참자아란 자발성을 지니고 창조성을 발휘할 수 있는 자아이며, 놀이를 통해서 더욱 발달한다. 그러므로 아이를 진실한 성인으로 양육하기 위해서는 출생 후의 어머니의 진정한 돌봄이 필수적이라고 할 수 있다. 이는 돌봄의 철학과 목표를 지닌 보육교사에게도 동일하게 적용된다.

한편 심리사회이론의 대표적 이론가인 에릭 에릭슨(Erik Erikson)이며, 그의 책, 『*Childhood and Society*, 1960』에서 8단계설을 주창하면서 아동과 주변환경과의 심리적 역동성을 강조하였다. 이 8단계는 출생으로부터 시작하여 죽음전의 노년기까지를 망라하고 있다. 책 제목에 '아동기'가 포함된 것은 우리의 사회적 삶에서 얼마나 아동기가 중요한가를 말해 준다. 모든 인간은 아동기를 거치며, 그동안 특별한 성인들의 돌봄에 의해 다시금 아동을 돌볼 수 있는 역량 있는 성인으로 성장해 간다. 삶의 역사는 지속되는 것이다. 이러한 맥락에서 국제협약CRC의 모체가 된 세계인권선언 제25조에는 "어머니와 아이는 특별한 보살핌과 도움을 받을 권리를 지닌다"라고 명시되어 있으며, 이를 통해 출생 초기 아이의 생존과 생활에서 매우 의미 있는 사람은 어머니임을 확인할 수 있다.[1)]

이러한 기초성의 원리는 비단 부모의 자녀양육에만 국한되는 것은 아니다. 실제적으로 어린이집에 취원하고 있는 영아의 경우, 하루 중에 깨어 있는 시간을 집에서보다 어린이집에서 보내는 경우가 많은 편이다. 그러므로 영아반 보육교사의 경우 중요한 애착대상자이다. 실제적으로 어린아이의 경우, 복수 애착의 형성이 필요하다고 보고 있다(John Bowlby, 1965). 동시에 기본적 신뢰감은 부모뿐 아니라, 발달초기에 상호작용하는 대부분의 사람들이 해당된다. 그러므로 특히 영아반 보육교사는 모성몰입에 버금가는 몰입을 통해 기본적인 신뢰감을 형성하

1) 이후, 아동권리에 관한 국제협약(International Convention on the Rights of Child)은 문맥에 따라 '국제협약CRC' 약어로 표기한다.

도록 하는 보육자세가 필요하다.

② 적기성의 원리와 영유아보육

적기성의 원리란 인간이 출생한 후, 인간발달의 과정 중에서 어떤 경험이 특정한 시기에 이루어지게 된다면 발달적 효과가 크지만 그렇지 않다면 이후의 발달에 부정적인 영향을 미치게 된다는 원리이다. 이 원리를 확인할 수 있는 발달적 사례로 언어발달영역에서의 '카마라와 아마라의 이야기'를 들 수 있다. 카마라와 아마라는 인간으로 태어났지만, 어린 시절 동굴에서 늑대들과 자랐기 때문에 사람들과 소통하는 언어를 배우지 못했으며 일찍 사망하였다. 이러한 원리는 결정적 시기(critical period)의 개념과 그 맥을 같이한다. 결정적 시기의 개념은 로렌츠(K. Lorenz, 2002)가 시행한 각인(imprinting)연구에서 비롯되었다. 비록 연구는 거위를 대상으로 시행되었으나 그 결과는 영유아기에도 적용된다.

영유아기는 인간발달에서 초기단계에 해당되며, 중요한 네 가지 발달의 원리가 의미 있게 작용하는 시기이다. 바로 기초성, 적기성, 누적성, 불가역성의 원리가 그것이다(이소희, 2018c).

언어발달에서의 적정 시기는 출생 후 4년까지로 보고 있는데(조성연, 이정희 외, 2010), 이 시기에 적절한 언어적 자극이 부족한 환경에서 자라게 되면 아이는 심각한 언어발달의 지체를 경험하게 된다. 언어는 사회적 관계를 형성하는 기초적인 요소이다. '사람은 사회적 동물'이라는 말이 시사하는 것처럼 언어발달이 지체된 아이들은 타인과 관계를 형성할 수 없으며 사회 속에서 자긍심을 가지고 살아가기 어렵다.

이러한 적기성의 원리는 기초성과 함께 연동되며, 적용력이 높은 예로 잘 구성된 교육과정과 교실환경 및 다양한 교재와 교구를 들 수 있다. 이러한 환경에서 자라는 영유아들은 문화실조를 경험하지 않고 감각운동 및 조작경험을 발달시킬 수 있게 된다(Piaget, J., & Inhelder, B, 2000). 주지하다시피 놀이는 영유아의 전반적인 발달을 돕는 데 크게 기여한다(유미숙, 2014; 이영, 이정희 외, 2017). 결과적으로 잘 구성된 발달적 환경을 조성하는 것은 영유아의 생존가치를 넘어 멋진 성장을 이루어낼 수 있도록 한다.

③ 누적성의 원리와 영유아보육

누적성의 원리란 인간이 출생 후 경험하는 어떤 관계나 생활사건이 인간발달의 과정에서 지속되면 그 경험은 누적되어 이후의 발달에 큰 영향을 미친다는 것이다. 누적성은 긍정적 및 부정적인 발달영역에 모두 적용된다. 다시 말하면 긍정적인 경험은 더욱 긍정적인 결과로, 부정적인 경험은 더욱 부정적인 결과로 누적된다. 긍정의 교육적 예방사업을 펼친 대표적인 예로 1960년대, 미국에서 빈곤가정의 어린이들을 문화실조현상에서 구하기 위해 실시한 홈스타트 프로그램(Home Start Program)과 헤드스타트 프로그램(Head Start Program)을 들 수 있다. 그리고 이러한 맥락에서 우리나라에서 실시하는 프로그램으로 드림스타트(Dream Start)를 들 수 있으며, 해당 사업은 한국보육진흥원이 관장하고 있다. 이러한 누적성의 원리를 통해 보육교사는 보육복지를 통한 영유아복지의 파수꾼의 역할을 담당하는 매우 소중한 존재가치를 지닌다는 것을 알 수 있다.

④ 불가역성의 원리와 영유아보육

불가역성의 원리란 인간이 출생 후 경험한 어떤 부정적인 관계나 생활사건은 그 이후의 발달과정에 회복하기 어려울 정도로 막대한 영향을 미친다는 것이다. 그 예로 태아기 및 영유아기에 충분한 영양섭취를 못한 가난한 가정의 어린이는 허약하게 자라나게 되며, 후일 경제적 상황이 호전되어 충분한 영향을 제공해도 그 효과를 보기가 어렵다는 것을 들 수 있다. 또한 영아기에 애착을 형성하지 못하고 불신감을 경험하게 되면, 그 이후에 아무리 신뢰로운 환경을 조성해 준다고 하여도 주변사람들에 대한 불신과 의심의 정도를 낮추기는 어렵다. 따라서 영유아 시기에 신뢰로운 애착을 형성해야 하며, 영아를 보육하는 보육교사 역시 초기 애착을 형성해야 한다. 또한 이러한 자세는 영유아의 권리를 존중하는 것이 된다. 영유아에 대한 권리 보호는 길거리의 구호나 피켓을 통한 운동에서 보장되는 것이 아니다.

다시 말하면 기초성, 적기성, 누적성의 원리가 제대로 적용되어야만 불가역성의 원리에 의해 영유아의 발달이 저해되지 않는다. 그러나 만약 불가항력적인 요인으로 초기 발달이 제대로 이루어지지 않으면 어린이집의 보육교사는 최선을 다해 회복할 수 있도록 세심한 배려를 하여야 한다. 다행히 아동을 포함한 인간은 회복탄력성을 지니고 있어서 서서히 회복될 수 있다(김주환, 2011).

동시에 아동의 권리를 위협하는 아동학대가 보육현장에서 점증되는 현실을 고려할 때, 아동권리헌장이 시사하는 바를 적극적으로 수용하고 현장에 적용할 수 있도록 보육교사대상의 아동권리교육이 강화되어야 한다. 또한 보육교사를 위한 권리도 존중되어야 한다. 최근 보육교사의 권리를 저해하는 것으로서 이슈가 되는 어린이집에 설치된 CCTV가 있다.

(2) 발달과제 성취를 위한 영유아교육

발달과제의 정의는 각 발달단계마다 이루어 내어야 할 과제를 말하며, 발달과업(發達課業, developmental tasks)이라고도 한다. Havighurst(1960)가 주창한 개념으로서 그 함축적인 의미는 특정의 발달단계에 이루어져야 할 과제를 이루거나, 혹은 이루지 못하면 다음 발달단계에 긍정적 또는 부정적 영향을 미친다는 것이다. 발달원리 중의 하나인 누적성과 유사하다(정범모, 1987).

2) 보육교사와 교육과정

보육교사의 직무는 보호=돌봄과 교육=가르침이다. 따라서 영유아의 발달 수준을 고려하여 교육을 해야만 한다. 그렇기 때문에 영유아발달에 대한 이해는 보육교사에게서 필수사항이다.[2] 이 교육은 관계법에 따라 국가에 의해 구성되고 제시된 '교육과정'에 의하도록 되어 있는데, 보육교사의 경우는 표준보육과정이 된다.

보육교사는 보육과정 실천에서의 핵심주체이므로 표준보육과정에 대한 충분한 이해가 매우 중요하다.[3] 나아가 보육과정에 대한 비판적 고찰에 따른 통합적 접근이 가능하도록 늘 탐구하여야 한다. 다시 말하면 보육교사는 국가수준으로 제시된 교육과정의 내용을 영유아에게 전달하고 관리하는 단순한 운전자가 아니라, 보육교사가 이해하고 적용할 수 있는 재창조자가 되어야 하는 것이다. 이러한 역할은 영유아와 보육교사 모두가 어린이집에서 역동적으로 살아 숨 쉬는 교육이 이루어지도록 하는 효과를 낳는다. 결과적으로 영유아와 보육교사는 상호의존적 학습자, 지식의 공동 구성자, 공동발견자, 공동의 의사결정자로 성장할 수 있도록 돕는다(현온강, 태진, 2000).

무릇 모든 교육은 평가를 수반한다. 따라서 보육교사는 보육과정을 실시한 후, 당연히 보육과정의 평가를 실시하여야 한다. 이러한 평가는 객관성이 높은 도구를 사용한 양적 평가는 물론, 어린이집 현장의 특성을 고려한 질적 평가도 함께 활용하게 된다(마미정, 2006). 최근에는 영유아의 발달 특성과 인성을 고려한 질적 접근이 빈도와 강도를 더해 가고 있는 점은 주목할 만하며(학습자중심교과교육학회, 2017), 보육교사는 질적 연구의 훈련을 통해 지속적으로 연구자로서의 시각을 강화하고 키울 필요 또한 크다(전경원, 2018).

2) 그렇기 때문에 대학을 포함한 모든 보육교사와 유치원교사를 양성하는 과정에서 '영유아발달'을 입학 초기 필수핵심교과목으로 학습하게 되는 것이다. 최근 영유아에게 초점을 맞추기 위해 '유아발달' 또는 '아동발달'이라는 교과목에서 '영유아발달'로 변경조치되었다. 이는 아동발달이라는 넓은 범주에서 이해하기보다는 영유아에 국한하여 '좁고', '깊은'이해가 필요함을 말해 준다. 그러나 발달의 연계성을 고려할 때, 역부족인 측면이 있다.

3) 그렇기 때문에 '영유아발달' 과목처럼 대학을 포함한 모든 보육교사와 유치원교사를 양성하는 과정에서 소위 말하는 '아동보육과정' 또는 '유아교육과정'을 입학 초기 필수핵심교과목으로 학습하게 되는 것이다.

3) 표준보육과정에 의한 영유아교육

어린이집의 영유아교육은 표준보육과정에 근거하여 실시되고 있다. 표준보육과정은 어린이집에 취원한 6세 미만의 영유아들에게 국가수준에서 제공하는 보편적이고 공통적인 보육의 목표와 내용을 제시한 것이며, 구체적으로 0~1세 보육과정, 2세 보육과정, 3~5세 보육과정(누리과정)으로 구성되어 있다. 그것은 영유아는 개별적인 특성을 지닌 고유한 존재이며, 연령에 따라 발달적 특성이 질적으로 다르기 때문이다. 이와 같은 표준보육과정의 구성과 목표에는 기본적으로 발달의 원리와 발달과제가 내재되어 있다.[4)]

따라서 어린이집의 보육교직원들은 개별 영유아의 발달특성과 부모와 가정환경적 특성을 최대한 고려하여 최선을 다하여 보호하고 교육하는 것이 중요하다.[5)] 한편 장애를 지닌 영유아를 위해서는 개별화교육이 실시된다.[6)]

(1) 보육서비스의 기반인 표준보육과정에서 추구하는 인간상

표준보육과정을 통하여 추구하는 인간상은 다섯 가지이다.

- 심신이 건강하고 행복한 사람
- 자율적이고 창의적인 사람
- 자신과 타인을 존중하고 배려하는 사람
- 자연과 우리 문화를 사랑하는 사람
- 다양성을 인정하는 민주적인 사람

4) 이소희(2018c)의 자료를 영유아보육에 적합하게 재구성하였다.

5) 이하 내용은 중앙육아종합지원센터의 보육교직원 및 관계자의 이해를 돕기 위해 홈페이지에 게시된 내용 그대로를 편집체제를 고려하여 재구조화한 것이다.

6) 개별화 교육 프로그램(Individualized Education Program: IEP)은 장애를 지닌 영유아의 발달을 고려하여 이에 적합한 프로그램을 구성하고 실시하는 것을 말한다. 다시 말하면 여기서 말하는 개별화란 장애를 지닌 유아를 대상으로 보육교사가 1대 1로 교육하는 것이 아니다. 장애를 지닌 영유아를 고려하여 교육 프로그램을 구성하는 것을 말한다. 그러므로 개별화교육 프로그램의 특징은 교육환경의 구조보다는 교육의 기능에 주안점을 둔 것이다.

(2) 표준보육과정의 기본전제

표준보육과정을 통해 추구하는 인간상을 구현시키기 위해 일곱 가지 기본전제를 제시하고 있다.

- 영유아는 개별적인 특성을 지닌 고유한 존재이다.
- 영유아는 연령에 따라 발달적 특성이 질적으로 다르다.
- 영유아는 그 자체로서 존중받아야 하는 존재이다.
- 영유아는 직접적으로 경험할 때 의미 있는 지식, 기술 및 바람직한 태도를 형성해 간다.
- 영유아는 일상생활이 편안하고 학습과 경험이 놀이중심으로 이루어질 때, 최대의 능력이 발휘된다.
- 영유아는 민감하고 반응적인 성인과의 신뢰로운 관계 속에서 최적의 발달을 이룬다.
- 영유아가 속한 가정, 지역사회가 함께 협력할 때 영유아에게 가장 긍정적인 영향을 미친다.

(3) 표준보육과정의 구성 방향 및 체계

표준보육과정은 영유아의 발달특성을 고려하여 구성되고, 체계화되어 있다.[7)]

〈표 2-4〉 **표준보육과정의 구성방향 및 체계**

구성 방향	
구성 방향	• 영유아의 발달 특성과 개인차를 고려하여 연령 및 수준별로 구성한다. • 어린이집에서 편안하고 행복한 일상생활이 되도록 중점을 두어 구성한다. • 질서, 배려, 협력 등 기본생활습관과 바른 인성을 기르는 데 중점을 두어 구성한다. • 자율성과 창의성을 기르는 데 중점을 두고, 전인발달을 이루도록 구성한다. • 사람과 자연을 존중하고, 우리 문화를 이해하는 데 중점을 두어 구성한다.

7) 어린이집의 원장은 보호자의 동의를 받아 일정 연령 이상의 영유아에게 보건복지부령으로 정하는 특정한 시간대에 한정하여 보육과정 외에 어린이집 내외에서 이루어지는 특별활동프로그램(이하 '특별활동'이라 한다)을 실시할 수 있다. 이 경우 어린이집의 원장은 특별활동에 참여하지 아니하는 영유아를 위하여 특별활동을 대체할 수 있는 프로그램을 함께 마련하여야 한다.

체계	• 어린이집 표준보육과정은 0~1세 보육과정, 2세 보육과정, 3~5세 보육과정으로 구성한다. • 어린이집 표준보육과정은 영역, 내용범주, 내용, 세부 내용으로 구분하고, 내용 간에 연계가 이루어지도록 구성한다. • 세부내용이라 함은 0~1세 보육과정, 2세 보육과정에서는 수준별 세부내용을 의미하고 3~5세 보육과정에서는 연령별 세부내용을 의미한다. • 0~1세 보육과정은 기본생활, 신체운동, 의사소통, 사회관계, 예술경험, 자연탐구의 6개 영역을 중심으로 구성한다. • 2세 보육과정은 기본생활, 신체운동, 의사소통, 사회관계, 예술경험, 자연탐구의 6개 영역을 중심으로 구성한다. • 3~5세 보육과정은 신체운동·건강, 의사소통, 사회관계, 예술경험, 자연탐구의 5개 영역을 중심으로 구성한다. • 3~5세 보육과정은 초등학교 교육과정과의 연계성을 고려하여 구성한다.

3. 보육을 통한 가정복지의 실현

보육에 관한 제반사항은 「영유아보육법」에 명시되어 있으며, 가장 핵심이 되는 것은 단연 「영유아보육법」의 목적이다. 이 목적은 크게 두 가지로 대별되는데, 하나는 영유아에 대한 심신의 보호와 건전한 교육을 통한 영유아복지의 증진과 다른 하나는 가정복지의 증진이다.

예전의 탁아와 오늘의 보육에서 주 대상이 된 가정의 형태는 맞벌이 가정이다. 그것은 맞벌이로 인한 자녀양육의 어려움 때문이다. 다만 차이가 나는 것은 예전의 경우, 빈곤한 가정이 대종을 이루었으나, 오늘날은 빈곤가정을 포함한 대부분의 가정이 그 대상이 되고 있다.

'맞벌이'라는 용어에 함축된 것은 '경제'이다. 그렇기 때문에 「영유아보육법」에서 지향하는 가정복지의 증진은 경제적 안정이 큰 비중을 차지한다. 그 다음은 일(work)을 통한 자아실현이며, 나아가 지속적인 고용창출로 국가의 번영에도 기여하는 것이다.

1) 부모의 양육책임의 지원

우리 사회에서 자주 회자되는 말로 천륜(天倫)과 인륜(人倫)이 있으며, 그 함축하는 바는 매우 의미심장하다. 천륜은 부모와 자녀사이에서 지켜야 할 도리를 말하고, 인륜은 인간들 사이에서 지켜야 할 도리를 말한다. 부모도 자녀를 포함한 뭇 인간들 모두는 다 '인간'이지만, 부모와 자녀는 인간의 힘이 아닌, 소위 '하늘'의 뜻에 의해 맺어진 인연이라는 점이 강하게 함축되어 있다.

한편 결혼을 일컬어 인륜지대사(人倫之大事)라고 하는 것은 인간인 두 남녀의 맺어짐이라는 의미가 바탕이 된다. 그렇지만 결혼을 한 부부 사이에서 자녀를 출생하면 그 부모와 자녀 사이는 천륜이 된다고 보는 것이다. 천륜의 부모는 출생한 자녀를 전심전력으로 양육해야 하는 것이다. 그래서 부모는 자녀가 출생한 순간부터 자녀에 대한 공식적인 보호자요 후견인으로서의 지위를 가지며, 자녀의 올바른 성장과 발달을 위해 신체적 보호, 경제적 지원, 정서적 지원, 사회적 안전과 같은 총체적 책임을 수행하게 된다. 실제적으로 예전에 비해 자녀양육에 대한 권리와 책임이 다소 약화되었다 할지라도 자녀에 대한 일차적 책임은 부모에게 있으며, 이는 「아동복지법」 제5조에 규정되어 있는데 그 내용은 "아동의 보호자는 아동을 가정에서 그의 성장시기에 맞추어 건강하고 안전하게 양육하여야 한다"이다.

동시에 부모는 아동의 생활방식과 행동기준을 결정할 권리를 가지고 있다. 이는 단순한 친권자라는 법적 지위를 넘어 아직 미성숙한 자녀를 보호하고 양육하기 위해 필요한 조치라고 보고 있는 것이다. 다시 말하면 판단능력이 부족한 자녀를 대신하여 판단하고 결정할 수 있는 권리를 지니는 것이다. 동시에 자녀를 위해 감당하는 책임의 영향은 아동의 삶을 결정하는 매우 중요한 요인이므로 신중하게 자신의 책임과 권리를 수행해야 한다. 만일 부모가 양육의 책임을 소홀히 하여 아동에게 치명적인 위해를 가했을 경우 부모의 권리는 제한되거나 박탈될 수 있다. 이는 정도의 차이는 있을 뿐 동서고금을 막론하고 수용되어 온 부모가 지닌 발달과업이다. 따라서 부모가 발달과업인 자녀양육을 제대로 수행할 수 있도록 부모를 돕는 각종 지원을 하게 되며, 이 중에서 보육은 대부분의 가정이 지원대상이 되는 매우 중요한 분야이다.

다시 말하면 일반가정은 물론 맞벌이 가정, 다문화가정, 입양가정, 장애를 지닌 자녀를 둔 가정, 한부모가정 등이 보육서비스를 받게 되는 것이다. 사회복지 분야에서 아동복지가 차지하는 중요성으로 인하여 아동복지의 차원에서 아동복지사업을 체계화하려는 연구들이 오래전부터 진행되어 왔다. Kadushin(1988)은 아동의 복지 서비스를 세 가지로 분류하였는데 이는 3S모델이라 불린다. 이 분류에 따르면 보육은 부모역할을 보충하는 서비스에 포함된다(이소희, 2012).[8)]

2) 일과 가정의 균형지원

거의 모든 부모는 자신의 목숨을 아끼지 않을 만큼 자녀의 양육을 위해 헌신한다. 천륜이기 때문에 인간적인 생각으로 소홀히 하지 않으며, 경홀히 여기지도 않는다. 그럼에도 불구하고 부모 개인적 특성과 사회적 상황 등으로 자녀를 양육하기가 어려운 경우가 적지 않다. 특히 경제적 문제가 발생된다면 부부는 매우 곤혹스러운 상태에 처하게 된다. 그러므로 자식을 키우기 위해서는 경제가 뒷받침되어야 한다. 보육은 이러한 의미에서 의미 있는 가치를 지니게 된다.

역사적으로 대부분의 경우, 자녀의 양육은 어머니가 주로 담당해 왔다. 그럼에도 생계문제가 생기면 자녀양육은 후순위가 되고, 어머니는 일터로 나가게 되며, 비의도적 방임이 발생하게 된다. 이에 따라 어머니가 취업할 동안 자녀양육을 담당할 대안이 필요하게 되는 것이다. 영유아기의 발달특성과 전반적인 사회상황을 볼 때, 적절한 대안으로 고려되어 온 것이 보육이다. 보육을 통해 방임이 계속되지 않고 최소한의 그리고 최대한의 영유아복지를 실천하게 된다(이소희, 마미정, 2019). 이러한 맥락에서 일과 가정의 양립에 따른 조화와 균형은 사회적 이슈가 되고 있으며, 한마디로 일가양득으로 요약할 수 있다.

---

8) 보육은 소위 3S 모델중에서 부모역할을 보충하는 서비스에 포함된다.

실제로 "목구멍이 포도청" 또는 "금강산도 식후경"이란 속담은 경제의 중요성을 단적으로 말해 준다. 부모로서 가장 고통스러운 것은 자식이 배고파서 우는 것을 모습을 보는 것이라고 한다. 즉 일차적으로 가정경제의 유지, 더 현실적인 용어로 '생계'유지를 위해 부부가 일터로 나가야 되는 상황이 발생할 때, 남겨진 어린 영유아는 어린이집에서 부모의 양육과 같은 보육을 실시하게 된다. 이렇듯 보육을 통해서 가정의 경제는 향상되고, 부모의 사회참여는 더욱 활발히 이루어진다. 즉 일가양득의 가치를 지니게 된다. 나아가 어머니의 양육역할을 보충하는 수준에서는 역부족이며, 이에 따라 아버지의 참여도 매우 필요하다. 어린이집에서 아버지에 대한 교육을 강화하고 있는 것도 이러한 맥락에서 파악할 수 있다.

매일멋진보육교사의
더 깊고, 넓고, 높은 생각

나의 관심과 나의 영향력

조만간 보육의 한 가운데 내가 서게 될 것이다.

이 과목을 배우고 난 이후의 나의 모습을 그려 보자.
나는 관심의 원에 서 있을 것인가?
영향력의 원에 서 있을 것인가?

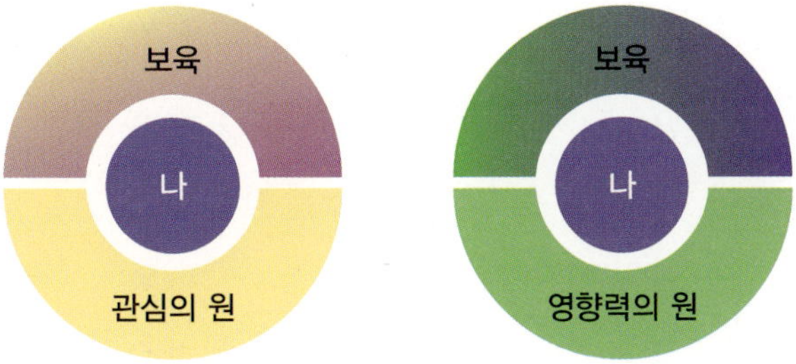

Chapter 03

어린이집 사람들과 학부모 및 가족

시공(時空)을 초월하여 존재하는 것은 사람이다. 도도히 흐르는 역사 속에서 변하지 않는 것은 인간은 결혼하여 자녀를 낳고, 잘 길러야 한다는 것이다. 최근 이러한 역사적 흐름을 조금 비켜가는 사람도 있으나, 대다수의 사람들이 고수하고 있는 삶의 본질이다.

그렇지만 정말 아이를 잘 길러서 부모로서의 책임을 다함과 동시에 양육의 보람을 느끼고자 해도 여러 사정으로 어려움을 겪는 가정이 발생하게 되며, 이러한 가정을 지원하는 사회적 노력 역시 계속 이어내려오고 있다. 어린이집은 이 점을 고려하여 부모의 역할을 보충하고자 제도적 차원에서 설립된 조직으로 국가적 지원도 점점 강화되고 있다.

한편 질높은 영유아연구, 부모의 교육수준의 향상, 사회의식과 인권의식이 그 어느 때보다도 높아졌다. 따라서 잘 구성된 어린이집 환경에서 인성과 전문성을 겸비한 보육교직원들 모두가 리더십을 발휘하여 안정적이고 지속적으로 성장하는 조직문화를 조성해야 매일멋진어린이집이 될 수 있다. 이는 분명 도전해 볼 만한 아름다운 과업이다.

1. 어린이집 사람들

'어린이집'이라는 배(ship, 船)에는 다양한 사람들이 타고 내린다. 구체적으로 선장의 역할을 수행하는 원장과 함께 항해를 위해 다양한 역할을 수행하는 여러 선원들과 같은 보육교직원들 및 고객과 같은 입장에서 배를 탄 영유아들과 그 부모와 가족들이다. 그리고 수준높은 어린이집의 유지·발전을 위해 특수한 목적으로 일시 및 장기적 그리고 정기적으로 내방하는 전문가와 자원봉사자들이 있다. 그 예로 대체교사와 특별활동강사 및 보육 관련 기관의 여러 행정요원을 들 수 있다. 이 사람들은 모두 어린이집을 둘러싸고 서로가 서로에게 영향을 미치는 이해당사자(stakeholder)가 된다.

이해당사자는 어떤 역할 및 과업을 수행하는 과정에서 서로 이해관계에 있는 사람을 말한다.[1] '이해당사자'는 어감이 강하기는 하지만, 엄격히 말하면 모든 인간관계는 실제적으로 크고 작은 이해관계에 있다. 따라서 서로가 원하는 욕구를 잘 파악하여 충족하고 또 충족시켜 주기 위해서는 서로가 적재적소에서 다면적 리더십을 지혜롭게 발휘해야 한다.[2]

1) 영유아

영유아는 어린이집에서 일정한 시간 및 기간 동안 보호와 교육을 받게 되는 나이 어린 사람들로서, 「영유아보육법」에 규정된 6세 미만의 취학 전 영유아를 말한다. 그리고 영유아의 발달특성에 따라 두 부류로 구분되는데, 「장애인법」과 「장애인을 위한 특수교육법」의 적용을 받는 장애를 지닌 영유아와 그렇지 않은 일반 영유아들이다.

1) 어린이집을 둘러싼 환경에서의 이해당사자는 바로 어린이집 사람들이 된다. 그 예로 보육교사와 원장, 보육교사와 부모, 보육교사와 보육교사 등이 된다.
2) 다면적(多面的) 리더십은 한 사람이 여러 측면에서 발휘하는 리더십을 말한다. 그 예로 보육교사는 원장, 동료 교사, 부모와 같은 어린이집 내의 사람들과 시·구·군의 보육행정인 및 특별강사 등의 어린이집 밖의 사람들에 대해 발휘하는 순종리더십, 자기리더십, 섬김리더십, 변환리더십을 말한다. 이해당사자와 다면적 리더십의 발휘자는 서로 밀접한 관계가 있다.

(1) 일반 영유아

일반 영유아란 크고 특별한 문제나 장애를 지니지 않은 영유아들을 말하며, 소위 말하는 일반 어린이집에서 보육받게 된다. 그렇다고 해서 보육교사들은 영유아들을 똑같이 보육하면 안 되며, 보육상황에서 고려해야 할 여러 준거들이 있다. 이 준거의 핵심은 '차이'로서, 발달과정에서 나타나는 개인내차와 개인간차의 두 가지로 나누어지며, 연령과 성이 중요한 요인으로 작용한다.

① 개인내차(個人內差)와 개인간차(個人間差)

개인내차는 한 개인을 중심으로 볼 때, 그 개인 내에서 나타나는 차이를 말한다. 하워드 가드너(Howard Gardner, 2007)의 다중지능이론을 적용할 때, 어떤 한 아이가 자연지능은 높은 데 비해 음악지능은 낮은 경우를 들 수 있다.

그리고 개인간차의 예로는 다른 또래 유아들에 비해 영재교육이 필요할 정도로 음악지능이나 신체운동지능이 높거나 장애를 지닌 유아를 들 수 있다. 우리나라의 경우, 장애를 지닌 영유아와 통합보육은 실시하고 있지만, 영재영유아와의 통합은 아직 이루어지고 있지 않다. 따라서 영재성을 지닌 유아들의 능력을 더 한층 개발하기 위해서는 특별교육 프로그램을 부가적으로 받을 수 있도록 지지해 줄 필요가 있다.[3)]

② 연령

인간발달의 이해에서 매우 강력한 객관적인 준거는 연령이다. 그렇기 때문에 대부분의 발달이론들이 연령에 따라 발달단계를 구분하여 설명하고 있는 것이다. 특히 영유아기는 다른 발달단계보다 발달적 편차가 크기 때문에 보육할 때 영아반과 유아반으로 운영되고 있다.

3) 우리나라의 경우, 장애유아통합보육은 실시하고 있으며, 특히 인성함양의 측면에서 효과를 나타내고 있다(중앙육아종합지원센터, 2016; 한국보육진흥원, 2019). 영재성을 띈 유아와의 통합은 실시하고 있지 않다. 장애를 지닌 영유아에 대한 일반 영유아의 적응은 존중과 배려라는 인성교육의 차원에서도 비교적 접근이 용이한 점도 작용한다.

이러한 점 때문에 영유아보육에서는 교과서라고 할 수 있는 표준보육과정을 연령별로 구분하여 실시하고 있다. 따라서 보육교사는 연령별 영유아의 발달특성을 파악하여 영역별로 보육하는 것은 필수적인 접근이다.

③ 성(性)

생물학적으로 남자아이와 여자아이라는 성 차이가 분명히 있다. 출생 시부터 비롯되는 구조적인 차이는 바로 기능적인 차이를 만들어낸다. 그리고 점점 발달됨에 따라 그 발달적 특징이 두드러지게 된다. 그리고 이러한 차이는 영유아를 포함한 모든 인간이 생활하는 환경에서 여실히 찾아볼 수 있으며, 특히 장식품과 시설설비에서 분명하게 나타나는데, 그 예로 여자아이의 머리핀과 남자아이의 소변용품을 들 수 있다.

이러한 관점은 사람들의 인식에도 공유되고 있으며, 색채심리와도 관련되어 표출되고 있는데, 이 또한 수용도가 높다. 예를 들어 여자아이 용품에는 분홍색이 많으며, 남자아이 용품에는 파란색이 많은 것을 들 수 있다. 또한 이러한 차이는 신체적인 차이에 따른 직업과도 연관이 된다. 요즈음은 그 비중의 차이가 점점 줄어들고 있지만, 상당한 정도로 소위 힘이 많이 드는 직업에는 여자보다도 남자가 종사하는 비중이 훨씬 크다. 그것은 남자의 체격이 여자보다 크고, 힘 또한 세기 때문이다. 또한 남녀의 차이는 정서적인 차이로도 표출된다. 그 예로 공감의 차이를 들 수 있고, 남자아이보다 여자아이는 다른 사람의 고통에 대한 공감도가 높다(EBS, 2009).

그렇지만 이러한 일반적인 현상과 해석에도 주의가 필요하다. 다시 말하면 빈도와 비율은 적지만, 영유아는 물론 성인인 여자와 남자도 남성성의 비중과 여성성의 비중에는 차이가 있을 수 있기 때문이다. 중요한 것은 성이 영유아의 발달과 교육에 의미 있는 영향을 미치므로 보육교사는 이 점에 유념해야 한다는 것이다. 이를 위한 실제적인 방법은 평소 영유아에 대한 관찰과 함께 영유아의 발달수준을 확인할 수 있는 검사도구의 활용뿐 아니라, 부모와 가족으로부터 각종의 발달 정보를 수집하여 활용하는 것이다.

나아가 부모와 가정환경적 특성에 따라서도 차이가 있으며, 서로 영향을 주고 받는다. 관련 요인으로 부모의 연령, 사회경제적 수준, 형제자매 수 등을 들 수 있다(이소희, 마미정, 2019). 따라서 보육교사는 영유아의 다양한 특성을 고려하여 보육에 임해야 한다. 그러므로 보육교사의 역할은 어렵지만, 더할 나위 없이 매우 소중하다.

(2) 장애를 지닌 영유아

장애를 지닌 영유아들은 크고 작은 문제나 어려움을 지니고 있다. 그렇기 때문에 장애의 특성과 정도를 고려하여 일반어린이집이 아닌 장애통합어린이집이나 장애전담어린이집에서 보육을 받게 된다. 그러므로 일반 영유아들을 보육할 때 보다 더 고려해야 할 점이 많으며, 따라서 전문성이 더욱 요구된다.

실제로 장애가 지닌 특성을 한마디로 설명하기란 어렵다. 그야말로 개인내차와 개인간차가 크기도 하고, 또한 작기도 하기 때문이다. 그 예로 지체부자유한 영유아는 인지기능에서는 일반 영유아와 거의 차이가 없을 수 있으며, 청각에 장애가 있는 영유아는 신체적으로는 일반 영유아와 거의 차이가 없지만, 언어발달은 조금 지체를 보일 수 있는 것을 들 수 있다.[4)]

4) 장애의 경우, 성인과 아동을 구분하기도 어려울 수 있다. 왜냐하면 장애는 생물학적 연령을 넘어서기 때문이다. 그 예로 생물학적으로 연령은 40세라고 하더라도 정신지체를 지닌 경우는 3세 정도인 것을 들 수 있다. 다시 말하면 이러한 발달현상은 생물학적으로 3세인 아동과 다를 바가 없기 때문이다.

보육교사 인성이야기

출처: 청주시장애인가족지원센터.
한국미래교육센터.

Q&A

장애를 지닌 영유아와 그렇지 않은 일반 영유아, 무엇이 다르고 무엇이 다르지 않을까요?

한편 제도적으로 장애를 지닌 영유아가 소위 말하는 특수교육의 대상자가 되기 위해서는 「장애인 등에 대한 특수교육법」에 따른 특수교육대상자로 그 적격성을 판정받아야 한다. 그러나 같은 법에 의한 적격성 판단뿐만 아니라, 보육에서는 문제가 있는 것으로 지적되고 있다. 예를 들어 학습장애의 경우, 영유아기와는 상관이 없으며, 같은 법에 의한 장애분류에 의한 표찰(labeling) 역시 대부분 유아들에게는 적절하지 않다는 것이다. 뿐만 아니라, 구체적으로 발달이 빠르게 진행되고 변화가 많은 유아기에 일단 특정한 장애명으로 표찰되고 나면, 특수교육 서비스를 받을 수 있기도 하지만, 이로 인해 일반교육과정이나 사회로부터 분리되는 불이익을 당할 수 있다(조윤경, 김수진, 2016). 한마디로 말하면 장애의 명명에 따른 부정적 낙인효과(stigma effect) 때문이다.

그러므로 낙인효과를 최소화하는 치밀한 계획을 통한 전문적인 보육이 필요하며, 나아가 장애를 지닌 영유아도 일반 영유아와는 유사한 발달특성을 지니고 있다는 점을 고려하여 보육해야 한다(조영숙, 2018; 한국장애영유아통합실천연구회, 2004). 그 예로 일반 영유아를 위한 보육에서 중요한 발달적 의미를 지니는 흥미영역을 활용한 통합보육을 들 수 있다(M. Diane Klein, Ruth E. Cook et al.,

2006). 흥미영역에서의 놀이와 활동은 그야말로 유아들의 흥미에 의해 시작되고, 소집단으로 이루어지기 때문에 통합의 효과가 크다.

통합(inclusion, integration)은 특수교육분야에서 중요한 개념이며, 보육에서도 원용하고 있다. 「장애인 등에 대한 특수교육법」에 의하면 통합교육은 특수교육대상자가 일반학교에서 장애유형·장애정도에 따라 차별받지 않고 또래와 함께 개개인의 교육적 요구에 적합한 교육을 받는 것을 말한다고 정의하고 있다.

통합교육의 의미는 점점 진화되어 왔으며, 이러한 과정을 통해 통합의 진정한 의미를 잘 이해할 수 있다.

시기	개념	내용
1900~1960년대	정상화	장애인들은 비장애 또래들처럼 자유, 생활, 선택 등에 대한 권리를 가진 것으로 보아야 한다는 믿음에 기초함
1950~1960년대	탈시설화와 지역사회 통합	정신지체인들을 대규모 시설로부터 가족과 보다 작은 지역사회의 시설로 이동시키려는 운동
1970년대	최소제한환경	모든 아동들로 하여금 일반교육에 보편적으로 접근할 수 있게 하고 비장애 또래들과 상호작용할 수 있는 환경에서 교육받을 것을 요구함
1980년대	주류화	최소제한환경에 기초한 용어로서 장애학생들을 가능한 한 일반학급 내에서 비장애 또래들과 함께 교육 서비스를 제공할 수 있도록 학교 프로그램을 재구조화하려는 노력의 표상
1990년대 초	통합교육	비장애 또래들이 장애학생들을 일반학급에 광범위하게 통합시키는 것을 말함
1990년대 중반	완전통합교육	장애학생들을 장애의 유형과 정도에 관계없이 비장애 또래들과 일반학급에 배치하여 실시하는 교육
2000년대 이후	완전참여와 의미 있는 성과	포함의 원리를 발전시키려는 학교의 지속적인 노력을 의미하나 그에 대한 효과와 성과를 측정하려는 노력을 말함

[그림 3-1] 통합교육과 관련된 개념의 발전

출처: 한국보육진흥원(2015). 장애보육.

보육교사 인성이야기

출처: 전국장애아통합어린이집협의회(http://www.kidsinco.or.kr).
imomtv1(보듬손어린이집, 2013. 6. 23.).

Q&A

장애를 지닌 영유아와 일반 영유아가 함께 하면,
무엇이 '통'할 수 있을까?

① 장애를 지닌 영유아에 대한 통합보육의 영향

영유아는 물론, 장애를 지닌 모든 사람들을 위한 교육의 궁극적인 목표는 그들이 가능한 한 독립적인 삶을 살 수 있도록 지원하는 것이다. 독립적으로 생활한다는 것은 일반 사람들이 생활하는 환경에서 적응하고 성장하여 행복한 삶을 누리는 것이다. 그렇기 때문에 통합교육은 인권 존중의 의미를 지니는 아주 멋진 일이다. 생각해 보자. 사고와 질병에 의한 후천적 장애가 아니고 선천적으로 장애를 지니고 태어났다면 그 당사자의 입장에서는 얼마나 불행한 일인가. 따라서 일반인들은 건강하게 태어난 것에 대한 무한한 감사함으로 장애를 지닌 사람들과 함께해야 한다. 특히 장애를 지닌 영유아와 아동의 경우에는 어린 만큼 어떠한 재활교육을 받느냐에 따라 독립적인 생활을 할 가능성이 증대되므로 더욱 의미가 크며, 사회적 협력이 필요하다.

통합교육으로 인해 장애영유아에게 기대되는 효과는 다음과 같다(한국보육진흥원, 2015 재인용).

- 적절한 나이에 맞는 행동을 관찰, 모방하여 바람직한 행동을 학습

- 정상적인 발달을 보이는 또래들과의 상호작용으로 의사소통과 사회성 발달을 촉진
- 정상적인 발달을 보이는 또래와 함께 구성하는 진보된 교육 환경을 통한 인지 및 언어발달
- 통합환경에서 적절한 프로그램에 의한 학업적 성취
- 부모와의 밀착 관계에서 벗어나 자발적인 활동과 자기 자신의 존재감을 인식
- 아동에게 내재되어 있던 잠재능력의 발견으로 자기 신뢰감을 획득

② 일반 영유아에 대한 통합보육의 영향

함께 사는 세상이므로 서로 사랑하고 함께 노력하면 함께 유익을 보게 되는 것이 세상의 진리이다. 엄격하게 말하면 세상에 독불장군은 없다. 따라서 통합보육에 참여한 일반 영유아들도 장애를 지닌 영유아와 함께하는 과정을 통하여 유익을 얻는다.

통합교육으로 인해 일반유아에게 기대되는 효과는 다음과 같다(한국보육진흥원, 2015 재인용).

- 장애유아도 비장애아인 자신과 비슷한 점을 많이 가지고 있는 사회의 구성원으로 인식하고, 수용
- 유아교육·보육기관이 사회적 책임감으로 장애유아들도 함께 보육한다는 것을 배우게 됨
- 비장애아들은 장애아들에 대해 상호 협력자, 모델 등의 역할을 함으로써 상대방을 돕는 마음, 양보심, 배려심 등과 같은 사회적인 행동을 학습
- 통합교육을 통해 장애유아에 대한 긍정적인 태도와 행동 변화
- 비장애아인 자신의 지식을 장애유아에게 가르쳐 줌으로써 재학습의 기회

이렇게 보면 통합교육을 통한 가장 큰 유익은 인성의 함양과 학습능력의 배양이라고 할 수 있다(Kochhar et al., 2000).

2) 보육교직원

보육교직원은 어린이집에서 영유아를 보육하는 사람들을 말하며, 영유아보육의 기본이 되는「영유아보육법」에 규정되어 있다. 즉 같은 법에는 기본적으로 각 보육교직원이 누구인가에 하는 정의와 그에 따른 직무를 규정하고 있다.

「영유아보육법」의 규정	
보육 교직원	제2조(정의) 5. 보육교직원이란 어린이집 영유아의 보육, 건강관리 및 보호자와의 상담, 그 밖에 어린이집 관리·운영 등의 업무를 담당하는 자로서 어린이집의 원장 및 보육교사와 그 밖의 직원을 말한다.

그리고 이러한 직원들은 국가에서 인정하는 자격을 취득하도록 규정하고 있다. 바로 보육전문가의 양성과 관련된다.

일반적인 직무(職務, job)의 사전적 정의는 조직 내에서 이루어지는 과업 및 작업의 종류와 수준이 비슷한 업무들의 집합을 말한다. 그리고 이 직무는 직책을 맡은 사람이 책임을 지니고 처리하게 된다.[5)]

어린이집은 법적 조직이며, 보육교직원은 직책을 수행하는 사람들이다. 따라서 보육교직원들의 자격과 직무에 대해서는 법에 규정되어 있다. 그러므로 보육교직원들은 법에 규정된 보육의 목적과 기능, 맡은 바 직무와 책무에 대해 이해하고 실천하며 궁극적으로 영유아의 보육복지를 위한 협력을 이끌어냄으로써 유아를 돌보고 가르치는 교사의 행복감을 증진시키는 데 중요한 견인차 역할을 해야 한다(김영만, 2004; 이경애, 2010). 그러므로 필수적인 이해사항이다.[6)]

5) 국가직무능력표준체계에서는 이러한 직무를 처리하는 능력을 직무능력이라고 하고, 일을 할 수 있는 On-spec 능력과 직업인으로서 기본적으로 갖추어야 할 공통 능력 및 해당 직무를 수행하는 데 필요한 여러 가지 역량, 즉 지식과 기술과 태도를 말한다(구체적인 내용은 Chapter 7 '보육교사의 전문성계발' 참조).

6) 보육교사의 구체적인 직무에 대해서는 NCS를 중심으로 Chapter 7 보육교사의 전문성계발에서 다룸

(1) 보육교사의 자격과 직무

보육교사란 현행「영유아보육법」에 규정된 보육교직원 중의 한 사람으로 직접 영유아를 보육하는 직무를 수행한다. 통칭 보육교사는 중간관리자의 역할을 하지 않는 보육교사를 말하지만, 유사시에 원장의 역할을 대행하는 중간관리자를 겸할 수 있다.

① 보육교사의 자격

현행「영유아보육법」에 의하면 보육교사의 자격은 1급, 2급, 3급으로 구분된다.

- 3급: 고등학교 또는 이와 같은 수준 이상의 학교를 졸업한 사람으로서 보건복지부령으로 정하는 교육훈련시설에서 정해진 교육과정을 수료한 경우에 해당된다.
- 2급: 전문대학 또는 이와 같은 수준 이상의 학교에서 보건복지부령으로 정하는 보육 관련 교과목 및 학점을 이수하고 졸업한 사람 또는 보육교사 3급 자격을 취득한 후 2년 이상의 보육업무경력이 있는 사람으로서 보건복지부장관이 정하는 승급교육을 받은 경우에 해당된다.
- 1급: 보육교사 2급 자격을 취득한 후 3년 이상의 보육 업무경력이 있는 사람으로서 보건복지부장관이 정하는 승급교육을 받은 경우 또는 보육교사 2급 자격을 취득한 후 보육 관련 대학원에서 석사학위 이상을 취득하고 1년 이상의 보육 업무 경력이 있는 사람으로서 보건복지부장관이 정하는 승급교육을 받은 경우에 해당된다. 여기에서 '보육 관련 대학원'이라 함은 학과(전공) 및 학위명에 '보육, (영)유아, 아동'의 단어가 포함된 대학원을 말하며, 또는 보육 관련 교과목을 최소 15학점 이상 이수하고 석사 학위를 취득한 경우에 해당된다.

그리고 장애영유아를 위한 보육교사는 보육교사 2급 이상의 자격증을 소지하고, 보건복지부령으로 정하는 특수교육 또는 재활 관련 교과목 및 학점을 이수하거나 학점 인정을 받은 경우에 해당된다.

② 보육교사의 직무

보육교사의 직무는 「영유아보육법」에 규정되어 있는데 중요한 두 가지이다. 첫째는 영유아를 보육하는 것이며, 둘째는 어린이집의 원장이 불가피한 사유로 직무를 수행할 수 없을 때에는 그 직무를 대행하는 것이다. 이렇게 볼 때, 보육교사는 원장의 직무에 대해 인지하고 있어야 한다.

한편, 일반적으로 직업인으로서의 교사의 직무를 교직이라고 하며 다른 직업과는 다른 몇 가지 특징을 지닌다. 교직은 인간, 즉 성장과정에 있는 미성숙한 사람을 대상으로 하며,[7)] 특별히 정신적인 측면에서의 성장을 도모하며, 봉사직과 같이 사명감과 소명의식을 우선시하고, 궁극적으로 사회와 국가에 직·간접적인 영향을 미치고 공헌하는 직업(김봉수, 1990)을 말한다. 이렇게 볼 때, 보육교사는 영유아기의 사람을 돌보고 가르치는 직업으로 재정리할 수 있다.

또한 보육교사는 교직원이므로 교직관이 적용될 수 있다. 교직관(敎職觀)은 전문가의 보는 관점에 따라 다르며, 전문가에 따라 크게 성직(聖職), 전문직(專門職), 노동직(勞動職), 공직(公職), 서비스 봉사자, 장인, 예술인 등으로 대별하고 있다(김경이, 박은실 외, 2001; 박은혜, 2005; 이경화, 손원경 외, 2018; 임부연, 김성숙 외, 2014).[8)]

특히 서비스 봉사자로 보는 관점은 오늘날 보육을 보육서비스라고 볼 뿐만 아니라, 넓게는 아동복지서비스 및 사회복지서비스의 한 분야로 보고 있다. 그래서 어린이집의 보육교직원은 자신의 어린이집을 선택하여 취원한 영유아와 부모 및

7) 김봉수는 초등학교 교사를 대상으로 한 교직의 특징을 제시하고 있다.
8) 이 책에서는 교직관의 유형을 소개는 하지만, 저자의 견해를 제시하지는 않는다. 특히 노동직이냐, 공직에 대해서는 긴 논의가 필요하기 때문이다. 그 예로 최근 보육교사의 휴식시간의 규정은 「근로기준법」에 준하고 있으며, 보육교사는 「교육기본법」에 준하는 교사직이 아니므로 공직으로 보는 점에 있어서도 견해 차이가 있을 수 있기 때문이다. 그럼에도 불구하고 교직관의 유형을 참고하여 이해하는 과정은 보육교사로서의 정체성의 확립에 긍정적인 영향을 미칠 수 있으므로 언급하는 것이다.

가족의 욕구를 충족시킬 수 있도록 최선을 다해야 한다.[9)]

「영유아보육법」의 규정	
보육교사	제18조(보육교직원의 직무) ② 보육교사는 영유아를 보육하고 어린이집의 원장이 불가피한 사유로 직무를 수행할 수 없을 때에는 그 직무를 대행한다.

(2) 중간관리자(경력교사, 주임교사)의 자격과 직무

'중간관리자'의 사전적 뜻은 중간의 위치에서 주로 '관리'차원에서 업무를 수행하는 사람을 말한다. 중간관리자는 현행「영유아보육법」에 규정된 보육교직원 중의 한 사람으로, '중간관리자'로 구분되어 규정되어 있지는 않지만, 보육교사와 동일한 직급으로 보육하고, 운영에 참여하게 된다. 그래서 경력교사 또는 주임교사라고도 불린다. 그래도 비교적 규모가 큰 대형어린이집에서는 중간관리자 혹은 주임교사라는 명칭의 직제를 두거나, 그렇지 않다고 하더라도 경력교사에게 중간관리자의 역할을 감당하도록 직급화하기도 한다. 이는「유아교육법」에

9) 예전, 삼성그룹에서 여러 대학에 삼성어린이집을 수탁운영하였으며, 이때 '포괄적 보육서비스'의 제공이라는 입장에서 접근하였었다(삼성복지재단, 2006). 이후 포괄적 보육서비스는 보육계에 확산되어서 보육사업의 지향점으로 삼았다. 이는 '서비스'라는 용어는 그야말로 '봉사'의 개념이 함축되어 있으며 보육분야에서의 보육교사의 교직도 그러하다는 것이다. 이러한 접근에는 영유아와 부모를 최상으로 대해야 하는 고객으로 보는 것에 연유하며, 이를 통해서 어린이집의 보육교직원들도 원하는 개인적 및 사회적 욕구를 충족시킨다. 이것은 바로 윈-윈(Win-Win)하는 것이며, 따라서 보육교직원을 포함한 어린이집 사람들 모두의 리더십 발휘가 필요한 것이다.

의한 유치원과는 다르다.[10)]

① 중간관리자의 자격

중간관리자의 자격은「영유아보육법」에 규정되어 있는 보육교사의 자격과 동일하다. 영유아를 보육하고, 불가피한 상황으로 원장이 직무를 수행하기 어려울 때, 원장의 직무를 대행하는 것이다.

② 중간관리자의 직무

중간관리자의 직무 역시「영유아보육법」에 규정되어 있는 보육교사의 자격과 동일하다.

(3) 원장의 자격과 직무

어린이집 원장은 현행「영유아보육법」에 규정된 보육교직원 중의 한 사람으로 어린이집의 관리와 경영에서 최고책임자로서의 직무를 수행한다.

① 원장의 자격

원장의 자격은 어린이집의 설립주체와 규모에 따라 차이가 있다. 그것은 설립

10) 어린이집의 중간관리자에 해당하는 유치원의 원감은「유아교육법」에 그 정의와 직무가 명시되어 있다. 발달적으로 어린 영유아를 대상으로 돌봄과 가르침이 동시에 이루어지는 어린이집의 경우, 유치원보다 '손'과 '마음'이 더 많이 간다. 따라서 원장과 일반보육교사 사이에서 가교역할과 보충역할을 하는 원감급의 직원이 제도적으로 신설되어야 한다.

유치원의 원감	제20조(교직원의 구분) ① 유치원에는 교원으로 원장 원감 수석교사 및 교사를 두되, 대통령령으로 정하는 일정 규모 이하의 유치원에는 원감을 두지 아니할 수 있다. 제21조(교직원의 임무) ② 원감은 원장을 보좌하여 원무를 관리하고 해당 유치원의 유아를 교육하며, 원장이 부득이한 사유로 직무를 수행할 수 없을 때에 그 직무를 대행한다. 다만, 원감을 두지 아니하는 유치원은 원장이 미리 지정한 교사(수석교사를 포함한다)가 그 직무를 대행한다. ③ 수석교사는 교사의 교수·연구활동을 지원하며, 유아를 교육한다.
	② 수석교사는 학급을 담당하지 아니한다. 다만, 유치원의 규모 등 유치원 여건에 따라 학급을 담당할 수 있다.

된 어린이집의 목적이 다르기 때문에 그에 준한 자격요건이 필요하기 때문이다.

어린이집 종류	어린이집 특성	원장의 자격
장애전담 어린이집	12명 이상의 장애영유아를 보육하는 어린이집	· 일반기준에서 정한 자격을 갖춘 사람으로서 다음의 어느 하나에 해당하는 사람 - 대학(전문대학을 포함한다)에서 장애인복지 및 재활관련학과를 전공한 사람+원장 사전직무교육을 이수한 사람 - 장애영유아어린이집에서 2년 이상의 보육업무 경력이 있는 사람+원장 사전직무교육을 이수한 사람
일반 어린이집	장애전담 어린이집을 제외한 모든 어린이집	· 보육교사 1급 자격을 취득한 후 3년 이상의 보육 등 아동복지업무 경력이 있는 사람 · 「유아교육법」에 의한 유치원 정교사 1급 자격을 취득한 후 3년 이상의 보육 등 아동복지업무 경력이 있는 사람 · 유치원 원장의 자격을 가진 사람 · 「초·중등교육법」에 따른 초등학교 정교사 자격을 취득한 후 5년 이상의 보육 등 아동복지업무 경력이 있는 사람 · 「사회복지사업법」에 따른 사회복지사 1급 자격을 취득한 후 5년 이상의 보육 등 아동복지업무 경력이 있는 사람 · 「의료법」에 의한 간호사 자격을 취득 한 후 7년 이상의 보육 등 아동복지업무 경력이 있는 사람 · 국가 또는 지방자치단체에서 7급 이상의 공무원으로 보육 등 아동복지업무에 5년 이상 근무한 경력이 있는 사람
가정 어린이집	상시 5인 이상 20인 이하를 보육하는 어린이집	· 일반기준에서 정한 자격을 갖춘 사람 · 보육교사 1급 이상의 자격을 취득한 후 1년 이상의 보육업무 경력이 있는 사람
영아전담 어린이집	3세 미만의 영아만을 20인 이상 보육하는 어린이집	· 일반기준에서 정한 자격을 갖춘 사람 · 간호사 면허를 취득한 후 5년 이상의 아동간호업무 경력이 있는 사람

② 원장의 직무

어린이집의 원장의 직무는 보육교직원의 한 사람으로 직무규정에 포함되어 있다.

「영유아보육법」의 규정	
원장	제18조(보육교직원의 직무) ① 어린이집의 원장은 어린이집을 총괄하고 보육교사와 그 밖의 직원을 지도·감독하며 영유아를 보육한다.

원장의 직무에서 주목해야 할 부분은 '총괄'과 '지도·감독'이다.

보육교사 인성이야기

"어떤 가치도 고객의 기쁨에 우선할 수 없습니다. 고객이 무엇을 기대하든, 그 이상을 하겠다는 마음을 가져야죠. 서울대 이유재 교수는 고객에 대한 정의를 다음과 같이 내렸습니다. 고객은 기업에서 가장 중요한 사람이다. 고객은 기업에 의존하지 않는다. 단지 기업이 고객에 의존할 뿐이다. 고객은 기업이 하는 일의 방해물이 아니라, 목적이다. 기업은 고객을 만족시킴으로써 고객에게 호의를 베푸는 것이 아니라, 고객이 기업에게 그런 기회를 제공함으로써 기업에게 호의를 베푸는 것이다. 고객은 논쟁할 상대가 아니다. 누구도 고객과의 논쟁에서 이긴 사람은 없다. 고객의 요구사항을 고객과 기업 모두에게 이익이 되도록 만드는 것이 기업이 해야 할 일이다. 그러나 교육사업이란 결국은 교육이 우선이다. 윤리의식이나 교육철학이 부재한 오너는 단순한 비지니스맨에 불과하며, 교육사업은 일반적인 사업과는 달리 비영리적인 마인드로 접근하여 영리를 추구해야 하는 분야라고 역설하였다."

출처: 박경실(2006). 이름 있는 학원들의 학원이야기.

Q&A

이 글에서 기업에서의 '고객'을 어린이집에서의 '부모'로 대체하여 보면,
보육교사는 부모를 어떻게 생각하고, 어떻게 대해야 할까?

이 규정에서 보듯이 총괄한다는 것은 어린이집의 경영과 발전을 위한 모든 과정에서 최고결정자로서의 역할을 수행하는 것을 말한다. 그리고 어린이집이라고 하는 큰 배를 탄 선원들을 지도·감독해야 하는 막중한 책임을 지닌 사람이다. 따라서 어린이집 원장으로서 발휘하는 전문적인 역량과 실천은 어린이집 전체의 유지와 발전에 크게 영향을 미치게 되고 아주 중요한 사람이 되는 것이다. 또한 원장은 성품과 능력을 겸비한 보육교직원을 선발하고, 선발된 보육교직원들이

각자의 지위에 따른 역할을 성공적으로 수행함으로써 영유아와 부모 및 가족을 위해 질 높은 보육서비스를 제공할 수 있도록 다면적 리더십을 발휘해야 한다(이소희, 2018).

2. 학부모와 가족

부모와 가족은 영유아에게 생명이자, 생활과 같은 가치를 지닌다. 그러므로 영유아의 생존과 생활을 위해서는 한순간도 분리해서 생각할 수가 없는 관계이다. 그 중요성 때문에 제도적 차원의 「아동복지법」에서 부모의 양육책임을 법적으로 규정하고 있는 것이다.

따라서 부모와 가족은 부모역할의 보충기능을 담당해 주는 어린이집의 보육교직원에게 감사해야 하며, 보육교직원들 또한 '사회적 부모'의 역할을 수행해야 하는 사람으로서[11] 창의인성과 전문성으로 보육해야 한다. 즉 영유아를 위해 보육교직원과 학부모 및 가족은 서로 협조적인 관계로 나아가야 한다.

1) 학부모

"살아있건 아니건 자식은 우리를 변하게 한다"는 외국 속담은 부모의 영향력을 단적으로 말해 준다. 오늘날 부모의 사회적 및 직업적 역할로 인해 가정에서 자녀양육을 하는 시간이 점점 감소하고 있음을 볼 때, 부모로서 자신의 자식을 돌보고 가르쳐 주는 보육교사와의 관계는 바로 자식의 건강하고 안전한 성장과 직결된다. 따라서 어린이집 사람들은 학부모 및 가족과 함께 신뢰로운 관계를 유지해야 한다.

인간적으로 법적으로 가정에서의 양육책임이 있는 부모와 함께 법적으로 사회적으로 어린이집에서의 보육책임이 있는 어린이집 사람들이 서로 사랑의 마음으

11) '사회적 부모'란 친부모가 아니라하더라도 모든 사회구성원은 부모와 같은 마음으로 모든 아이들을 돌보아야 한다는 의미이다(이소희, 2018).

로 협력할 때 영유아의 생존권과 생활권이 보장되기 때문이다.

(1) 보육교사에 대한 부모의 이해교육

어린이집과 부모 및 가족의 연계성에 대한 연구가 지속적으로 이루어지고 있으며(김길숙, 2016; 김희진, 박선미, 2016; 나석희, 이현진, 2012; 김은설, 윤재석 외, 2015). 보육교사 양성과정에서 〈부모교육〉은 전공과목으로 개설되어 교육되고 있다. 뿐만 아니라, 보육교사의 전문성을 제고하기 위해 국가직무표준에도 포함되어 지표를 제공하고 있는데, 그 예로 〈가정과의 협력〉에 대한 규준적 내용을 들 수 있다. 여기에서 가정과의 협력이란 영유아의 바람직한 성장과 발달을 위해 부모와의 상담, 교육, 참여지원을 통해 가정과 연계하고 협력하는 능력을 말한다.

(2) 알림장을 통한 어린이집과 부모의 상호작용

알림장은 어린이집에서 있었던 영유아에 관한 이야기와 어린이집의 교육계획 및 행사소식 등에 대해 부모와 가족에게 알려 주는 작은 공책을 말하며, 아주 소중하고 편리한 시스템이다. 이 알림장에 언급된 한 사례를 통해 영유아발달의 이해 및 보육교사의 역할에 대한 이해가 매우 필요함을 알 수 있다.

> ㅇ현이 엄마가 알림장에 ㅇ호하고 놀지 말게 해 달라고 적어 왔어요. 그래서 제가 "애들은 싸우기도 하고 다투기도 한다. ㅇ호랑 ㅇ현이는 싸우다가도 금방 또 놀고 그런다. 괜찮으니 걱정마세요"라고 얘길 했더니 선생님이 오버하신다고 그러는 거예요. "제가 그럼 어떻게 할까요?" 하니 계속 ㅇ호랑 놀지 말게 해 달라고 하더라고요. 그렇게 친구끼리 어울리는 걸 막으면 집에서 엄마가 원하는 애들하고 놀지 왜 어린이집에 보내는 건가요. 그럼 제가 교사로써 엄마 말을 듣고 놀지 말게 해야 하나요? 그러다가 다른 애한테 또 맞는다면 그 애랑 또 놀지 말라고 하면 또 말을 들어야 하나요?

출처: 나석희, 이현진(2012). -K교사 면담-.

(3) 어린이집에서의 부모교육

어린이집에서의 영유아보육의 목적이자 기능인 심신의 보호와 건전한 교육은 기본생활습관의 형성을 통해 이루어진다. 그러나 아무리 어린이집에서 노력하여도 가정과 연계되지 않으면 효과를 달성할 수 없는 것은 자명한 이치이다. "부모의 좋은 습관보다 더 좋은 아이교육은 없다"는 말은 보육의 효과를 거두기 위해서는 영유아의 부모와 협력해야만 한다는 말이다.

한편 최근 들어서는 아빠의 양육참여 중요성에 따른 인식의 강화에 따라 육아종합지원센터는 물론, 어린이집에서의 아빠에 대한 교육이 활성화되고 있으며 좋은 효과를 나타내고 있다(김영주, 2005; 박신영, 이진희, 2013; 최항준, 최선녀 외, 2013). 특히 놀이와 활동을 통한 아빠참여교육도 활성화되고 있다. 이는 연중 행사로 실시되는 부모참여수업의 수준을 넘어서 보다 발전된 형태로 진행되는 교육체계의 일환이다.

(4) 행정기관에서 지원되는 부모교육

보육정책과 행정을 주관하는 보건복지부와 산하기관인 중앙육아종합지원센터와 지방의 육아종합지원센터에서는 특별히 부모교육 프로그램을 개발·지원하여 전국의 어린이집 부모를 대상으로 교육하고 있다. 대표적으로는 클로버 부모교육 프로그램을 들 수 있다(보건복지부, 중앙육아종합자원센터, 이소희, 2015).

보육교사 인성이야기

출처: 중앙육아종합지원센터(central.childcare.go.kr).

Q&A

클로버 부모교육 프로그램은 '소중한 나 – 멋진 아이 – 긍정의 가족 – 아름다운 이웃'의 4개의 모듈로 구성되어 있다. 부모로 하여금 '소중한 나'의 차원에서 접근하게 되면, 보육교사 역시 '소중한 나'로 접근할 수 있다.
보육교사, 우리는 얼마나 소중하다고 말할 수 있을까?

문제는 아버지들이 시간적 여건으로 아버지교육의 중요성에도 부응하기 어려운 점을 고려하였을 때 국가와 국가의 산하기관 및 지방자치단체가 협력하여 교육의 수월성이 강화되도록 할 필요가 있다. 예를 들어 중앙육아종합지원센터(2018)에서는 기존에 개발한 클로버부모교육을 e교육으로도 가능하도록 새롭게 구성한 것을 들 수 있다.

그리고 보육을 진흥하기 위해 설립된 한국보육진흥원에서는 부모와 보육교사의 인성함양과 계발이 영유아의 복지에 큰 영향을 미친다는 점을 고려하여 인성포럼을 지속적으로 개최하고 있다는 것을 통해 어린이집사람들 모두가 서로에 대한 존중과 지원이 매우 중요하다는 것을 확인할 수 있다(이소희, 2014).

보육교사 인성이야기

전국의 어린이집 원장을 대상으로 제1회 인성보육포럼이 한국보육진흥원 주최로 열렸다. 이 자리에서 발제자로 나선 숙명여대 아동복지학부 이소희 교수는 "어린이날을 창시한 소파 방정환 선생님은 '어린이를 두고 가니 잘 부탁합니다'라는 유언을 통해 후손들에게 우리 아이들을 부탁했다"고 하면서, "모든 어른은 방정환 선생님으로부터 어린이의 양육과 교육을 부탁받은 사람이라고 할 수 있다고 하였다. 그중에서도 가장 중심적인 사람은 두말할 나위 없이 아이를 낳은 부모라고 하면서, "모든 부모는 영유아를 위한 첫 번째 인성교육자"라고 단언하였다. 동시에 "첫 번째 인성교육자가 되기 위해서는 무엇보다도 부모가 먼저 자신을 가르치는 것이 중요하다"고 강조하였다.

출처: 베이비뉴스(2014. 10. 26.).

Q&A

영유아가 만나는 첫 번째 인성교육자는 부모이다.
영유아가 가정을 떠나서 만나는 첫 번째 인성교육자는 누구인가?

(5) 어린이집운영위원회

어린이집에서는 어린이집 운영의 자율성과 투명성을 높이고 지역사회와의 연계를 강화하여 지역사정에 적합한 보육을 실시하도록 돕기 위해 어린이집운영위원회를 설치하고 운영하도록 조치하고 있다.[12] 이 위원회의 위원으로는 원장과 보육교사 대표 및 지역사회 대표와 함께 학부모 대표가 참여하게 된다. 따라서 학부모들의 의견이 십분 반영되게 된다. 주요 다루는 내용은 학부모의 자녀들인 영유아들을 위한 건강, 영양, 안전 및 학대의 예방에 관한 사항과 보육시간과 보육과정의 운영 및 전반적인 어린이집 환경의 개선에 대한 사항 등이다.

12) 부모협동어린이집은 제외된다.

이러한 운영위원회를 효과적으로 실시하기 위해 위원들을 대상으로 운영위원회의 필요성 및 운영위원 역할, 어린이집 부모참여 사례 등을 주제로 특별교육 및 부모교육 등을 실시하게 된다. 나아가 보육교직원들의 근무환경개선에 대한 내용도 다룸으로써 보육교직원의 복지에도 기여하게 된다. 한편 어린이집 자체 부모모니터링단의 제안도 반영하여 의논하게 된다.

보육교사 인성이야기

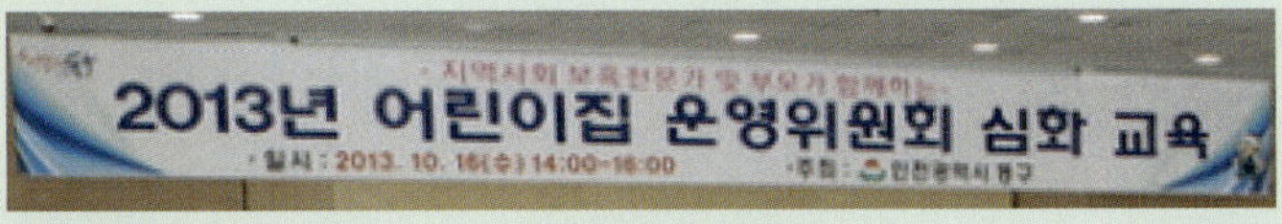

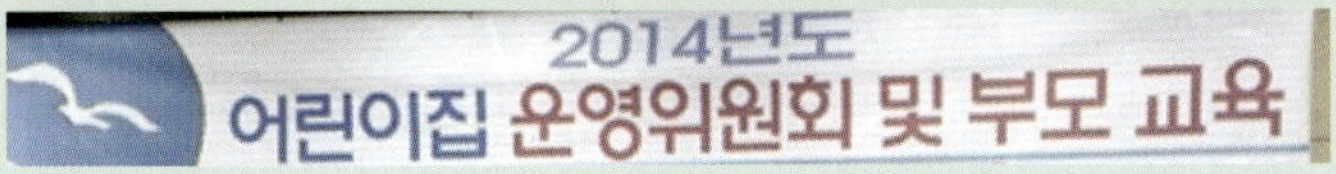

출처: 인천광역시 육아종합지원센터.

알 림 장

"사람들을 이끈다고 생각하나, 따르는 자가 없다면 그냥 혼자 걸어가고 있을 뿐이다."

- 에이브러햄 링컨 -

(6) 어린이집에서의 부모모니터링

어린이집에서는 '부모'로서의 사랑과 경험과 욕구를 반영하기 위해 어린이집 운영위원회 외에 자체 부모모니터링단을 운영하고 있다. 영유아의 부모는 어린이집 관리경영에서 가장 중요한 이해당사자(利害當事者)이자, 고객(customer)이라고 할 수 있기 때문이다. 또한 보다 발전적인 방안을 모색하기 위한 평가연구도 이루어지고 있다(양미선, 2015).

2) 가족

"생일축하합니다"라고 동서고금을 통해 오랫동안 말해지는 것은 태어남은 축복이고 기쁨이며, 행운이라는 것을 함축하고 있다. 그럼에도 불구하고 태어나고 살아간다는 것이 녹록하지 않아서 삶은 고해라고도 말한다. 그러나 분명한 것은 태어나 함께 이루는 가족의 힘이 있기 때문에 아이와 가족과 함께하는 삶은 환희이다. 그러기에 "눈물로 걷는 인생의 길목에서 가장 오래, 가장 멀리까지 배웅해주는 사람은 바로 우리의 가족이다"이라고 말하고 있는 것이다(권미경, 2005).

오늘날 대가족에서 핵가족으로 가족의 구조가 변화되고, 그에 따라 가족의 기능도 변화되고 있지만, 엄연히 가족의 중요한 일원은 조부모이다. 그리고 근래에 들어 핵가족화, 맞벌이가족의 증가, 고령화, 초솔로사회화 등 가족사회의 변화 가운데에서 주목되는 것은 어린이집의 증가와 함께 무상보육이 실시되고 있음에도 불구하고 조부모에 의한 양육이 증가하고 있다는 점이다(중앙일보, 2016. 4. 22.). 그것은 무상보육제도가 실시되었음에도 불구하고 부모의 입장에서는 가정에서 가족에 의한 양육의 의미에 무게를 두고 있기 때문이며, 특히 영아기일수록 그러하다고 볼 수 있다(이윤진, 권미경 외, 2013). 실제로 아동전문가들도 이 시기는 가정 내 양육이 바람직하다는 데 견해를 같이하고 있다(육아정책연구소, 2015).

한편 '조부모'하면 '손자에 대한 내리사랑'이 자연스럽게 떠올려지듯이 조부모의 손자녀 사랑은 사랑의 본질이라고 할 정도로 무조건성을 강하게 내포했었다. 그러나 근래에 들어서는 이러한 일반적 관념은 다소 변화하고 있는데, 조부모의 양육실태에 관한 연구에서 살펴볼 수 있다(김은주, 서영희, 2007). 예전과 달리 조부모에 의한 양육은 비자발성에 의해 시작되며, 손자녀양육비에 대한 만족도가 낮으며 손자녀가 아주 어릴 때에 시작될 뿐만 아니라 장기간에 걸쳐 이루어진다는 점이다. 특히 저소득층 농어촌에서는 조부모의 입장에서 지원을 받지 못해 소위 말하는 황혼육아(黃昏育兒)로 인한 새로운 가족 및 사회문제로 대두되고 있다는 것이다.

이러한 점을 고려하여 특히 영아양육은 가정 내 양육으로 정책을 설계할 필요가 있다고 보고 있으며(이윤진, 2016), 이에 따라 일부 지자체에서 조부모 손자녀 양육지원을 위해 수당지급을 하고 있다. 그리고 수당을 받기 위해서 조부모는 일정한 교육과정을 이수해야 하므로 현실적으로 어린이집에서의 관여가 매우 필요할 뿐 아니라, 조부모의 일신에 문제가 발생할 때 일시보육이 긴급하게 이루어져야 하므로 어린이집에서는 더 깊은 관심을 기울일 필요가 크다(정아란, 김영철, 2013). 이에 따라 조부모를 위한 교육이 개별어린이집에서 이루어지고 있으며, 부모와 조부모를 동시대상으로 하여 실시되고 있다.

보육교사 인성이야기

오늘은 찾아가는 학부모 및 조부모 방문교육을 위해 부산남구의 오륙도 어린이집을 방문했어요

출처: https://deskgram.net/explore/tags/

알 림 장

내리사랑은 무조건적 사랑의 극치!

그렇지만 현실적으로 어린이집에서 조부모교육을 실시하기에는 제한점도 있으므로 거의 육아종합지원센터와 건강가정지원센터 및 사회복지관 등에서 실시되고 있다.

보육교사 인성이야기

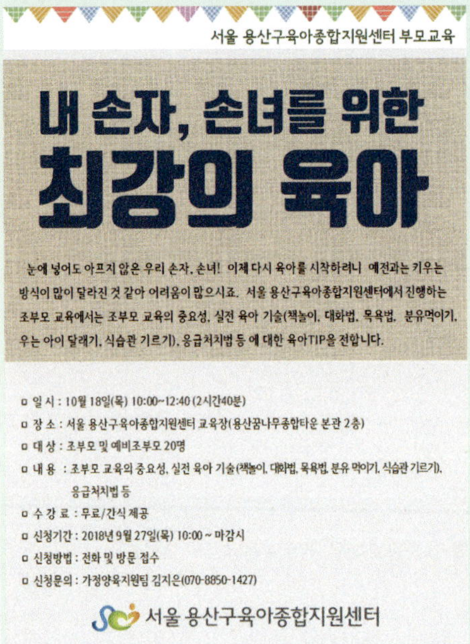

출처: 서울 용산구 육아종합지원센터.
서울 강남구 건강가정지원센터.

알림장

조부모의 손자녀양육의 지혜의 대물림! 손주병법입니다.

매일멋진보육교사의 더 깊고, 넓고, 높은 생각

Key Person

어린이집에서 보육을 받는 영유아에게는 여러 명의 의미 있는 어른들이 있다.
그들은 Key Person들이다.
그들은 '아이(child)'라는 나무를 함께 키운다.
보육교사는 어린이집에서 아주 중요한 어른이다.
보육교사는 영유아가 어떤 나뭇잎을 단 나무로 자라게 해야 할까?

아동의 성장을 도와주고
이끌어 주는 의미 있는 사람

PART 2 보육교사론

Chapter 04

보육의 책임과 보육인의 윤리강령

우리는 곧잘 "책임을 지겠다"라는 말을 듣고, 또 하고 산다. 한마디로 멋진 말이며, 동시에 엄청난 말이다. 또한 우리 주변에서 "책임도 못 지는 인간은 인간도 아니다"라는 험악한 말들도 자주 듣고 산다. 그러므로 책임수행의 여부는 인간성과 윤리적 차원에서 거론되기 마련이다. 따라서 우리는 어린 시절부터 '개인적 책임'을 다하도록 교육받으며, 사회와 국가 역시 사회구성원들로부터 '제도적 책임'을 다할 수 있도록 요구받고 있는 것이다.

이러한 맥락에서 개인의 행복과 국가의 흥망에 강한 영향을 미치는 보육 분야에서는 정책 및 행정적 차원에서 보육관계법을 제정하여 사회적 책임을 다하고자 노력하고 있다. 또한 보육인들도 보육에 대한 책임을 다하고자 제정·공포한 윤리강령을 바탕으로 다 함께 노력하고 있다.

특히 보육교사가 '보육교사의 윤리강령'을 철저히 준수할 때, 교직인성과 창의인성을 제대로 발휘하는 **'매일멋진보육교사'**가 되는 행복을 누린다.

1. 보육의 사회적 책임

'책임'의 사전적 정의는 인간의 어떤 행위가 그 행위의 주체로 돌아가는 것을 말한다. 그리고 '권리'의 사전적 정의는 어떤 일을 하거나 누릴 수 있는 힘이나 자격을 말하며 이 권리는 의무와 책임을 수반하고, 법으로 강제 규정되기도 한다. 그래서 법률관계는 대체로 권리와 의무관계라고 말할 수 있다.

의무와 권리가 동일선상에서 논해지듯, 책임과 권리도 마찬가지이며, 이는 관계법에서 확인할 수 있다.

1) 보육의 사회적 책임과 법

일반적으로 책임은 세 가지를 전제로 한다. 첫째는 행위 주체이며, 둘째는 그 행위 주체에 대해 행위의 귀속을 판정하는 제2의 주체이며, 셋째는 그 귀속의 기준이 되는 보편적인 의무규범을 말한다. 구체적으로 풀이하면, 책임의 주체는 반드시 사람일 필요는 없다(네이버 백과). 보육분야에 적용하면, 보육의 책임은 어린이집은 물론, 전 사회와 국가가 될 수 있는 것이다.

그리고 귀속의 판정은 주로 보육관계법의 규정과 보육교직원을 포함한 보육관계자가 된다. 따라서 보육교직원들은 모두 동일한 책무를 지니며, 이는 「영유아보육법」에 규정되어 있다. 이렇게 볼 때, 보육교직원의 책무는 직급에 따른 직무의 차원을 넘어선 공동의 책임을 강조한 것이다.

「영유아보육법」의 규정	
보육 교직원	제18조의 2(보육교직원의 책무) ① 보육교직원은 영유아를 보육함에 있어 영유아에게 신체적 고통이나 고성·폭언 등의 정신적 고통을 가하여서는 아니 된다. ② 보육교직원은 업무를 수행함에 있어 영유아의 생명·안전보호 및 위험방지를 위하여 주의의무를 다하여야 한다.

다시 말하면, 모든 각각의 보육교직원이 지켜야 할 직무는 직급에 따라 차이가 있지만, 모든 보육교직원이 책임을 지니고 지켜야 할 의무는 영유아의 생존권과

생활권 및 발달권을 보호하는 것이 된다. 이는 「아동권리에 관한 국제협약」에서 추구하는 권리와 그 맥을 같이하고 있다. 바로 이러한 점 때문에 교사, 경력교사(중간관리자), 원장 등 모든 보육교직원들은 한마음 한뜻으로 다면적 리더십을 발휘하면서 한방향 정렬이 되어야만 보육의 기능을 달성할 수 있게 된다.

한편 보편적인 의무규범의 예로 양심, 하늘, 신(God) 등을 들 수 있다. 그 예로 표면적으로 노출되지 않아서 비난의 대상이 되지 않는다고 하더라도 보육교사 스스로 양심의 가책을 받는다면, 이는 보편적 의무규범 속에서 논의 될 수 있다. 그렇기 때문에 이러한 의무규범은 인성의 차원에서 자주 논의되는 중요한 주제가 되며, 실제적으로 유아교사 또는 보육교사의 반성적 사고(박은혜, 2017; 성은영, 2006)라는 맥락에서 교육되는 것을 들 수 있다.[1)]

주지하다시피 어린이집에서의 아동학대가 빈번하게 발생되고 있기 때문에 보육받는 영유아 및 부모와 가족의 권리는 더욱 강조되고, 이에 대응하여 보육에 대한 사회적 책임은 더욱 강조되고 있다. 특히 영유아보육에서의 최일선에 있는 보육교사의 책임은 막중한 것으로 인식되고 있으며, 또한 강하게 기대하고 있다. 그렇기 때문에 영유아복지 및 가족복지에 대한 사회성 내지는 공공성(公共性)이 강조되면서 법적인 차원에서의 권리가 거론되고 있는 것이다. 왜냐하면 현대사회의 법은 이러한 권리와 의무의 관계를 상세하게 조직화한 법적 질서이자 체계이기 때문이다. 결국 권리는 법에 의하여 부여되므로 법 이전의 권리는 추상적이고 선언적 의미를 가지는 정도에 그친다고 볼 수 있다. 특히 근대법은 개인의 자유를 그 이념으로 삼는 만큼, 법률관계를 권리의 차원에서 파악하고 법체계도 권리의 체계로 구성하고 있는 '권리본위'에 의하고 있다(한국민족문화대백과, 2017)는 점을 주지할 필요가 크다. 이렇듯 법이 지니는 의의 때문에 보육교직원들도 보육관계법에 관한 교육을 받게 되는 것이다.

1) 물론 전문성의 차원에서 반성적 사고가 논의되고 있지만, 반성적 사고 자체는 인성을 그 전제와 기반으로 하는 것이 강하다.

보육교사 인성이야기

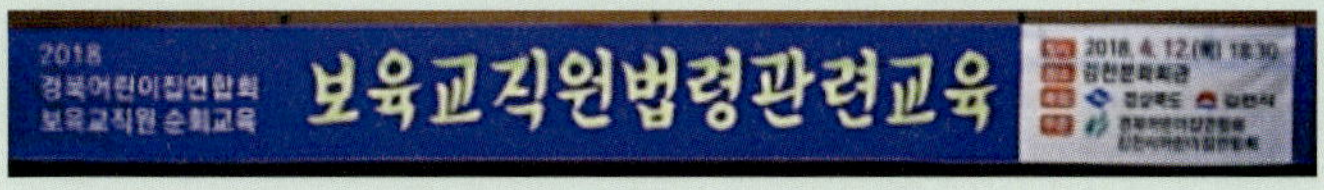

출처: 경북어린이집연합회

알 림 장

"법을 지키고 행하는 사람은 강하고, 바르다." - 한비자 -

2) 영유아보육법에서의 책임규정

「영유아보육법」은 영유아의 심신의 보호와 건전한 교육을 위한 보육기능의 성취에서 금과옥조(golden rule)의 기능을 한다.

「영유아보육법」은 보육에서 기본법 내지는 모법의 기능을 한다. 너무 중요하므로 누차 강조하는 바와 같이 「영유아보육법」의 목적은 크게 두 가지로 요약된다. 하나는 영유아의 심신을 보호하고 건전하게 교육하여 건강한 사회 구성원으로 육성하는 것이며, 다른 하나는 보호자의 경제적·사회적 활동이 원활하게 이루어지도록 하는 것이다. 이러한 목적을 달성하면, 결과적으로 영유아 및 가정과 사회의 복지 증진에 이바지하게 되며, 이를 위해서 보육은 매우 중요한 복지의 수단이 된다. 따라서 사회구성원들은 보육이 추구하는 이념을 공유해야 하는데, 같은 법에는 세 가지를 제시하고 있다.

- 보육은 영유아의 이익을 최우선적으로 고려하여 제공되어야 한다.
- 보육은 영유아가 안전하고 쾌적한 환경에서 건강하게 성장할 수 있도록 하여야 한다.
- 영유아는 자신이나 보호자의 성, 연령, 종교, 사회적 신분, 재산, 장애, 인종 및 출생지역 등에 따른 어떠한 종류의 차별도 받지 아니하고 보육되어야 한다.

이 보육 이념의 배경에는 「아동권리에 관한 국제협약(CRC)」의 지향점이 반영되어 있다. 다시 말하면 영유아의 이익이 최우선으로, 최상으로 고려되어야 한다는 것이 첫 번째일 뿐만 아니라, 이 과정에서 그 어떠한 차별도 받지 않아야 한다는 것이다. 따라서 보육교사를 포함한 사회구성원 및 국가는 이러한 기본 이념으로 무장하다시피 한 다음, 책임을 지고 보육에 임하여야 함을 규정하고 있다.[2)]

이러한 책임은 네 가지로 명시하고 있다.

- 모든 국민은 영유아를 건전하게 보육할 책임을 진다.
- 국가와 지방자치단체는 보호자와 더불어 영유아를 건전하게 보육할 책임을 지며, 이에 필요한 재원을 안정적으로 확보하도록 노력하여야 한다.
- 특별자치도지사 · 시장 · 군수 · 구청장은 영유아의 보육을 위한 적절한 어린이집을 확보하여야 한다.
- 국가와 지방자치단체는 보육교직원의 양성 및 근로여건 개선을 위하여 노력하여야 한다.

이러한 책임규정을 보면, 보육의 책임자는 모든 국민과 국가와 지방자치단체이다. 따라서 보육교사는 국민의 한 사람이자, 권리에서의 행위주체자이므로 보육교사는 당연히 보육의 책임을 진다. 따라서 보육교사의 경우, 직무 이외에 책무규정을 별도 조항으로 함께 규정하고 있는 것이다.[3)]

- 보육교직원은 영유아를 보육함에 있어 영유아에게 신체적 고통이나 고성 · 폭언 등의 정신적 고통을 가하여서는 아니 된다.
- 보육교직원은 업무를 수행함에 있어 영유아의 생명 · 안전보호 및 위험방지를 위하여 주의 의무를 다하여야 한다.

2) 「영유아보육법」의 구성을 보면, 제1조는 목적, 제2조는 용어의 정의, 제3조는 보육 이념 그리고 제4조는 책임에 대해 규정하고 있다. 이 법의 규정 순서를 보면 보육을 위해 보육교사를 포함한 사회와 국가가 어떤 인식과 태도로 임하여야 하는가에 대해 시사를 받을 수 있다.

3) 보육교사의 직무는 Chapter 3 참조

이러한 규정은 같은 법에서의 보육의 기본이념과 맥을 같이하고 있을 뿐만 아니라, 역시 국제협약CRC의 규정과도 그 맥을 같이하고 있다.

한편 보육교사가 이러한 보육의 직무와 책무를 다할 수 있도록 국가와 지방자치단체는 어린이집을 설립·확보하고, 보육교사를 양성함과 동시에 질 높은 근무환경을 조성해야만 하는 것은 재론의 여지가 없다.

3) 아동복지법에서의 책임규정

영유아는 「영유아보육법」에 6세 미만의 자로 규정되어 있다. 발달적으로 볼 때, 영유아는 아동발달에서의 초기단계에 해당된다. 동시에 영유아보육은 중요한 아동복지의 한 분야이므로 영유아보육은 아동과 아동복지의 연장선상에서 살펴볼 수 있다. 더구나 「아동복지법」은 우리나라 아동복지의 모법이자, 기본법적 성격을 지니고 있으며, 같은 법에서 아동은 18세 미만의 자로 규정하고 있기 때문에 영유아는 당연히 아동복지의 대상이 된다. 그렇기 때문에 「아동복지법」의 규정은 영유아보육과 밀접한 관계를 지니게 되는 것이다.

실제적으로 아동과 관련한 법체계는 그 나라의 사회적·역사적 배경과 밀접한 관계가 있을 뿐만 아니라 아동에 대한 사회적 태도를 반영한 것이라고 할 때, 아동복지는 아동복지관계법의 토대 위에서 아동복지의 방향과 그 실천적 행동강령을 제대로 파악할 수 있다. 그렇기 때문에 아동복지관계법은 그 나라의 아동복지 수준을 파악할 수 있는 중요한 한 단서가 된다(이소희, 2015). 따라서 이러한 맥락에서 보육의 대상인 영유아를 위한 방향도 그 실천적 행동강령을 제대로 파악할 수 있다.

「아동복지법」과 「영유아보육법」을 비교해 보면 두 법이 기본적으로 동일한 관점에서 아동의 일원으로서 영유아의 발달과 복지를 지향하고 있음을 알 수 있으며, 이를 위한 책임은 모든 국민과 국가에 있다는 것을 재확인할 수 있다. 그리고 이를 위한 각종 조치에서 「아동권리에 관한 국제협약」이 추구하고 있는 일반원칙과 기본권이 반영되고 있다는 점에 유념해야 한다. 나아가 우리나라는 이 협약의 비준국이므로 국내법과 동일한 효력을 지니는 이 협약의 규정에 따라 개정조치해야 하는 의무를 안고 있다.

4) 장애를 지닌 영유아를 위한 관계법에서의 책임규정

장애를 지닌 영유아는 일반 영유아가 누려야 할 권리 외에 장애를 지녔기 때문에 필요한 부가적인 권리를 지닌다. 그리고 이러한 권리의 보장은 장애영유아의 발달특성을 고려하되, 일반 영유아와의 통합을 중요한 지향점으로 삼고 있다.

장애를 지닌 영유아에 대한 보육은 영유아의 생존권 및 권리보장이라는 차원에서의 중요한 의미를 가지며, 양육자인 가족에 대한 지원의 강도가 다른 영유아보다 높은 편이다. 이러한 지원은 「장애아동 복지지원법」과 「장애인 등에 대한 특수교육법」 등에 규정되어 있다. 특히 장애를 지닌 영유아를 위한 다양한 재활지원은 조기에 실시되어야 효과가 크므로 통합보육(이정림, 김은영 외, 2012)과 함께 조기의 개별화교육에 대한 지원(조윤경, 김형미 외, 2017)이 제도적으로 강구되고 있다. 또한 장애를 지닌 자녀의 양육을 위해서는 일반 자녀보다 양육비가 더 많이 소요되므로 이 점을 고려한 무상교육이 실시되고 있다(김희진, 2013). 물론 장애영유아를 위한 제반 조치 역시 「아동권리에 관한 국제협약」에 규정된 네 가지의 일반원칙과 네 가지의 기본권이 적용된다.

〈표 4-1〉 장애아동 복지지원법의 보육 관련 주요 내용

법	조항	내용
장애아동 복지지원법	관계 기관 또는 단체와의 연계·협력	· 지역센터는 복지지원의 효과적인 시행을 위하여 다음 각호의 기관 또는 단체와의 연계 및 협력 체계를 구축하여야 한다.
	보육지원	· 장애영유아를 위한 어린이집은 장애영유아에 대한 체계적인 보육지원과 원활한 취학을 위한 보육계획을 수립·실시하여야 하며 대통령령으로 정하는 자격을 가진 특수교사와 장애영유아를 위한 보육교사 등을 배치하여야 한다.
	장애영유아 어린이집	· 국가와 지방자치단체는 지역별로 적절한 균형을 이루도록 장애영유아를 위한 어린이집을 확보하기 위하여 노력하여야 한다.

〈표 4-2〉 장애인 등에 대한 특수교육법과 보육 관련 주요 내용

법	조항	내용
장애인 등에 대한 특수교육법	의무교육 등	· 특수교육대상자에 대하여는 「교육기본법」 제8조에도 불구하고 유치원·초등학교·중학교 및 고등학교 과정의 교육은 의무교육으로 하고, 제24조에 따른 전공과와 만 3세 미만의 장애영아교육은 무상으로 한다.
	차별의 금지	· 각급 학교의 장 또는 대학의 장은 특수교육대상자가 그 학교에 입학하고자 하는 경우에는 그가 지닌 장애를 이유로 입학의 지원을 거부하거나 입학전형 합격자의 입학을 거부하는 등 교육기회에 있어서 차별을 하여서는 아니 된다.
	통합교육	· 각급 학교의 장은 교육에 관한 각종 시책을 시행함에 있어서 통합교육의 이념을 실현하기 위하여 노력하여야 한다.
	개별화교육	· 각급 학교의 장은 특수교육대상자의 교육적 요구에 적합한 교육을 제공하기 위하여 보호자, 특수교육교원, 일반교육교원, 진로 및 직업교육 담당 교원, 특수교육 관련서비스 담당 인력 등으로 개별화교육지원팀을 구성한다.
	순회교육 등	· 교육장 또는 교육감은 일반학교에서 통합교육을 받고 있는 특수교육대상자를 지원하기 위하여 일반학교 및 특수교육지원센터에 특수교육교원 및 특수교육 관련서비스 담당 인력을 배치하여 순회교육을 실시하여야 한다.
	특수교육 관련 서비스	· 교육감은 특수교육대상자와 그 가족에 대하여 가족상담 등 가족지원을 제공하여야 한다.

5) 아동학대범죄의 처벌에 관한 특례법에서의 보호규정

이 법은 아동학대범죄의 처벌 및 그 절차에 관한 특례와 피해아동에 대한 보호절차 및 아동학대행위자에 대한 보호처분을 규정함으로써 아동을 보호하여 아동이 건강한 사회 구성원으로 성장하도록 함을 목적으로 한다. 이를 위해 다음의 처리를 할 수 있다.

- 아동학대행위자를 피해아동의 주거지 또는 점유하는 방실(房室)로부터의 퇴거 등 격리
- 아동학대행위자가 피해아동 또는 가정구성원에게 접근하는 행위의 제한
- 아동학대행위자가 피해아동 또는 가정구성원에게 전기통신을 이용하여 접근하는 행위의 제한
- 피해아동을 아동복지시설 또는 장애인복지시설로의 보호위탁
- 피해아동을 의료기관, 아동보호전문기관, 상담소 등으로의 상담·치료위탁
- 피해아동을 연고자 등에게 가정위탁
- 친권자인 아동학대행위자의 피해아동에 대한 친권 행사의 제한 또는 정지
- 후견인인 아동학대행위자의 피해아동에 대한 후견인 권한의 제한 또는 정지

이러한 법들은 기본적으로 아동의 권리보장이라는 맥락에서 제정되고, 실천되고 있으며, 보육을 관장하는 보건복지부에서는 우리나라 어린이헌장과 「아동권리에 관한 국제협약」의 정신을 반영하여 아동권리헌장을 제정·선포하였다. 이는 아동이 우리 사회의 발전과 번영에 핵심이 된다는 것을 재천명한 것이라고 할 수 있다.

특히 보건복지부가 제시한 아동의 권리헌장에 포함된 생존권, 보호권, 발달권은 「아동권리에 관한 국제협약」에 명시된 것으로 발달적으로 어린 영유아에게는 특별히 의미 깊은 권리이다. 실제적으로 보육의 주대상인 영유아는 발달단계상

아동의 범주에 포함되며, 최근 가정은 물론 어린이집에서 영유아학대가 증대되고 있으므로 보육교사는 「아동권리에 관한 국제협약」에서 제시하는 아동의 권리에 대해 숙지하고 있어야 한다.[4)]

2. 보육인의 윤리와 보육교사의 윤리강령

윤리(倫理)는 비교적 오래된 개념이다. 그것은 윤리가 우리의 삶에서 그만큼 중요하기 때문이며, 그 윤리가 지닌 본질로 인하여 동서고금을 막론하고 거의 비슷하게 정의되고 있다.

윤리강령은 윤리와 강령의 합성어이며, 윤리의 의미 위에서 통합적으로 정의된다. 윤리라는 입장에서 보면 역시 강제성이 없다는 점은 공통적이지만, 윤리강령은 윤리보다 특정집단에서 요구하고 기대하는 윤리이기 때문에 직업과 밀접한 관련을 지닌다. 보육은 사회적 책임을 다해야 하는 아주 중요한 분야이므로 보육윤리강령을 제정하여 공포하고 실천하는 것은 보육인들은 물론 전사회적으로 의의가 크다.

1) 보육분야에서의 윤리와 윤리강령의 의의

물고기가 물을 떠나서 살 수 없듯, 무릇 모든 인간은 사회를 떠나서 살 수 없다. 보육인들은 보육분야에서 삶의 의미와 행복을 찾고자 하며, 또 찾아야 한다. 이러한 목적을 효과적으로 성취시키기 위해서는 먼저 보육교직원을 포함한 보육인들이 강한 책임감을 느껴야 하므로, 그 일환으로 보육인들은 자발적으로 윤리강령을 제정하고 선언하게 되는 것이다.

윤리와 윤리강령이 지닌 의의는 각각의 정의를 통해 파악할 수 있다. 그리고 특별히 어떠한 직업생활을 할 때 적용되는 윤리도 있는데, 이를 직업윤리라고 한

4) 보육교사 양성과목에서 기존의 〈아동복지〉가 〈아동권리와 복지〉로 변경·강화된 것은 보육에서 차지하는 아동권리의 중요성을 단적으로 말해 준다.

다. 다시 말하면 윤리강령이란 직업 세계에서 그 직업의 지속과 번영을 위해 요구되는 관습화된 행동규범이며, 당연히 모든 보육인들에게 적용된다.

(1) 윤리의 의미와 의의

일반적인 윤리(倫理)의 사전적 정의는 사람으로서 마땅히 행하거나 지켜야 할 도리를 말한다. 그러므로 강제성이 없는 윤리를 지지하고 지속하도록 만드는 힘은 천부적으로 부여받은 인간의 양심(良心)이라는 힘이다. 이는 도덕적인 가치를 판단하여 옳고 그름과 선과 악을 깨달아 바르게 행동하려고 하는 의식이라고 정의되는 양심에서 잘 알 수 있다. 그렇기 때문에 윤리는 인성과 더욱 밀접히 관련되며, 법적 강제성이 없어도 법 이상으로 지켜야 하는 것이기 때문에 사람의 됨됨이로서만 설명이 가능한 것이다.

윤리(倫理)의 윤(倫)은 사람 인(人)과 뭉치 윤(侖)이 합친 것으로 인간집단을 의미한다. 그리고 리(理)는 석리(石理)와 도리(道理)라는 말에서 시사받을 수 있듯이 '결'과 '길'을 가르키는 한자이다. 그러므로 윤리라는 말의 기본 뜻은 인간사회의 길 또는 결이라고 풀이할 수 있을 것이다.

나무에는 나무의 결이 있고, 돌에는 돌의 결이 있다. 나무를 깎는 목수는 나무의 결을 따라 대패질도 하고 톱질도 해야 한다. 만약 돌을 다듬는 석수(石手)가 돌의 결을 무시하면 좋은 석조물을 만들기 어렵다. 그와 마찬가지로 논리를 따라서 인간집단이 원만한 사회생활을 영위하고 그 집단의 성원 각자가 만족스러운 삶을 누리기 위해서는 사람의 행위가 인간사회의 결(理) 또는 길(道)을 벗어남이 없어야 한다. 그 인간사회의 길 또는 결에 해당하는 것이 윤리라고 하는 사회규범이다(김태길, 1998).

- 윤리(ethics)는 강제성은 없으나, 개인생활이나 사회생활에서 꼭 지켜야 할 도덕적 행위를 말한다. 즉 바람직한 사회를 유지하기 위한 내적 자율적 통제체제를 의미한다(김기태, 조평호, 2006).
- 윤리는 사회적 의식의 한 형태로 인간이 마땅히 지켜야 할 행위규범의 총체

이자, 인간관계와 사회관계 속에서 지켜야 할 것으로 기대되는 사회규범이다(임부연, 김성숙 외, 2014).

윤리가 지니는 의의는 그 무슨 이론적 및 당위적 논리를 제시해도 실천하지 않으면 울리는 꽹가리가 될 뿐이다. 그리고 실천을 촉발하기 위해서는 당연히 윤리교육이 이루어져야 한다.[5] 왜냐하면 알고 행동하는 것과 모르고 행동하는 것은 매우 큰 차이가 있기 때문이다(이경화, 손원경, 2018). 따라서 보편타당한 윤리적 지식을 가르쳐야 한다.

보육교사 인성이야기

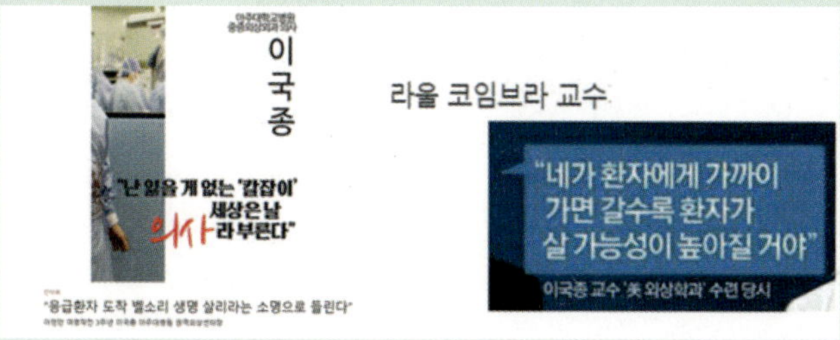

출처: 바이클라우드(2017. 11. 24.).
채널 A(2017. 12. 5.).

알림장

응급의학에서는 환자 먼저이다!
영유아보육현장에서는 영유아 먼저이다!!

5) 예전에는 고등학교 교과목으로 〈국민윤리〉 과목이 개설되었고, 교육되었다.

(2) 보육교사의 윤리

보육교사는 전문직업으로서의 교사다. 따라서 서로 관련된 직업윤리와 교직윤리가 동시에 작용하게 된다. 즉 보육교사는 직업인으로서의 윤리와 전문직인 교사로서의 교직윤리를 동시에 지켜야 할 필요가 매우 크다.

- 직업윤리는 모든 직업인이 그 직업분야에서의 특성을 고려하여 지켜야 하는 윤리를 말한다. 교사 외에 우리사회에서 잘 알려진 예로 의사와 간호사 등의 보건의료직과 소방사와 구조사, 운송 등의 안전관련 직업과 나라를 지키는 군인을 들 수 있다. 다시 말하면 직업적 특성 때문에 자신의 안위보다는 다른 사람의 생명을 더 우선적으로 고려해야 하는 것을 들 수 있다.
  - 환자를 수술하고 간호하여 생명을 살리기 위해 자신의 육신의 안위보다 환자의 생명보호에 더 우선 순위를 두어야 한다.
- 교직윤리는 교직자가 교수활동을 수행함에 있어서 자타가 기대하고 실천하기를 바라는 윤리를 말한다.
- 화염에 싸여 있거나, 항공 및 해상 사고가 발생하였을 때, 직원은 자신의 생명보다 고객의 생명을 우선적으로 구해야 한다.

보육교사 인성이야기

신이시여, 제가 부름을 받을 때에는 아무리 뜨거운 화염 속에서도 한 생명을 구할 수 있는 힘을 주소서. 너무 늦기 전, 어린아이를 감싸 안을 수 있게 하시고 공포에 떠는 노인을 구하게 하소서. 언제나 집중하여 가냘픈 외침을 들을 수 있게 하시고 빠르고 효율적으로 화재를 진압하게 하소서. 저의 임무를 충실히 수행케 하시고, 제가 최선을 다할 수 있게 하시어 모든 이웃의 생명과 재산을 보호하게 하소서. 그리고 신의 뜻에 따라 제 목숨이 다하게 되거든 신의 은총으로 제 아내와 가족을 돌보아주소서.

- 어느 소방관의 기도 -

알 림 장

"학부모님께〉 오늘, 여러 직업 중 '소방수'에 대한 활동을 한 후, 반 아이들과 함께 가슴에 두 손을 모았습니다. 왜냐하면 우리 부모님들께서는 직업의 특성은 조금 다를 뿐, 거의 모든 부모님들께서 이 '소방수'와 유사한 환경에서 같은 마음으로 일하신다고 보았기 때문에 안전하시기를 기도했습니다. 시 한 편 보내드립니다. 또한 어느 소방관의 다짐도 보내드립니다."
"우리는 가장 먼저 들어가고, 가장 나중에 나온다(First in, Last out)" - Smokey Linn-

예전「부정청탁 및 금품등 수수의 금지에 관한 법률(김영란법)」이 시행되기 전에는 '촌지'를 주고받는 경우가 있었으며, 이에 따라 아동-학생들은 교사로부터 교육활동에서 차별적 대우를 받는 사태가 간혹 발생하기도 한 것을 들 수 있다.

한편 우리나라의 경우, 전반적인 교수와 교사에 관한 업무는 교육부가 관장하고 있으며, 보육교사는 보건복지부에서 관장하므로 차이가 있다. 따라서 보건복지부에서는 '교직'이라는 용어가 포함된 교직윤리헌장은 제정되어 있지 않으며, 더구나 이 교직윤리헌장은 유아보다 초등 이상의 학생에게 초점이 맞추어져 있다.

이러한 사례에서 시사받을 수 있듯이 영유아는 위험 상황 시에 자신을 구할 수 있는 능력이 매우 부족하기 때문에 가장 먼저 그 생명을 보호받아야 할 존재다. 바로 'Child First!'의 대상이 되는 존재이다. 동시에 법 앞에서의 평등처럼, 교실 안에서의 평등은 교육의 출발점에 해당된다. 따라서 보육교사에게 있어서 직업윤리와 교직윤리가 더없이 강조되는 것이며 그렇기 때문에 보육교사의 '사명'이 매우 중요한 힘을 발휘하게 된다. 왜냐하면 '사명'은 부와 명성, 지위 등에 상관없이 자신이 마땅히 해야 할 일로 스스로 결정하였기 때문이다.

보육교사 인성이야기

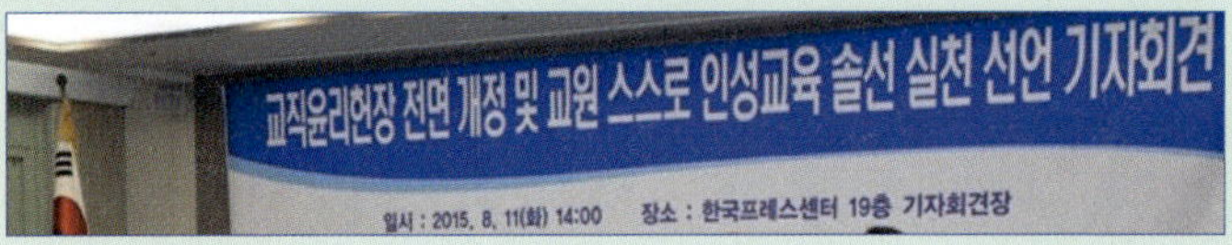

출처: 뉴스포스트 페이스북(2015. 8. 11.).

알 림 장

"모범은 모든 사람이 읽을 수 있는 교훈이다" - 웨스트 -

(3) 보육교사와 윤리강령의 의의

일반적인 강령의 사전적 정의는 두 가지이며 서로 관련되어 있다. 넓은 의미로는 일의 근본이 되는 큰 줄거리를 말하며, 좁은 의미로는 어떤 단체 또는 조직의 기본입장이나 규범과 운동의 방향을 설정한 것을 말한다. 그러므로 개인보다는 집단적으로 매우 중요한 일을 시작하면서 효과적으로 실현하고자 할 때, 보통 '윤리강령(code of ethics)'을 제정하게 된다.

윤리강령(倫理綱領)은 일정한 조직 혹은 단체가 외부적으로 공적인 사회적 책임을 인식하고 이를 바탕으로 구성원들의 의식혁신을 통하여 조직의 투명성을 제고한다. 또한 윤리적 소명을 다하기 위하여 사회와 직장 및 나아가 사적인 생활영역에 이르기까지 스스로 준수하여야 할 자세와 실천규범을 말한다. 따라서 특정 직업에서의 윤리강령은 직업의 사회적 유용성을 주장하고 공공복리의 이론적인 설명의 틀을 세우고, 부적격하고 부도덕한 직업 활동을 제거하기 위한 기준을 제시한다. 그러므로 전문적인 윤리강령은 과제를 수행하는 과정에서 부딪히는 윤리적 딜레마에 직면하게 될 때, 생각을 정리하고 문제를 해결하는 단초를 제공해 주는 기능을 하는 데 의의가 있다.[6] 특히 어린이집의 특성상 보육교사가 직면하게 되는 많은 딜레마적 갈등 상황에서 윤리강령은 해결할 수 있는 기본 잣대로서의 기능을 한다. 즉 윤리강령은 보육교사로 하여금 비판적으로 반성하도록 이끄는 준거의 역할을 한다(김은설, 박수진, 2010).[7]

그러므로 윤리강령의 의의가 해당분야에서 어떤 영향을 미치고 있는가에 대해 연구가 이루어지고 있으며(최선, 고유림 외, 2012), 보육분야에서도 예외가 아닌 것이다. 연구결과에 의하면 보육교사의 윤리의식은 교사의 연령, 경력, 학력, 결혼유무에 따라 차이가 없는 것으로 나타나고 있다(박은주, 2009). 이는 보육교사가 전문직업인으로서 자신이 걸어가야 할 길에 대해 모두 분명한 인식을 하고 있음을 뜻한다. 그리고 보육인으로서 윤리의식이 높을수록 스트레스가 낮고 행복감이 높은 것으로 나타나고 있다(임정수, 이완정, 2009; 정명자, 최혜순, 2014). 실제로 행복감은 만족감의 결과이므로 보육인으로서의 확고한 정체감은 근본적으로 직무수행에서의 만족감에 영향을 미치는 중요한 요인이 됨을 알 수 있다.

한편 보육교사로서의 윤리는 바로 교직윤리와 직결된다. 교직윤리란 교사가 교육활동을 함에 있어서 자타가 인지하고 기대하며 요구하는 규범이므로 교사가 교직윤리를 준수하면 교직인성이 높다고 말할 수 있다. 다시 말하면 이러한 윤리강령을 잘 준수하는 사람은 두말할 나위 없이 인성을 갖춘 보육인이라고 할 수 있다.

6) 윤리강령은 우리가 옳다고 믿는 것을 행할 수 있도록 도와주는 것이다. 윤리강령이란 목표를 위해 어떤 일을 시행하는 과정에서 우리가 행동해야 할 옳고 좋은 방법에 관한 진술이다. 그것은 우리가 봉사하고 있는 사람들에게 최상이라고 판단되었을 때, 비록 동의하지 않을지라도 우리들의 전문적 판단에 따라 행동하도록 우리를 서로 격려하는 것이다. 윤리강령은 우리가 봉사하고 있는 사람들이 우리를 좋아할 수 있도록 행동하게 하는 것이 아니라, 이 사람들에게 가장 이익이 될 수 있도록 행동하게 한다. 어떤 의미에서 윤리적 진술은 옳은 것과 더 옳은 것 사이의 선택일 수 있다. 사실 옳은 것과 옳지 못한 것 사이의 선택은 별로 문제가 되지 않는다. 두말할 필요 없이, 윤리적 원칙은 일반적으로 우리 사회에서 가치 있다고 생각되는 집단의 관점을 반영하고 있기 때문이다(Katz, 1989).

7) 실제로 윤리강령 자체만으로는 그 지향하는 목적이나 내용이 조직이나 기관의 구성원들에게 법률적 의무를 부과하거나 새로운 규제를 가하여 구성원들을 통제하려는 것이라고는 볼 수 없다. 이처럼 윤리강령은 본질적으로 강제적인 규범력을 가지는 것이 아니고 구성원의 자발적인 실천의지에 의존할 수밖에 없는 것이다.

2) 우리나라의 보육인 윤리선언

「보육인 윤리선언」은 지금의 한국어린이집총연합회의 전신인 한국보육시설연합회가 육아정책연구소에 연구를 의뢰하여 작성되었으며, 총 6조항으로 구성되어 있다(김은실, 박수연 외, 2010).[8] 이 연구는 어린이집의 영유아와 그 부모 및 가정, 사회와 국가에 대한 윤리적 책임을 지고 공익을 위해 설립이 허가된 기관이자, 또한 막대한 국가 재정을 지원받고 있는 공공의 성격을 지닌 기관으로서 그에 따른 책무성을 준수해야 할 의무가 있다는 전제하에 진행되었다. 보육인의 윤리강령은 원장은 물론, 보육교사로 하여금 전문직종으로서 윤리강령의 기틀을 마련하여 보육인들의 윤리의식을 제고하는 데 기여하고 있다.

나는 영유아의 건강한 성장과 발달을 지원하는 보육교사(어린이집 원장)로서, 직무상의 윤리를 다하여 책임을 다하여 다음 사항들을 지킬 것을 다짐합니다.

- 나는 내가 영유아에게 지대한 영향을 미치는 존재임을 잊지 않으며, 항상 스스로의 말과 행동에 신중을 기한다.
- 나는 영유아의 인격과 권리를 존중하며, 어떠한 경우에도 영유아에게 해가 되는 일을 하지 않는다.
- 나는 영유아 가정의 다양성을 이해하고 존중하며, 상호 신뢰하는 동반자적 관계를 유지한다.
- 나는 동료를 존중하고 지지하며, 서로 협력하여 최상의 보육서비스를 제공하기 위해 노력한다.
- 나는 보육의 사회적 책임과 역할을 인식하고, 영유아의 권익과 복지를 위한 활동에 앞장선다.
- 나는 '어린이집 원장 및 보육교사의 윤리강령'을 직무수행의 도덕적 규준으로 삼아 진심을 다하여 충실히 이행한다.

이 윤리선언의 내용은 구체적으로 다섯 가지 세부 영역을 다루고 있는데, 보육교사인 자신, 영유아, 영유아의 가정, 어린이집, 사회이다. 그리고 이 선언에는 우리나라 소년공약 3장과 어린이헌장 및 「아동권리에 관한 국제협약」의 정신이 내재되어 있다. 그러므로 보육교사양성과정의 일환으로 종전의 〈아동복지〉 교과목은 〈아동권리와 아동복지〉로 개편되어 영유아의 권리에 대한 이해 및 실천

8) 연구결과에 따른 보고서의 내용은 연구진의 의견으로 한국보육시설연합회의 공식적인 입장이 아님을 밝혔으나, 그대로 적용되고 있다.

을 강조하고 있는 것이다(이소희, 2018c).

보육교사 인성이야기

출처: 국제대학 아동보육과(2015. 3. 17., http://dept.kookje.ac.kr).

알 림 장

"어린아이를 안고 있는 어머니처럼 보기에 아름다운 것이 없고, 여러 어린아이들에게 에워싸인 어머니처럼 경애를 느끼게 하는 것도 없다." - 괴테 -

3) 어린이집 원장 및 보육교사 윤리강령

어린이집에서 영유아와 그 부모 및 가족을 위해 일하는 사람들은 보육교직원이며, 이 윤리적 갈등을 경험할 가능성이 매우 높은 보육교직원은 단연 보육교사와 원장이다. 이에 따라 보육교사와 원장의 윤리강령을 별도로 제정하였으며, 특히 보육교사의 경우는 동료교사와의 윤리도 다루고 있다.

따라서 「보육인 윤리선언」의 6항에 명시된 바와 같이 어린이집 원장 및 보육교사로서의 윤리강령을 직무수행의 도덕적 규준으로 삼아 진심을 다하여 충실히 보육을 이행해야 한다. 영유아를 돌보고 가르치는 교사들에게 윤리강령의 선언은 이 윤리의식이 교사에게 얼마나 중요한지를 상징적으로 말해 준다고 볼 수 있다(염지숙, 방유선, 2013). 전문의 내용은 다음과 같다.

(1) 전문[9)]

보육은 영유아를 건강하게 양육하고, 안전하게 보육하며, 발달특성에 적합한 교육을 제공하는 복지서비스이며, 보육인은 사랑과 존중과 전문지식을 바탕으로 영유아의 전인적 성장에 영향을 미치는 전문직업인이다. 그러므로 보육인은 윤리적 의식과 태도를 가지고 사회적 본분에 임해야 한다.
이에 어린이집 원장과 보육교사는 스스로 책무성을 발현하여 윤리강령을 제정함을 밝힌다. 본 강령을 직무수행의 규준으로 삼아 보육현장에서 발생하는 윤리적 갈등을 해결하고, 생존권, 보호권, 발달권, 참여권 등 영유아의 권리를 보장함으로써 직무상의 윤리적 책임을 다하여 전문직업인으로서의 위상을 공고히 하고자 한다.
더불어 영유아와 그 가정, 동료와 사회의 존엄성을 존중하는 보육의 실천으로 다각적인 신뢰를 구축하고, 영유아의 잠재력을 최대로 발휘시킴으로써 영유아가 긍정적인 자아개념을 형성하고 유능한 사회인으로 성장할 수 있도록 도와, 궁극적으로는 영유아와 그 가정, 동료와 사회의 통합적·이상적 복지실현에 기여하고자 한다.[9)]

9) 다음은 세계의 유아교육에 큰 영향을 미치는 미국 전국유아교육협회에서 1997년 수정 발표한 유아교사를 위한 윤리강령이다;

(1) 유아에 대한 윤리적 책임: 유아기는 인간발달과정에서 중요하고 독특한 단계에 해당된다. 유아교사로서 우리의 중요한 책임은 유아들에게 안전하고 건전하며 반응적인 환경을 조성하여 제공하는 것이다. 따라서 다음과 같은 책임을 다한다.
① 유아들의 발달을 지원한다. ② 개인차이를 존중한다. ③ 협력적인 생활을 할 수 있도록 돕는다. ④ 건강, 자기 인식 능력, 자기존중감, 명랑성을 증진시켜 준다.

(2) 가정에 대한 윤리적 책임: 유아에게 가정은 매우 중요하다. 이 가정은 부모와 함께 유아의 성장발달에 의미 있는 책임을 진 사람을 모두가 포함된다. 따라서 가정과 유아교육전문가들은 유아의 교육복지에 대해 공통된 이해를 지니고 있기 때문에 서로 협력하여 유아의 성장발달을 지향하도록 서로 협력할 책임이 있다.

(3) 동료에 대한 윤리적 책임: 유아교육기관이라는 직무환경에서는 인간의 존엄성이 존중되어야 하며, 직업의 만족도도 지속적으로 향상되어야 하며, 동료와는 긍정적 관계를 형성해야 한다. 핵심가치에 기반하여 이러한 책임을 다하기 위해서는 생산적으로 직무를 수행할 수 있도록 지원함과 동시에 직업적인 요구를 충족시킬 수 있는 관계와 환경을 조성하고 유지하는 것이다.

(4) 지역공동체에 대한 윤리적 책임: 유아에 대한 각종 프로그램은 가정과 유아교육을 담당하는 기관들의 협력으로 이루어진다. 따라서 지역공동체에 대한 우리의 책임은 지역사회의 요구를 충족할 수 있는 프로그램을 제공할 뿐 아니라, 필요한 프로그램도 협력하여 개발해야 한다. 유아교육기관보다 큰 지역공동체는 그만큼의 책임을 수행해야 하며, 어떠한 경우에도 유아들을 위한 대변인 역할 수행에 대한 의무를 수용해야 한다.

(2) 영유아에 대한 윤리

영유아에 대한 윤리는 총 11항목으로 구성되어 있다.

① 영유아에게 고른 영양과 충분한 휴식을 제공하며, 몸과 마음이 건강한 사람으로 자라도록 돕는다.
② 성별, 지역, 종교, 장애 등 어떤 이유에서도 영유아를 차별하지 않고, 공평한 기회를 제공한다.
③ 영유아는 다치기 쉬운 존재임을 인식하여 항상 안전하게 보호한다.
④ 영유아에 대한 정서적·언어적·신체적 학대를 행하지 않는다.
⑤ 어린이집 내외에서의 영유아학대나 방임을 민감하게 관찰하며, 필요한 경우 관련 기관(아동보호전문기관 등)에 보고하고 조치를 취한다.
⑥ 영유아의 인격을 존중하고, 개인의 잠재력과 개성을 인정한다.
⑦ 개별적 상호작용 속에서 영유아의 요구를 수용하기 위해 노력한다.
⑧ 영유아의 사회·정서·인지·신체발달을 통합적으로 지원하는 프로그램을 실시한다.
⑨ 특별한 도움을 필요로 하는 경우, 전문가와 협력하여 영유아의 입장에서 최선의 대안을 찾는다.
⑩ 보육활동을 계획, 실행, 평가하는 모든 과정에 영유아의 흥미와 의사를 반영한다.
⑪ 영유아의 개인적 기록과 정보에 대해 비밀을 보장한다.

(3) 가정에 대한 윤리

가정에 대한 윤리는 총 8항목으로 구성되어 있다.

① 상호 신뢰를 바탕으로 영유아의 가정과 동반자적인 관계를 유지한다.
② 각 가정의 양육가치와 의사결정을 존중한다.
③ 경제적 수준, 가족형태, 지역, 문화, 관습, 종교, 언어 등 어떤 것에 의해서도 영유아의 가정을 차별 대우하지 않는다.
④ 보육활동 및 발달상황에 관한 정보를 정확하게 제공하여 영유아에 대한 가정의 이해를 돕는다. 다문화, 심신장애 등으로 의사소통에 도움이 필요한 경우 문제를 해결할 최선의 방법을 도모한다.
⑤ 어린이집 운영 전반에 관한 정보를 공개하여 영유아 가정의 알 권리에 응한다.
⑥ 보육프로그램과 주요 의사결정에 영유아의 가정이 참여하도록 안내한다.
⑦ 필요한 사회적 지원, 전문서비스 등 관련 정보를 제공하여 영유아 가정의 복리증진을 돕는다.
⑧ 영유아 가정의 사생활을 보호하고 익명성을 보장한다.

(4) 동료[10]에 대한 윤리: 원장

어린이집 원장에 대한 윤리는 총 7항목으로 구성되어 있다.

> ① 최상의 보육서비스 제공에 필요한 인적·물적 환경의 조성 및 유지를 위해 노력한다.
> ② 보육교사를 신뢰하고 존중하며 전문성과 자율성을 인정한다.
> ③ 성별, 학연, 지연, 인종, 종교 등에 따라 보육교사를 차별하지 않는다.
> ④ 업무관련 의사결정이 필요한 경우, 보육교사의 의견 개진 기회를 보장한다.
> ⑤ 보육교사에게 지속적 재교육 등 전문적 역량 제고의 기회를 부여한다.
> ⑥ 보육교사에게 적정 수준의 보상(보험, 급여)을 안정적으로 제공하며, 복지증진에 힘쓴다.
> ⑦ 보육교사 개인의 기록과 정보에 대한 비밀을 보장한다.

(5) 동료에 대한 윤리: 보육교사

보육교사에 윤리는 총 5항목으로 구성되어 있다.

> ① 존중과 신뢰를 바탕으로 협력하되, 서로의 전문성과 자율성을 인정한다.
> ② 상호 간 역량계발과 복지증진에 부합하는 근무환경이 되도록 힘쓴다.
> ③ 어린이집 원장 및 동료와 영유아보육에 대한 신념을 공유한다.
> ④ 보육교사로서의 전문성 향상을 위해 스스로 노력한다.
> ⑤ 어린이집 내에서 영유아 및 보육교사 인권과 복지를 위협하는 비윤리적 사태가 발생한 경우, 법률 규정이나 윤리기준(* 한국보육시설연합회 윤리강령 위원회 참조)에 따라 조치를 취한다.

(6) 사회에 대한 윤리

사회에 대한 윤리는 총 5항목으로 구성되어 있다.

> ① 공보육에 대한 책임을 인식하고, 항상 질 좋은 보육서비스를 제공한다.
> ② 영유아의 안전을 위협하는 환경이나 정책이 발견될 시 관계기관과 협력하여 개선한다.
> ③ 공적 책임이 있는 어린이집으로서 재정의 투명성을 유지하고, 부정한 방법으로 사적 이익을 취하지 않는다.
> ④ 영유아의 권익보호를 위해 관련 정책 및 법률 제정에 적극 참여하며, 사회적으로 이를 널리 알리는 데 앞장선다.
> ⑤ 지역사회 실정에 맞는 어린이집의 책임과 역할을 인지하고, 실천하고자 노력한다.

---

10) 동료에 대한 윤리는 총 두 가지로 구분하여 작성되었는데, 어린이집 원장과 보육교사이다.

4) 미국 전국유아교육협회의 유아교사를 위한 윤리강령

세계적으로 유아교육의 향상에 큰 영향력을 발휘하는 단체로 미국 전국유아교육협회(NAEYC: National Association of Education for Young Children)가 있다. 이 협회에서는 1989년 유아교사 윤리강령(code of ethics)을 발표하여 유아교사들로 하여금 윤리적 자세를 지니도록 하는 데 기여하였다. 1997년에 개정한 이후, 다시 2011년 개정하였다.

NAEYC에서는 영유아들과 함께 일하는 사람들이 도덕적이며 윤리적 의미를 지닌 많은 일상적인 결정에 직면해 있을 때, 책임 있는 행동 지침을 제시함으로써 직면한 주요 윤리적 딜레마를 해결하기 위한 공통의 기반을 제시하는 데 윤리강령(code of ethics)의 의의가 있다고 하였다(Stephanie Feeney, Nancy K. Freeman, 2018). 제시된 윤리강령의 준수를 위한 선언문은 다음과 같다.

- 유아교육 프로그램을 유아의 발달과 유아교육의 최신이론에 기초하여 실시하겠습니다.
- 유아를 위한 가정양육의 의미를 존중하고 지원하겠습니다.
- 동료 유아교사를 존중하고 그들도 NAEYC의 윤리강령을 준수할 수 있도록 지원하겠습니다.
- 지역사회와 공동체 내에서 유아, 가정, 교사의 옹호자로서의 역할을 다하겠습니다.
- 유아교사로서의 직업적 수준을 높이도록 노력하겠습니다.
- 개인적 가치와 견해가 전문적인 판단에 영향을 미칠 수 있는가를 인식하겠습니다.
- 새로운 세상에 대해 열린 자세를 취하고 다른 사람들의 주장을 기꺼이 수용하고 배우겠습니다.
- 전문가로서 지속적으로 배우고, 성장하며 공헌하겠습니다.
- NAEYC 윤리강령의 이상(the ideals)과 원칙(the principles)을 존중하겠습니다.

매일멋진보육교사의
더 깊고, 넓고, 높은 생각

윤리적 딜레마 극복 연습(1)

상황 사례〉

점심메뉴는 비빔밥과 두붓국이었다. 루호는 비빔밥을 두붓국에 말아먹으려고 했다. 나는 비빔밥은 국에 말아서 먹는 것이 아니라고 말했는데도 계속 그러기에 그러면 맛이 없으니까 따로 먹으라고 강조했다. 그랬더니 루호가 맛이 없는 게 아니라 맛이 있다고 우기기 시작했다. 그러자 갑자기 든 생각은 어차피 밥과 국을 섞어서 먹는데 왜 맛이 없을까라는 생각이 들자마자 이 상황에서 어떻게 해야 하는지 난감해졌다.

영유아에 대한 윤리강령: ⑦ 개별적 상호작용 속에서 영유아의 요구를 수용하기 위해 노력한다.

- 예비보육교사인 나의 대안은?

윤리적 딜레마 극복 연습(2)

상황 사례〉

다문화가정의 유아가 취원하였다. 얼굴색도 다르고 체격도 왜소하고, 이마도 툭 튀어나오고 어쩐지 정이 가지 않는다. 그래서 대집단은 물론 소집단활동에서 그 아이를 제외시키는 나를 자주 발견하곤 한다. 그러고 나서 곧 〈영유아에 대한 윤리강령〉이 떠올라 마음이 편하지가 않다.

영유아에 대한 윤리강령: ② 성별, 지역, 종교, 장애 등 어떤 이유에서도 영유아를 차별하지 않고, 공평한 기회를 제공한다.

- 예비보육교사인 나의 대안은?

윤리적 딜레마 극복 연습(3)

상황 사례〉
'알림장'을 통해 유아의 발달상황에 관해 나름대로 최선의 정보를 제공하는데, 그 부모는 내가 보낸 알림장에 대한 반응이 거의 없다. 그래서 같은 내용을 두 번 세 번 되풀이 써 보내는 경우가 잦다. 이러다 보니까 '알림장'에 대해 신경을 쓰고 싶지 않아 하는 나를 발견하곤, 아예 정보를 대충대충 써버릴까 하는 생각도 자주 한다. 그러나 곧바로 〈가정에 대한 윤리강령〉이 떠올라 마음이 편하지가 않다.

> 가정에 대한 윤리강령: ④ 보육활동 및 발달상황에 관한 정보를 정확하게 제공하여 영유아에 대한 가정의 이해를 돕는다. 다문화, 심신장애 등으로 의사소통에 도움이 필요한 경우 문제를 해결할 최선의 방법을 도모한다.

- 예비보육교사인 나의 대안은?

윤리적 딜레마 극복 연습(4)

상황 사례〉
원장님께서는 내가 유능하다고 걸핏하면 당신이 해야 할 일을 나에게 시키신다. 처음에는 인정받는 것 같아 좋았지만, 괜히 시간만 뺏겨서 나만 손해라는 생각이 들어서 거짓말을 하고는 슬그머니 꽁무니를 빼곤 한다. 비슷한 연배의 나의 부모님을 생각하면, 그래서는 안 된다는 자책감도 들고, 〈원장에 대한 윤리강령〉이 생각나는 것도 싫다.

> 원장에 대한 윤리강령: ① 최상의 보육서비스 제공에 필요한 인적·물적 환경의 조성 및 유지를 위해 노력한다.

- 예비보육교사인 나의 대안은?

윤리적 딜레마 극복 연습(5)

상황 사례〉

보육교사가 여럿이다 보니 전문대학, 대학, 보육교사교육원 등 출신배경이 다르다. 특히 행사준비를 할 경우, 나보다 학교수준이 낮은 동료교사의 의견이 별로 문제가 없음에도 불구하고, 나는 좋은 학교 출신이라는 것을 과시하고 싶어 내가 인식할 정도로 잘난 척을 해댄다. 교만을 버리고 겸손하려고 해도 잘 되지 않고, 원장님께서 저런 배경의 교사를 채용한 것에 은근히 화가 나기도 한다. 유능한 내 동창이 생각나곤 한다. 그래도 그럴 때마다 〈동료에 대한 윤리강령〉이 생각나서… 애써 딴생각을 해버린다.

> 동료에 대한 윤리강령(보육교사): ① 존중과 신뢰를 바탕으로 협력하며, 서로의 전문성과 자율성을 인정한다.

- 예비보육교사인 나의 대안은?

윤리적 딜레마 극복 연습(6)

상황 사례〉

내가 근무하는 어린이집은 장애통합을 하고 있으며, 나는 어린이집 옆 아파트 단지에 살고 있다. 최근 아파트 단지 뒤 국유지에 장애인을 위한 복지시설이 들어서는 것을 반대하는 연판장을 돌리면서 동참하라는 공지문을 받았다. 아파트 가격이 하락하는 것 때문에 다수의 주민들이 찬성하고 있다. 나의 부모님도 은근히 찬성하시는 것 같다. 그러나 장애통합어린이집 보육교직원으로서 동의해서는 안 될 것 같은데, 부모님들께서는 다른 어린이집으로 옮기면 되지 않느냐고 회유하고 계신다. 〈사회에 대한 윤리강령〉이 나를 계속 괴롭힌다. 윤리강령은 참 무섭다는 생각이 들고, 다른 한편으로는 내가 양심적인 보육교사라는 생각도 든다.

> 사회에 대한 윤리강령: ② 영유아의 안전을 위협하는 환경이나 정책이 발견될 시 관계 기관과 협력하여 개선한다.

- 예비보육교사인 나의 대안은?

Chapter 05

보육교사의 정체성과 역할

일찍이 소크라테스는 "너 자신을 알라"라고 갈파하였으며, 법정 스님은 〈산에는 꽃이 피네〉라는 시에서 "너는 누구인가?"를 묻고 또 물으라고 하였다. 이 말들은 자신의 정체성을 확인하는 것이 매우 중요하다는 것을 말해 준다. 또한 나를 알고 상대를 알면 백 번 싸워도 백 번 이기는 '지피지기백전백승(知彼知己百戰百勝)'이라는 고사성어도 있다. 나아가 예수님은 "사람들은 나를 누구랴 하느냐 그리고 너희는 나를 누구라 하느냐(마가복음 8:27-29)"고 제자들에게 물으셨다.

이러한 지자(智者)들과 성현(聖賢)의 말씀을 보육교사의 정체성과 역할에 적용해 보면, 먼저 보육교사가 자신을 제대로 알고, 그 다음 어린이집 사람들인 영유아와 원장님과 동료 교사들과 부모님을 잘 알면 보육교사는 자신의 역할을 제대로 수행할 수 있다. 나아가 어린이집 사람들인 그들도 보육교사를 잘 알게 되면 보육교사도 더욱 효과적으로 자신의 역할을 수행하게 된다는 것이다. 마치 삽겹줄은 쉬이 끊어지지 않고 아주 튼튼한 동아줄이 되는 것처럼 말이다. 그러면 멋진 보육이 이루어지고 매일멋진보육교사가 될 수 있다는 것은 자명한 이치이다.

1. 보육교사의 정체성

보육교사는 '교사'다. 어린이집에서 보호와 교육기능을 수행하는 교사다. 그러므로 당연히 '교사'로서의 정체성(identity)을 지녀야 한다. 교사로서의 정체성은 자신이 누구이며, 어떤 교사인가를 아는 것이다.

또한 보육교사는 직업인이다. 어린이집에 근무하는 직업인이다. 그러므로 직업인으로서 정체성(正體性)을 당연히 지녀야 한다. 직업인으로서의 정체성은 자신이 누구임을 암과 동시에 자신의 직업이 어떤 특성을 가지고 있는지를 아는 것이다. 그러므로 어떤 한 사람이 직업을 가지고 있을 때, 그 사람의 정체성은 직업적 특성과 깊은 관련이 있다.

일반적인 정체성의 사전적 정의는 변하지 아니하는 실체의 존재론적 본질 또는 이러한 성질을 지닌 독립적 존재를 말한다. 그리고 이 정체성은 사람들로 하여금 어떻게 자신과 세상과의 관계를 이해하며, 또한 그 관계가 시·공간에 따라 어떻게 작동하며, 나아가 미래에는 어떠한 상황으로 전개될 것인가를 이해하며 행동하는데 사용된다(홍영희, 2013; Norton, 1997).

실제적으로 '정체성'은 보통 사람과 직업에 붙인다. 그래서 직업적 정체성이라는 용어를 사용하고 있다(류태호, 2000; 홍영숙, 2013). 왜냐하면 대부분의 사람들이 선택한 직업은 최대한 자신의 정체성을 상당히 반영한 것이라고 볼 수 있으며, 자주 이직하거나 사직하지 않고 그 직업을 계속 유지해 나간다는 것은 그 직업 속에서 계속 자신의 정체성을 발견할 수 있음을 말해 준다. 또한 자신의 삶의 의미, 사명, 비전 등을 확인할 수 있었기 때문이라고 말할 수 있기 때문이다. 동시에 자신과 함께 직업생활을 하는 상사와 동료와 고객들과의 관계를 통해서도 자신이 무엇을 추구하며, 어떻게 생활하는가에 대해 매일매일 점검할 수 있다.

따라서 교사이자 직업인인 보육교사는 두 가지 정체성, 곧 교사정체성과 직업정체성을 통합한 보육교직정체성을 지니게 된다. 보육교사가 보육교직정체성을 형성하고, 확립될 때, 매일멋진어린이집에서 생활하는 **매일멋진보육교사**

가 될 수 있다.

1) 교사로서의 정체성

교사의 정체성은 교사로서 지니는 본질을 말하며 교육의 본질과 밀접한 관계가 있다. 실제적으로 겉으로 드러나는 사람의 행동은 자신의 능력에서 비롯되며, 또한 그 능력은 자신의 믿음과 가치에서 배태되며, 자신의 믿음과 가치는 바로 자신에게 내재하고 있는 정체성에 촉발되기 때문이다(피터 스카진스키, 로완 깁슨, 2009). 따라서 일반적으로 교육은 교사의 신념, 목표, 기준을 포함하는 것으로 교사가 스스로를 아는 것, 교수활동이 지닌 전문적인 특성에 대해 아는 것, 교육의 효과를 위해 다양한 교사의 역할에 대해 아는 것 등을 포함한다(김희연, 2004; 박은혜, 2008; 이경화, 손원경 외, 2018).

영유아를 대상으로 하는 교사직은 영유아의 발달특성으로 인해 특수한 성격을 지니는데,[1] 크게 '돌봄'과 '가르침'으로 대별하고 있다(박은혜, 2011; 이경화, 손원경 외, 2018). 더 구체적으로 '사랑'과 '배려'를 중심에 놓고 교육행위를 하는 것으로 본다(임부연, 김성숙 외, 2014). 그러므로 보육교사로서의 정체성은 보육교사의 '인성'을 기반으로 하고 있음을 알 수 있으며, 보육교사의 인성은 아무리 강조해도 지나치지 않다.

(1) 돌봄의 정체성

돌봄은 자신보다 약한 상태에 있는 사람을 보살펴 주는 것을 말한다. 그러므로 상대적이다. '돌봄'이라는 어휘에서 받을 수 있는 전통적인 느낌은 비전문적이라는 점이다. 다시 말하면 영유아의 생리적 욕구를 '그냥' 충족시켜 주는 정도로 느

1) 영유아를 돌보는 교사는 보육교사 및 유치원교사이며, 기능적 유사성으로 인해 '유아교사'로 통칭하고 있다. 그 예로 보육교사와 유치원교사 모두를 대상으로 연구와 교육을 실시할 때, 통칭하여 '유아교사'라고 호칭하는 것을 들 수 있다.

끼기 쉽다. 마치 부모가 낳은 자식을 으레 기르는 것처럼[2] 전통적으로 많이 배우지 못한 여성들이 돌보아 왔기 때문에 비하성이 내포된 비전문적인 여성직으로 보기쉽다.

그러나 최근에는 이 돌봄을 재해석하고 있다. 다시 말하면 생리적 욕구의 충족에 치중하는 행동 이상으로 도덕적, 인지적, 감정적 요소를 포함하여 전문적으로 돌보는 것을 말한다(이가형, 정선아, 2015). 이러한 전문적인 돌봄을 위해서는 영유아의 발달특성을 알아야 할 뿐 아니라, 이 발달특성과 주변환경이 어떻게 상호작용하며, 그 영향이 무엇인가도 알아야 한다. 또한 그 영향에 따라 발생할 수 있는 문제도 예측해야 하며, 적절하게 통제도 해야 한다. 나아가 성장과정에 있는 영유아들에게 기본생활습관 형성을 위한 자조기술도 가르쳐야 하므로 그야말로 전문적인 지식과 기술이 필요하다.

다시 말하면 보육에서의 돌봄은 성인인 보육교사가 영유아기의 어린 사람들의 발달적 요구에 민감하게 반응하여 생리적 욕구를 충족시킬 뿐만 아니라, 성장을 촉진하는 여러 신체적, 정신적, 인지적, 사회적인 교육적 활동을 하면서도 사회에서 수용할 수 있는 훈육을 하면서 전문적으로 돌보는 것을 말한다(오채선, 2010). 그러므로 누가 보육교사의 이 돌봄을 일컬어 전문적인 행동이 아니라고 감히 말할 수 있겠는가? 단연히 초전문적인 활동이다.

따라서 보육교사로서 돌봄의 전문성을 더욱 담보하기 위해서는 교육적 경청, 교사로서의 힘 내려놓기, 보육과정의 재구성, 반성적 사고하기, 서로 협력하기와 대등한 입장에서 서로와 관계하는 기술의 향상을 위한 지속적인 노력이 필요하다고 보고 있다(염지숙, 2005; 이경화, 손원경 외, 2018; 홍금자, 이혜영, 2008).

---

2) 부모들도 자격증이 필요하다고 말하고 있다. 그것은 부모의 양육이 단순 돌봄의 차원을 넘어서야 한다고 보기 때문이다. 그만큼 양육에서는 전문성이 필요하며, 따라서 예비부모는 물론 부모를 대상으로 '부모교육'을 교육하고 있는 것이다.

(2) 가르침의 정체성

가르침은 잘 모르는 사람을 대상으로 잘 알 수 있도록 가르치는 것을 말한다. 따라서 모르면 가르칠 수가 없다. 그러므로 당연히 '가르침'은 강한 전문성을 지니게 된다. 실제로 가르침은 돌봄보다도 더 전문성을 지니는 것으로 인식하고 있다. 그 누구도 가르침의 전문성을 부인하지 않는다.

한편 가르침도 돌봄처럼 상대적이다. 가르친다는 것은 누군가는 배우는 사람이 있음을 전제로 한다. 가르치는 사람인 교사와 배우는 사람인 영유아, 아동 또는 학생이 있는 것이며, 당연히 배움은 가시적 및 비가시적인 결과를 생성시킨다. 그러므로 가르침에서는 누가 무엇을 왜 어떻게 가르치며, 누가 무엇을 왜 어떻게 배워서 어떠한 결과를 나타내는지가 가르침, 곧 교육의 본질이자 가치라고 할 수 있다.

그렇지만 안타깝게도 가르침은 콩 심은 데 콩나고 팥 심은 데 팥 나는 것처럼 항상 원하는 결과를 얻기가 어렵다. 가르치는 사람 및 배우는 사람의 특성과 상황에 따라 크고 작은 긍정적 및 부정적 영향을 받게 된다. 그래서 가르침은 상당히 어려우며, 이에 따라 가르침의 특성을 불확실성, 동시성, 딜레마로 보기도 한다. 구체적으로 말하면 가르친 대로 결과가 나타나지 않을 수도 있는 불확실성이 있으며, 어린이집의 경우, 3~20명을 동시에 가르쳐야 되고 또한 이 가르치는 과정에서 선언한 윤리강령을 제대로 지키지 못함에 따라 딜레마를 겪는다는 것이다(임부연, 김성숙 외, 2014; 조용개, 2009).

이렇게 볼 때, 가르침의 경우 더욱 고도의 전문성이 요구된다고 볼 수 있음과 동시에 통찰과 지혜가 필요하며, 이를 위해서는 보육교사의 자격을 강화하고, 지위를 향상시켜야 한다. 또한, 평가와 표준화 등을 강화하며, 지역자원의 발굴과 활용, 보육교사의 매니지먼트 능력, 지역기관과의 관계 구축 능력의 배양이 필요하다고 보고 있다(손흥숙, 2015; 홍금자, 이혜영, 2008).

그리고 보육교사 및 유치원교사를 유아교사라고 통칭할 때, 이들의 교직정체성에 미치는 영향요인으로 기관의 유형, 담당하는 영유아의 연령, 원장의 교육철학과 교사관 등의 요인들과 교사 개인적 요인으로서 학력, 종교, 가족의 영향, 정서경험 등이 있다(박은혜, 2010; 양옥승, 2002). 이 중에서도 특히 교사의 정서경험은 교사직을 수행하는 전 과정에서 직·간접적인 영향을 미치고 있다(이완희, 박찬옥, 2005). 따라서 이러한 점은 보육교사 양성과정에서 고려되어야 하며 향후 보육교사의 양성과정을 통한 정체성 형성교육에서 유념해야 할 것이다.

2) 직업인으로서의 정체성

교사로서의 직무를 다하기 위해서는 영유아와 아동과 학생을 직접 가르치는 것 외의 여러 해야 할 일들인 직무가 있다.

이미 언급한 바와 같이 보육교직원의 일원인 보육교사의 직무는 「영유아보육법」에 규정되어 있는데, 그 직무는 영유아를 보육하고 어린이집의 원장이 불가피한 사유로 직무를 수행할 수 없을 때에는 그 직무를 대행하는 것이다. 이때 대행하는 원장의 직무는 어린이집을 총괄하고 보육교사와 그 밖의 직원을 지도·감독하며 영유아를 보육하는 것이다. 이렇게 볼 때, 보육교사의 직무는 단지 영유아를 직접 보호하고 가르치는 것만은 아님을 알 수 있다. 그러나 실제로 보육교사가 원장의 불가피한 사유로 원장직무를 대행하는 일은 자주 발생하지는 않는다. 그러므로 원장의 직무를 보육교사의 직무로 보기에는 현실적인 제한이 있다.

따라서 직접적인 가르침 이외에 중요한 직무는 직접적으로 가르치기 위한 준비와 가르치고 난 다음의 후속적인 평가와 관리이다. 구체적으로 보육교사는 영유아를 매일보육하기 위해 필요한 물품을 준비하고, 때로는 구매하며, 보육환경이 안전한지를 점검해야 하며, 문제가 발생하였을 때는 교직원 회의를 통해서 해결해야 한다. 나아가 실외보육, 소풍과 견학 시에는 미리 현장답사도 해야 하며, 학부모에게 알림장도 써야 하며, 부모교육과 상담도 수시로 진행해야 한다. 영유아가 아프거나 혹 불행하게도 안전사고가 나면 그 처리도 해야 한다. 그리고 어린이집의 입장에서 매우 중요한 의미를 지니는 평가인증을 받기 위한 여러 가지 다양한 평가과제를 처리해야 한다(서은주, 홍순옥 외, 2017; 이송이, 손여경, 2009). 이 모든 활동이 보육교사의 직무가 된다.

이러한 직무는 보육교사 혼자서 해야 할 직무와 협력해서 해야 할 직무가 있다. 따라서 자신이 근무하는 조직의 행복한 성공 및 이를 통한 자신의 행복한 성공을 위해서는 보육교사의 인성이 매우 중요하며, 보육교직원은 이에 기반한 리더십을 발휘해야 한다.

보육교사로서의 직업적 정체성을 지니지 못한다면 직업인이라고 말하기가 어렵다. 이를테면 영유아들에게 좋고, 멋진 선생님일 수는 있어도 직원으로서 해야 할 직무를 효과적으로 처리하지 못한다면 유능한 직업인이라고 하기는 어렵다. '아이를 너무 좋아하고 사랑하기 때문'에 보육교사직을 선택했다면, 아이의 대소변 처리하기, 간식과 점심 먹이기, 낮잠 재우기 등과 같은 생리적 처리에 해당하는 직무는 물론 보육과정에 따라 기본적인 교육내용을 가르치는 것을 포함하여 어린이집이 운영될 수 있도록 각종의 관리업무를 아이를 사랑하듯이 직업인으로서의 정체성을 형성하고 견지해야 하는 것이다.

이러한 보육교사의 직업정체성에 영향을 주는 일반적 요인은 연령, 학력 등이며, 직무특성 요인은 직위이며, 보육교직원의 업무수행능력과 직무만족요인은 전문직업적 정체성을 설명하는 강력한 변인이라고 보고되었다. 이에 따라 보육교직원의 전문직업적 정체성 향상을 위해서는 효율적 교육과정 운영, 직무 분석을 통한 자율성 증진, 장기근속 유도, 소명의식 강화를 통한 합리적 조직문화 체계 구축 등이 필요하다고 보고 있다(김현진, 정효정, 2015; 이소희, 2018d).

다음 사례에서 보육교사로 하여금 진정 보육교사가 되게 하는 것은 감성으로 꽃피워지는 인성임을 알 수 있다. 교직으로서의 정체성이 확립된 보육교사는 거의 개인적인 사명을 전체 삶속에서 그리고 보육교사라는 직업 속에서 실현하고자 하는 사람임에 틀림이 없다.

보육교사 인성이야기

"그럼에도 불구하고 나는 어린이집 교사다"

어느 날 어린이집에 한 학부모님으로부터 전화가 왔습니다. 아이의 머리가 좀 부은 듯한데, 어린이집에서 무슨 일이 있었는지 확인하고 싶어 하셨습니다. 저는 아이의 하루 일과와 그때의 상태에 대해서 세세히 설명드렸습니다.

학부모님과 이야기를 나누며 저를 믿지 못하시는 것은 아닐까 괜히 속상하기도 했습니다.

저는 한 번도 다른 직업을 꿈꿔 본 적이 없었습니다. 고등학교 때부터 아이들의 선생님이 되고 싶었고, 그렇게 대학에 진학해 졸업 후 바로 어린이집에서 일을 시작하며 항상 제 일에 자부심을 가졌습니다.

항상 무슨 일을 하냐는 누군가의 질문에 당당하게 자랑을 늘어놓던 저였습니다. "사랑해"라는 말을 가장 많이 할 수 있는 일, 아이들의 무조건적인 사랑을 받을 수 있는 일, 그 아이들을 믿고 맡겨 주시는 학부모들과 함께 아이를 기르는 중대한 일, 인생에서 가장 중요한 시절인 유아기 경험을 행복하고 풍족하게 만드는 일. 제 직업은 그렇게 의미 있고, 이에 대해 이야기하는 것은 신나고 즐거운 일이었습니다.

그런데 학부모님과 통화 후 저는 잠시 혼란스러웠습니다. 교사가 된 지 10년, 교사에 대한 인식이 많이 바뀌고 의심도 늘었지요. 나는 이제 어떠한 마음가짐으로 교사를 해야 할지 수많은 고민이 이어졌습니다.

그러다 우연히 서랍에서 편지가 가득 담긴 박스를 발견했습니다. "고맙습니다. 감사합니다. 우리 아이가 건강하고 밝게 자랄 수 있게 해 주셨어요." 제가 만났던 학부모님들이 손수 정성스레 써 준 편지에서 진심이 전해져 눈물이 핑 돌았습니다.

'고마움, 미안함, 사랑, 존중'이라는 아름다운 단어들과 사람 사이에 바탕이 되어야 할 '신뢰'가 사라져 가는 이유는 무엇일까? 이것이 회복된다면 어린이집 교사로 겪는 혼란과 고민이 해결될 수 있지 않을까?

이러한 생각 중에 '진심'이라는 단어가 떠올랐습니다. 진심은 제가 어린이집 교사로서 가진 신념이기도 합니다.

'거짓 없이 참된 마음', '마음을 다하고 최선을 다하는 것' 어떤 상황에도 한결같이 아이를 사랑하는 마음, 그 진심은 결국 서로 간에 신뢰가 쌓일 수 있도록 해 줄 테니까요.

오늘도 언제나 진심으로 "사랑해"라고 아이들에게 말하는 교사, 학부모님들과 서로 "고맙습니다"라는 아름다운 말을 주고받는 교사로서 더 힘을 내야겠다는 생각을 합니다.

(https://m.blog.naver.com/PostList.nhn?blogId=lifefound
생명보험사회공헌재단 수탁 어린이집 대상
보육교사생활수기 공모전(2016. 12. 23.), 황○○ 교사.

알림장

"천직은 찾는 것이 아니라 스스로 만드는 것이다" - 알랭 드 보통 -

3) 보육교직정체성의 발달

보육교사의 입장에서는 돌봄과 가르침 모두가 전문적인 활동이라는 기본 전제를 바탕으로 지혜롭게 통합하여 교직정체성을 형성해야 하며 동시에 직업으로서의 정체성과도 통합하여 '보육교직정체성'을 형성하고 발달시켜야 한다.

그러나 격변의 사회에서 가치관과 양육 및 교육관이 다른 이해당사자들 사이에서 한 인간이자, 가족의 일원이며, 사회의 구성원으로서 보육교직정체성을 확립하고 계속 유지해 나가는 것은 쉽지 않다. 비근한 예로 훈육과 학대의 차이를 잘 이해하지 못하고 힘들게 하는 학부모가 증가하고 있으며, 어린이집 내에서도 개인주의가 심하여 잦은 갈등과 마찰이 일어나며 급기야 사직과 이직이 되풀이되고 있는 현상의 증가가 그것이다. 이에 따라 보육교사는 쉽게 스트레스를 받고, 심하게 되면 소진에 이르게 되는 것이다(유현숙, 권정혜, 2017; 윤혜미, 노필순, 2013). 그러므로 다양한 접근을 통해 보육교사가 건강하게 직무를 수행할 수 있도록 해야 한다. 이렇게 할 수 있는 근원적 힘은 보육교사가 사명감 내지 소명감으로 붙들고 나아가는 보육교직정체성 때문이라고 할 수 있으며, 보육교직정체성을 형성하고 또 정체성의 혼미가 발생했을 때, 물론 회복할 수 있는 방법은 다양하다.[3)]

3) 이 책에서는 정체성 형성을 위해 교육과 현장경력으로부터의 포괄적인 지혜를 들 수 있으며 그 예로 교육, 반성적 사고, 멘토링, 코칭, 상담 등을 들 수 있다.

(1) 인간발달이론으로 본 정체성

인간의 발달과정과 그 특성은 거의 모든 사람들의 관심사이며, 그 결과는 각 발달단계의 사람들을 대상으로 한 교육과 상담 및 치료에 요긴하게 활용되고 있다.

일찍이 에릭 에릭슨(Erik Erikson, 1956, 1993)은 그의 책『아동기와 사회(*Childhood and Society*)』에서 '정체성'은 한 인간의 내부에서 일관되게 동일성을 유지하는 것 및 다른 사람과의 관계에서 어떤 본질적인 특성을 지속적으로 공유하는 것 모두를 말한다고 정의하면서 인간의 발달을 8단계로 구분하여 제시하였다.

특히 인간발달과정에서 제2의 탄생기라고 일컫는 청소년기는 정체성을 확립해야 하는 시기로 보았다. 즉 긴 삶의 여정에서 행복한 발달을 이루기 위해서는 자신의 정체성을 제대로 확립하면서 또 다른 사람들과 친밀감을 형성시켜 나가며 생산성을 이루어내야 한다는 것이다.

이러한 맥락에서 청소년기에 인간으로서 자기 정체성을 형성하면 이후의 삶에서 사람들과 친밀감을 형성하면서 생산적인 삶을 살게 되며, 자아의 실현과 자아의 통합을 느끼면서 행복한 삶을 마감할 수 있다. 그러나 정체성을 형성하지 못하고 혼미를 느끼게 되면, 이후의 삶이 고립되고, 생산적이지 못하며 결국 절망과 후회의 삶으로 마감될 가능성이 매우 높다고 설명하였다. 바로 이러한 인간발달의 여정에서 보육교사의 정체성 확립을 적용해 볼 수 있다. 그러므로 책의 제목인『아동기와 사회』는 직업인인 보육교사의 발달에 시사하는 바가 크다. 아동은 어린 인간으로서 그들이 지금까지 살아온 날들보다 살아갈 날이 더 길기 때문에 '아동'을 통해 인간의 전 생애를 설명하는 것은 매우 설명력이 높다고 말할 수 있다.

영유아보육의 역동성을 고려할 때, 보육교사에게 해당하는 보육교직정체성이 어떤 특정시기에 '시작'하기만 하면 쉽게 형성되는 것도 아니며, 또한 어떤 특정시기에 도달하면 저절로 형성되는 것도 아니다. 다시 말하면 영유아를 돌보고 가르치는 모든 교사의 정체성은 현장에서 다양한 경험을 통해 변화하면서 재구성될 수 있는 부분이 많기 때문이다(김나림, 2009; 이경화, 손원경 외, 2018; 이은영, 2012). 물론 여기에서 말하는 재구성에 관한 견해는 정체성의 본질이 바뀌는 것이 아니며 급변하는 사회의 역동적 삶 속에서 정체성을 더욱 굳건하게 지키고, 곤고하게 다듬어 가는 과정의 일환으로 볼 수 있다.

보육교직정체성의 발달을 에릭슨의 이론에 적용할 때, 크게 두 가지로 구분되는데 하나는 정체성을 확고하게 형성하기 위한 강화와 혼미된 정체성을 회복 내지 극복하는 것이다.

(2) 보육교직정체성 형성과 강화

보육교사의 보육교직정체성은 상당수의 보육교사들과 유치원교사들이 말하고 있는 바와 같이 어릴 때부터의 꿈과 자질과 적성 및 점점 성장하면서 보육에 대한 지식과 배움을 통해 점진적으로 형성된다. 그리고 예비교사 시절부터 정체성에 대한 탐구와 교육이 이루어지는데, 교사들은 양성과정 중에 유아기에 대한 인식이 변화되었고, 유아교사직에 대한 고민이 시작되었으며, 자신이 소속된 학과의 한 일원이 되는 과정을 통해 교직으로서의 생각을 정리하였다고 보고하고 있다(이혜경, 윤재희, 2017).

뿐만 아니라, 보육교사가 되고 난 뒤에도 승급교육과 보수교육을 통해 자극을 받고, 새롭게 각오를 다지게 된다(중앙육아종합지원센터, 2018; 한국보육진흥원, 2018; 황해익, 박성미 외, 2008).[4] 이렇게 볼 때, 정체성의 형성과 유지에서 교육적 접근은 매우 효과적이다. 이 모든 교육은 현장에서 지혜로 녹아나며, 보육교직정체성의 형성과 발달에 의미 있는 영향을 미친다.

또한 정체성은 한 인간이 삶을 움직이게 하는 역동적인 힘이며, 이는 곧 사명과 소명으로 나타난다. 따라서 보육교직이 사명화 또는 소명화되면 정체성을 확고하게 다지는 데 의미 있는 기여를 하게 된다.

4) 예비교사시절의 교육 및 현직교사시절에 이수하는 보수교육과 승급교육은 보육교사의 정체성 형성교육은 물론, 전문성 함양과 역량계발을 위해서 매우 비중 있는 접근방법이다. 따라서 이 부분에 대해서는 Chapter 7에서 더 깊이 있게 다룬다.

① 현장경험을 통한 지혜의 활용

발달의 원리와 발달과업에서 살펴본 바와 같이 정체성 또한 연속적인 발달의 과정에 있으며, 전 발달단계에서 이루어야 할 발달과업을 순조롭게 이루고 나면, 그 다음 발달단계에서의 발달과업은 보다 용이하게 이루어진다는 기능적 논리는 보육교사의 발달에서도 의미 있는 시사점을 제공해 준다.

다시 말하면 보육교사가 되기로 결정하고 보육교사 자격취득과정에 들어선 사람은 보육분야에서 상당한 정도의 보육교직정체성을 갖춘 것으로 본다. 그리고 예비보육교사 시절의 다양한 학습과정을 통해 보육교직정체성을 더욱 곤고히 다진 후, 보육교사로 임용을 받고 실제적으로 보육을 하는 현장에서 여러 가지 희노애락을 경험하면서, 소위 쓴맛 단맛을 보면서 명실공히 성장할 수 있는 지혜를 얻게 된다(김지은, 안선희, 2009; 이부미, 임현숙, 2013; 이완희, 박찬옥, 2005), 그 예로 보육교사들은 어려움을 느낄 때, 의사소통과 효율적인 관계 맺기를 통해 긍정적인 방법으로 해결하거나, 또는 무시하거나 회피하는 등의 부정적인 방법을 사용해서 어려움을 해결하는 것을 들 수 있다(나석희, 이현진, 2012).

한편 현직교육은 정체성을 굳히는 것은 물론 보육인으로서의 책임을 다하는 자세, 윤리강령의 실천, 전문적인 보육의 실시 등에 효과가 있는 것으로 나타나고 있음을 볼 때(송주연, 나정, 2017; 이선미, 2012), 교육의 중요성은 아무리 강조해도 지나치지 않다. “현장은 이론을 바탕으로 하고, 이론은 또 현장에서 나온다”는 말처럼 현장으로부터 지혜를 얻을 수 있도록 애쓰는 자세가 매우 필요하다.

② 사명과 비전의 설정

보육교사의 확고한 정체성은 보육교사의 사명[5]과 비전으로 가시화되어 보육교사를 더욱 ‘보육교사답게’ 성장·발달하도록 이끈다. 이를 통해 어린이집은 더

5) 소명과 사명은 차이가 있다. 소명은 종교적인 성격이 짙은 것으로 신으로부터 받았다고 여기는 어떤 일이며, 사명은 자신이 해야 된다고 작정한 어떤 일을 말하는 편이다.

욱 안정화되고, 사회의 유지와 발전에 의미 있는 공헌을 하게 된다.

일반적인 사명의 사전적 정의는 개인과 집단, 조직이 반드시 이루고자 하는 목적과 그 의미를 말하며, 이를 문서화한 것을 사명서(mission statement)라고 한다. 그렇기 때문에 개인이나 가족 및 집단조직원들이 함께 작성한 사명서는 강한 추진력을 발휘하게 된다.

일반적으로 비전(vision)의 사전적 정의는 전망, 상상, 이상, 시각 등이나, 해석의 강도에 따라 강조점이 다르다. 다시 말하면 비전에는 미래라고 하는 '시간'이 사명보다 더 강조되는 편이며 사명은 전망보다는 가치지향적이다.[6] 이와 같이 사명은 깨어 있는 삶을 살아가고자 하는 사람, 그리고 깨어 있는 삶을 사는 사람들의 삶속에서 정해지고, 또 이루어진다. 왜냐하면 깨어 있는 사람은 의미가 이끄는 삶을 추구하며, 나아가 강렬히 원한다면, 생명을 걸면서까지 그 의미를 추구하며 살고자 하기 때문이다. 즉 사명자는 뒤를 돌아보지 않으며 사명에 따른 비전을 설정한 사람은 다른 사람과 비교하며, 시기하거나 비난하지 않는다. 왜냐하면 자기가 걸어가야 할 '길'이 명확하며, 자기가 마련한 시간계획에 따라 행동하기 때문이다. 이러한 삶의 자세는 자기 자신에 대한 무한 도전의 자세라고 할 수 있으며, 무한 도전의 결과는 다음 세대에 남기는 멋진 유산이 된다. 그러므로 이러한 '도전'은 어린이집 사람들 모두가 지녀야 할 중요한 인성덕목이라고 할 수 있다.

사명과 비전의 설정을 위해 자주 사용되는 모델은 로버츠 딜츠(Robert Diltz, 1997)가 NLP(Neuro Lingusitic Programing)이론을 바탕으로 제시한 모델이다(한국NLP연구소, 2012). NLP는 신경과 언어의 상호작용이 어떻게 인간의 몸과 마음 및 행동에 영향을 미치는가에 대한 이론적 원리들과 구조를 체계화한 것으로

6) 미션과 비전은 거의 함께 사용되지만, 기관의 성격과 상황에 따라 그 순서를 미션 ⇨ 비전, 또는 비전 ⇨ 미션으로 다르게 제시하고 있다. 이 책에서는 미션 ⇨ 비전의 순서를 취한다. 그것은 사명은 기본이 되는 핵심가치, 철학 등의 이념을 강조하며, 이를 성취하기 위해 미래목표를 세우고 전망하는 비전을 제시하는 것으로 보기 때문이다.

탁월성의 심리학(Psychology of Excellence)에 기초하고 있다.[7)]

이 NLP모델에 따라 코칭방식으로 다음과 같은 질문을 할 수 있다.

- 보육교사, 나는 언제, 어떤 환경에 놓여 있게 되는가?
- 보육교사, 나는 누구이며, 그 환경에서 무엇을 하고 있는가?
- 보육교사, 나는 그 환경에서 그 무엇을 어떻게 하고 있는가?
- 보육교사, 나는 그 환경에서 그 무엇을, 어떻게 하고 있으며, 왜 하고 있는가?
- 보육교사, 나는 그 환경에서, 그 무엇을, 어떻게 하고 있으며, 왜 하고 있으며, 그것을 하는 나와 그들은 누구인가?

이러한 셀프코칭(self coaching) 질문을 하면서 어린이집의 보육교직원 각자가 작성한 〈나의 사명서〉는 집단이자 조직인 어린이집 보육교직원 전체가 작성한 〈우리의 사명서〉로 연결된다. 이러한 사명서는 보육교사를 포함한 보육교직원들의 정체성을 단적으로 표현한 것이 된다. 그러므로 〈우리의 사명서〉는 어린이집의 방향을 제시하는 나침판의 역할을 하며, 어린이집 사람들을 한방향으로 정렬시키는 강한 힘을 지니게 된다. 사명은 결과적으로 매우 의미 있는 행동을 창출해 내므로 리더십교육을 받은 원장이 경영하는 어린이집에서는 목적을 가지고 종전의 원훈(院訓) 대신에 '사명'이라는 이름으로 〈우리의 사명서〉를 작성하여 보육교직원들로 하여금 어린이집의 안정과 성과 향상을 위해 함께 협력하도록 촉구하고 있는 것이다.[8)]

7) NLP는 보육교사 개인 및 어린이집의 사명을 설정하는 데 사용될 뿐만 아니라, 보육교사를 포함한 보육교직원들 서로는 물론 영유아와 효과적으로 상호작용하기 위한 구체적인 기술로 의미 있게 활용된다(Richard Churches, Roger Terry, 2018).

8) 이와 같은 사명과 비전의 설정은 배움과 학습의 과정 가운데서 확정되기도 한다. 대표적인 예로 어린이집연합회, 육아종합지원센터 또는 각종 교육연구소에서 원장과 교사를 대상으로 한 워크숍 및 대학과 학회에서 개설되는 자기계발학습과정 및 리더십 내지 코칭리더십 교육을 들 수 있다(금천구육아종합지원센터, 2011; 숙명여자대학교 아동연구소, 2013; 용산구육아종합지원센터, 2012; 한국가족복지학회, 2014; 한국영리더십센터, 2014; 한국코칭학회, 2015).

보육교사 인성이야기

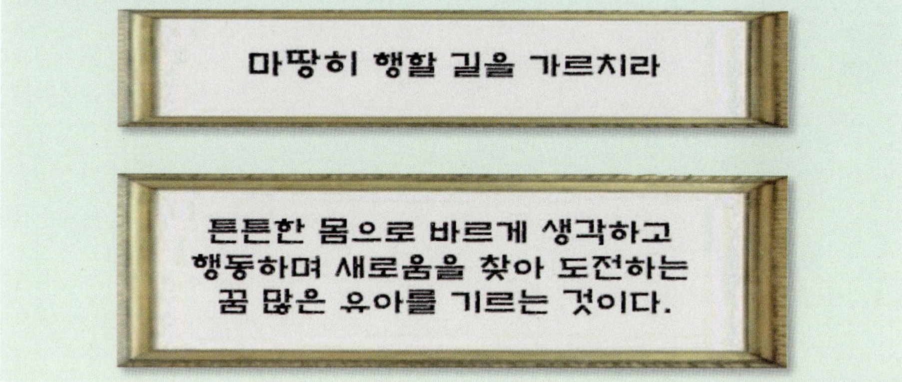

출처: 경기도 성남시 소재 MH어린이집(2018).
경남 진주시 소재 M어린이집(2012).

알 림 장

"자기가 어디를 가고 있는지를 아는 사람은 세상 어디를 가더라도 길을 발견한다." - 데이비드 스타 조던 -

그리고 보육교사 자신들도 자신이 담당한 반을 효과적으로 이끌기 위한 사명서를 작성하여 반의 운영에 지표로 삼는다.[9] 이 경우, 해당 어린이집에서의 한방향정렬의 효과는 대단히 크다.

9) 이 어린이집의 경우, 성품과 역량을 지닌 글로벌 영리더로 성장시키는 것을 사명으로 삼고 있으며, 각 반은 이 사명에 근거하여 교사가 '반 사명서'를 작성하여 반 운영의 나침반으로 삼고 있다.

보육교사 인성이야기

마린반 사명서	항상 긍정적인 마음으로 영아 한 명 한 명을 소중하게 생각하며 자식과 같은 마음으로 가르칠 수 있도록 노력하고 실천하며 발전하는 교사가 되겠습니다.
핑크반 사명서	우리 아이들의 입가에 항상 웃음꽃이 필 수 있도록 아이들을 사랑하는 마음으로 보살피며 한 명 한 명의 이야기를 들어주는 교사가 되겠습니다.
오렌지반 사명서	오렌지처럼 밝은 웃음으로 아이들을 사랑하겠습니다. 아이들이 서로 배려하고 몸과 마음이 항상 건강할 수 있도록 지도하며, 아이 스스로가 꿈을 키울 수 있도록 연구하는 교사가 되겠습니다.
그린반 사명서	경청은 백마디 말보다 강합니다. 아이들 한명 한명 이야기에 경청하며 아이들의 마음을 이해하고 아이들과 함께 웃고, 함께 느끼고, 공감하는 친구와 같은 교사가 되겠습니다. 늘 아이들을 믿고 기다려주며 긍정적인 자신감을 가질 수 있도록 감싸주는 가슴 따뜻한 교사가 되겠습니다.

출처: 경기 의왕시 L어린이집 블로그(http://littlefamily.co.kr/sub3_2.php).

Q A

대부분의 보육교사들이 영유아들에게 길러 주고 싶은 인성덕목은 무엇인가요?
이 교사사명서에서 공통적으로 찾을 수 있는 키워드는 무엇인가요?

물론 어린이집의 보육교사가 아니라, 한 인간으로서 자신의 정체성 확립을 위해서도 사명서를 작성한다. 이 모델에서 나 자신이 누구인가를 아는 정체성은 바로 나의 역할(role)과 직결되며, 이 '역할'은 자신이 그러한 역할을 수행하는 이유인 존재와 생존가치 및 신념으로 설명되고 지지될 수 있기 때문이다. 그리고 비전의 실현을 위해 주변 환경을 조성하고 구체적으로 행동하며, 이를 위해 효과적인 각종 의사소통기술을 활용하게 되는 것이다(이소희, 심교준, 2010).

비전은 사명을 가시화한 것으로 소원이나 상상이 현실에서 보듯이 보는 것이다. 이렇듯 사명과 비전은 경쟁이 아니라, 발견이며 창조이다. 따라서 사명자들은 창의적 차이를 통해 가치 있고 의미 있는 세상을 만들어 간다. 동시에 헌신과 공헌과 평판을 생각하며 경영자적 태도를 지니고 창조적으로 도전하면서 리더십을 발휘한다(이소희, 2012).

(3) 보육교직정체성 혼미와 극복

누구나 육신이 건강하고 일상의 기쁨을 느끼는 삶을 살기 바란다. 직업인은 그 직장에서 흔들리지 않는 정체성으로 매일매일을 건강하고 의미 있게 살아서 행복한 성공을 하기 바란다. 직업인인 보육교사도 예외가 아니다.

그렇지만 실제로 확고한 보육교직정체성을 형성하고 책무를 다한다는 것은 그리 녹록한 일이 아니다. 왜냐하면 알다시피 가정과 사회는 계속 변화한다. 이에 따라 어린이집 환경도 역동적으로 변화하며 이 과정에서 '사회 속의 인간'이자, '상황 속의 인간'인 보육교사도 크고 작은 영향을 지속적으로 받기 때문이다. 더구나 하루가 멀다 하고 보육교사로서의 책무를 수행하기가 어려운 일이 자주 발생하고 있기 때문이다. 실제적으로 갈등과 스트레스가 심하여 소진 현상이 일어나면 정체성의 혼란을 겪기 마련이며, 급기야 교사로서의 생활을 도중하차하는 경우도 없지 않다(김혜경, 2013; 박봉환, 2017). 그러므로 깨어 있어 지속적인 성찰을 통하여 정체성을 확인하는 과정이 필요하다(이미경, 배지현, 2016; 정순경, 2016). 이를테면 보육교사가 다음과 같은 질문을 하고 있다면, 보육교직정체성을 점검할 필요가 있다.

- 나는 영아들의 보호자일 뿐, 그래서 교사는 아니지 않은가?
- 하루 종일 보육한다는 자체가 전문교사가 아니라는 것을 대변해 주는 것은 아닌가?
- 법적으로 교육부장관이 인정하는 교사자격증을 지니고 있지 못하기 때문에 사회가 인정하는 소위 교사다운 그 교사는 아니지 않은가?
- 단적으로 말하면 유치원교사만이 진짜 교사이다. 보육교사는 다만 명분을 세우기 위해 교사라고 부르고 있는 것이 아닌가? 자격지심으로 마음이 불편하지 않은가?

- 보육교사의 신분은 사회복지법체계에 준한다. '교사'라는 명칭을 사용하지만, 사학연금공단에서 연금을 받지 못한다. 교원인가?
- 「근로기준법」과 「남녀고용평등과 일·가정 양립 지원에 관한 법률」의 적용을 받는 일반 노동자와 동일한 신분이다. 그래서 5월 1일 휴일로 지내는 것, 좋기도 하고 한편으로는 싫기도 하다. 교원인가?
- 1년 과정을 거친 교사와 대학원 과정을 거친 교사가 같은 수준으로 대우받는다는 것은 너무 지나치지 않는가? 양쪽 입장에서 생각해 보라, 수용이 되는가?

이러한 혼미로 인해 그 어떤 상황에 있다고 하더라도 보육교사로서의 소신을 잃고 "변덕이 죽 끓듯" 주변상황에 매몰되어 버려서는 안 된다. 또한 시대변화에 따른 자구책이라는 명분을 내세워 궤변으로 빠져나가 버려서도 안 된다. 그렇다고 해서 좋은 것이 좋은 것이라고 하면서 '나는 보호자이기도 하면서 또한 교육자다'라고 자기합리화 기제로 방어하는 것도 안 된다. 국가가 인정하는 자격을 받았으면 모두가 보육교사인 것이다. 수준이 높다면 높은 대로 영유아를 더 잘 보육할 수 있으며, 모두에게 도움이 되는 것이며, 이를 통해 모델링과 멘토링을 역할을 하면 더욱 좋은 것이라고 할 수 있다.

정체성을 재확인하는 작업이 가능한 것은 보육교사 양성과정을 통해 보육교사 자격을 취득하였으므로 보육교사로서의 보육교직정체성의 속 알맹이는 상당할 정도로 남아 있다고 볼 수 있기 때문이다. 그러므로 성경말씀처럼 보육교사직을 선택했을 당시의 처음 사랑과 처음 언약(요한계시록 2:1~7)을 생각하고 다시금 정체성의 불씨를 살려내는 것이 필요하다. 이때, 상당히 효과적인 방안으로 반성적 사고(reflective thinking)를 하는 것(유홍옥, 2005; 이주한, 2012)과[10] 보육교사 스스로 셀프코칭을 하거나, 보육전문가들로부터 코칭과 멘토링을 받는 것이다.

---

10) 교직과정을 이수하고 교육부로부터 교사자격을 인정받는 유치원교사는 자신이 교사라고 믿는다. 그러나 특히 영아반 보육교사의 경우, 정체성의 혼미를 겪을 수 있다.

① 반성적 사고

반성적 사고란 일찍이 존 듀이(John Dewey, 1933)가 그의 책『생각하는 방법』에서 제시한 개념으로 자신의 신념과 관련된 실천적 행동에 대해 그 본질과 결과를 끈기 있게 생각하는 것을 말하며, 일반적 사고와 차이가 있다. 즉 일반적 사고는 관념적이고 추상적인 특성을 지니며 그 범위가 넓지만, 반성적 사고는 이미 자신이 경험한 것을 바탕으로 한다. 흔히 역사공부에서 말하듯 어제의 경험을 오늘에 되살려 내일을 준비하고자 하는 목적의 사고인 것이다. 따라서 미래에 행할 수 있는 행동을 예측한 다음 더 좋은 대안을 모색하고 새로운 결정을 내리는 일련의 깊은 사고인 것이다. 이후 숀(Schon, 1983)에 의해 교사교육에 크게 반영되면서 반성적 사고의 연구가 지속적으로 이루어졌고(권정숙, 최석란, 2003; 유흥옥, 2005; 이주한, 2012), 이를 통해 교사로부터 의미 있고 바람직한 행동을 도출하는 데 기여하였다.

이러한 반성적 사고의 개념은 추후 여러 교육학자들에 의해 더욱 정교하게 구조화되었는데, 크게 세 가지로 요약된다. 즉 교육상황에서 제기되는 문제와 윤리적 딜레마를 인지하고, 인지된 내용을 교육학적 본질에 근거하여 분석하고, 분석을 토대로 내린 새로운 결정을 시도해 보는 것이다(Ross, 1989).

반성적 사고는 보육교사로 하여금 책무, 직무, 윤리, 정체성 등을 통합한 역할 재정립을 하게 되는 기회를 가지게 된다. 그 결과로 실제적으로「영유아보육법」에 규정된 직무를 잘 수행할 뿐 아니라, 직무와 직·간접적인 관계에 있는 역할을 제대로 수행하게 된다(류태호, 2000; 이미경, 배지현, 2016). 이렇게 되면 어린이집 사람들과 멋진 윈윈 시너지(Win-Win Synergy)를 내며, 서로 신뢰로 연결된 강한 조직문화를 지닌 어린이집이 되며, 결과적으로 조직의 안정화와 함께 성과를 제고하게 된다(이소희, 2018d, 2018e). 반성적 사고는 셀프코칭과 유사한 접근이다.[11]

11) 코칭에 대해서는 Chapter 12를 참조한다.

② 멘토링

인간은 언어적 존재이다. 이렇게 말할 수 있는 것은 크게 두 가지로 대별할 수 있다. 하나는 인간들이 서로 상호작용을 하도록 매개하는 수단이며, 다른 하나는 지식과 지혜의 전달수단이 되기 때문이다.

이러한 맥락에서 최근 행복한 성장과 번영을 위한 여러 가지 의사소통기술이 발달되고 있는데 대표적으로 멘토링(mentoring)과 코칭을 들 수 있다. 최근에는 '멘토코칭'으로 통합된 용어로 사용되고 있다. 이 경우에는 멘토링을 코칭방식으로 하는 것을 말한다(Law H., Ireland S., & Hussain, Z., 2010).

'멘토'라는 말의 유래는 그리스에서 비롯되었다. 고대 그리스의 이타카 왕국의 왕 오디세우스가 트로이 전쟁에 나가면서, 친구인 멘토에게 아들 텔레마코스를 보살펴 달라고 부탁하였으며, 멘토는 오디세우스가 전쟁에서 돌아올 때까지 텔레마코스의 친구, 선생님, 상담자, 때로는 아버지가 되어 그를 잘 돌보았고 텔레마코스가 성장하는 데 커다란 정신적인 지주 역할을 하였다. 10년이 지나 전쟁에서 돌아온 오디세우스는 훌륭하게 성장한 아들을 보고 "역시 멘토(Mentor)다워!"라며 크게 칭찬하였으며, 이후 '멘토'는 한 사람의 삶을 의미 있게 이끌어주는 사람을 부르는 대명사로 사용되고 있다.

이러한 배경에 따라 멘토링은 경험과 지식과 기술이 풍부한 사람인 멘토(mentor)가 자신의 역량을 계발하고 문제를 해결하기를 원하는 멘티(mentee)에게 지혜와 통찰로서 효과적인 방법으로 전달하는 과정을 말한다. 즉 한 개인이 축척해 온 심리적 및 사회적인 지원을 제공함으로써 귀한 역할모델이 되는 것이다. 과거에는 멘토와 멘티의 관계가 위계적인 특성을 지녔으나 현대사회에 들어서부터는 상호지지적인 관계로 변화하고 있으며, 멘티만 도움을 받은 것이 아니라, 멘토도 멘토링을 통해서 더욱 성장하는 동시효과를 누리고 있다. 이러한 효과를 고려하여 멘토링은 최근 보육현장에서 다양하게 실시되고 있으며 연구되고 있다(변선영, 황해익, 2013; 황해익, 탁정화, 2013). 그 결과로 멘티는 "더불어 공감하고 소통하게 되다", "아이의 눈높이에 맞는 교사가 되다", "멘토의 경험을 통해 나를 다듬어 가는 계기가 되다" 등의 효과를 보았다고 보고하였으며, 멘토도 "협력적 리더가 되다", "영아보육에 관한 시야가 넓어지다", "가르치면서 한걸음 나아가다", "객관적 시각으로 되돌아보게 되다" 등으로 긍정적인 변화를 보였다.

이와 같이 보육현장인 어린이집에서 이루어지는 멘토링의 주제는 다양한데 특히 예비교사의 보육실습과 취업, 초임교사의 적응, 경력교사의 보육교직원과 학부모와의 관계갈등 및 이직에 관한 멘토링의 빈도가 높은 편이다(강순미, 2007; 박찬옥, 이영미, 2007; 백영숙, 김준자, 2011; 이유미, 2010). 그리고 멘토링은 어린이집에서 원장님과 중간관리자를 포함한 경력교사가 멘토의 역할을 담당하고 있으며, 예비교사인 경우는 양성기관의 교수, 선배, 동문이 담당하고 있다. 또한 현장에 종사하는 전문가도 특별과정과 프로그램을 통해 멘토링을 하고 있다.

보육교사 인성이야기

출처: 경기도 성남시 육아종합지원센터(2018. 4. 13.).
성남복지넷(http://www.snbokji.net).

알 림 장

"세상에서 가장 현명한 사람은 모든 사람으로부터 배울 수 있는 사람이고,
남을 칭찬하는 사람이고, 감정을 조절할 수 있는 사람이다." - 탈무드 -

2. 보육교사의 역할

일반적인 역할(役割)의 사전적 정의는 특정한 지위에 있는 사람이 수행하고, 또 수행하기를 기대하는 포괄적인 태도와 행동을 한다. 즉 보육교사에 적용하면 보육교사가 수행하고, 또 수행하기를 기대하는 태도와 행동이라고 말할 수 있다.

일반적으로 지위는 그 지위에 걸맞은 역할을 수행하기를 기대하고, 또한 부응하기를 바라는 것이 함축되어 있다. 그러므로 그 지위에 합당한 역할을 수행한다는 것은 곧 책임을 다하는 것이 되며 책무라고 하는 것이다.

이러한 맥락에서 볼 때, 역할은 직무보다는 더 포괄적이자 자의적인 성격이 강하며,[12] 시대의 변화에 따라 역동적으로 변화되기도 한다.[13] 실제로 보육교사들의 직무를 보면 각 영역에 따라 보육교사에게 어린이집 안팎의 사람들이 기대하는 역할이 있다는 것을 알게 된다. 이미 언급한 바와 같이 정체성은 사람의 지위와 신분에 따른 역할과 밀접한 관계를 지니게 되는데 그 예로 부모의 역할과 어린이집 보육교사의 역할을 들 수 있다. 이러한 맥락에서 교사의 정체성과 직업적 특성은 그 맥을 같이 한다고 볼 수 있으므로(류태호, 2000), 교직정체성(教職正體性)으로 통합할 수 있다.

1) 보육교사 역할의 구분

링컨은 "세상에 비천한 직업은 없고, 다만 비천한 사람이 있을 뿐이다"라고 말했다. "직업은 곧 그 사람의 정체성을 파악하기에 용이한 지표로서 그 사람의 사회적 역할을 들고 있으며(G. H. Mead, 2012; M. A. Natanson, 2013), 이러한 역할이 분명히 드러나는 것은 직업이라고 보고 있다.

보육교사가 교직으로서의 정체성을 확립하고 분명히 자각하고 있을 때 보다 역할수행을 잘 할 수 있을 뿐만 아니라 보육교사로서의 자질이 좋고 적성이 높으

12) 어린이집은 분명한 목적을 지니고 「영유아보육법」에 근거하여 설립된 조직(組織)이다. 조직은 어떤 기능을 수행하도록 협동해 나가는 체계로서 개별적 요소가 공동의 목표를 향해 구조-기능적으로 움직이게 된다. 그리고 직무는 어린이집이라는 조직에 속한 사람들, 즉 보육교직원이 직급에 따라 수행해야 할 일을 말한다. Chapter 3의 어린이집 사람들과 부모 및 가족을 참조함

13) 역할은 직급보다 '지위(地位)'에 따른 행동과 태도를 말한다. 여기에서 지위란 신분에 따른 어떤 자리나 처지를 말한다. 직급도 지위에 해당하므로 직무가 포함한다. 그러나 아직 조직화되기 전이거나, 자연발생적인 특성을 지니고 있을 경우 및 이러한 성격의 역할과 직무가 혼합되어 있을 경우, '직무'의 개념보다는 역할의 개념을 사용하는 편이다. 그 예로 예비보육교사의 직무라고 말하지 않고 역할이라고 말하며, 영유아기 부모의 직무라고 말하지 않고 역할이라고 말한다. 동시에 상황에 따라 보육교사의 직무라고 말하기도 하고, 역할이라고 말하기도 한다.

며 전문적인 지식과 기술을 보유하면 할수록 보육교사로서의 역할을 보다 잘 수행할 수 있다. 이렇게 볼 때, 보육교사의 역할수행에 관한 내용은 다양할 뿐 아니라 서로 관련된 여러 가지 개인적 및 사회적 요인에 영향을 받음을 알 수 있다.

보육교사는 「영유아보육법」에 규정된 직무를 포함하여 보다 포괄적인 차원에서 수행해야 할 내용이 제시되고 있다. 이러한 역할도 보는 관점에 따라 다르기 때문에 몇 가지 기준을 들어 유형화하고 있는 편이다. 일반적으로 보육교사를 영유아발달 및 교육전문가, 지역사회 내 영유아복지전문가, 영유아와 그 가족을 위한 상담 및 부모교육전문가 및 영유아 권리지킴이로 보면서 보육교사의 역할을 모성적 역할, 치료적 역할, 교수적 역할로 제시하고 있다(임부연, 김성숙 외, 2014).

한편, 일반적으로 어떤 대상을 지칭할 때 사회에서 보통 부르는 호칭과 법제도에서 정의하는 호칭과 다를 수 있으며,[14] 적절한 수준에서 통합하여 조어(造語)를 만들기도 한다. 대표적인 예로 유아교사이다. 즉 동일한 발달단계의 영유아를 보호하고 교육하기 때문에 유사한 내용이 매우 많지만 자격기준과 이수과목 및 관장부서와 영유아의 보호와 교육의 비중이 다르기 때문에 보육교사와 유치원교사를 합하여 유아교사로 통칭하는 것을 들 수 있다.[15] 이와 관련하여 많은 전문가들이 '유아교사'의 입장에서 역할을 제시하고 있다.[16]

14) 예를 들면 일반사회에서 중·고등학교에 재학 중인 학생을 '청소년'으로 부르지만, 법적으로는 중·고등학교 학생만을 의미하지는 않는다. 왜냐하면 「아동복지법」에서는 18세 미만인 자를 아동이라고 하고, 「청소년 기본법」에서는 9세 이상 24세 이하의 자를 청소년이라고 보기 때문이다.

15) 현재 우리나라의 경우, 어린이집과 유치원을 통상 유아교육기관으로 부르고, 이러한 기관에서 근무하는 교사를 유아교사라고 부른다. 그리고 이러한 맥락에서 유아교사의 역할은 유아교육기관에서 교사라는 지위를 가진 사람에게 요구되는 생각과 행동과 태도를 말한다고 정의하고 있다(박은혜, 2017).

16) 교육과학기술부가 제시한 역할은 「개정 유치원 지도서 총론, 2007」에 수록된 것으로 구체적인 내용에서 '장학', '장학사' 등의 용어는 보육분야에서의 평가인증에서의 조력, 멘토링, 컨설팅 등으로 이해해야 한다.

〈표 5-1〉 유아교사의 역할 유형

학자	유아교사의 역할유형
Katz(1972)	· 모친모형 · 교수모형 · 치료모형
Elis & Others (1982)	· 계획자 · 학습조력자 및 감독자 · 안내자 및 상담자 · 문화의 설계자 및 중재자 · 지역사회 연결자 · 교직의 일원으로서의 역할수행자 · 학교사회 일원으로서의 역할수행자
이은화 (1985)	· 환경제공자 · 관찰자 · 프로그램계획자 · 연구자 · 부모교육담당자 · 평가자
Spodek (1985)	· 양육역할 · 교수역할 · 관련직역할
Saracho (1988)	· 교육과정설계자 · 교수조직자 · 진단자 · 상담 및 조언자
Schickedanz et al. (1990)	· 지식전달자 · 계획자, 조직자, 평가자, 훈육자 · 의사전달자
교육과학기술부 (2009)	· 교육과정 설계자 · 일과계획 및 운영자 · 상담 및 조언자 · 생활지도자 · 현장연구자 · 행정업무 및 관리자 · 의사결정자 · 동료의 협력자
임부연, 김성숙, 송진명 (2014)	· 학급 관련(양육담당자, 교육담당자, 관리담당자) · 기관관련(경영참여, 행사진행, 프로그램개발) · 부모관련(부모역할지원, 의사결정지원 참여지원) · 지역사회 관련(모범적인 사회인, 사회변화 촉진)
이소희(2014)	· 리더(leader) · 코치(coach)

출처: 이경화, 손원경 외(2018).
한국영리더십센터(2014).
한국창의인성코칭센터(2014).

2) 보육교사 역할에 미치는 영향요인

보육교사의 역할수행에 영향을 미치는 요인은 개별적 및 사회환경적 요인 등으로 다양하다.

개별적 요인으로는 자질과 적성과 지식 및 기술 등이며, 사회적 요인으로는[17] 영유아의 발달특성의 변화와 부모와 가족역할의 변화 및 인구와 산업형태의 변

17) 이 책에서는 개인적 요인을 중심으로 살펴본다.

화를 고려한 보육제도의 변화 등을 들 수 있다. 이를 생태학적 관점으로 설명하면 보육교사를 둘러싼 미시-중시-거시체계 등의 생태학적 변화는 기존에 강조되었던 보육교사의 역할에 영향을 미친다(김기현, 1999; 나현, 이현진, 2012; 이영, 신은주, 1994).

(1) 자질과 적성

실제로 자질과 적성은 유사한 특성을 지니고 있다. 일반적인 자질(資質)의 사전적 정의는 타고난 성품이나 소질 또는 어떤 분야의 일에 대한 능력이나 실력의 정도를 말한다. 여기서 적성과 연관성이 높은 것은 선천성이 포함된 '타고난'이라는 용어이다. 유아교사의 자질은 크게 개인적 자질과 전문적 자질로 구분하고 있는데(박은혜, 2017), 여기서 개인적 자질은 이미 언급한 타고난 기질이나 소질 등에 가까운 특성을 말하며, 전문적 자질은 후천적으로 습득한 일에 대한 능력 및 실력 등에 가깝다. 바로 이러한 특성 때문에 개인적 자질은 소위 말하는 인성에 가까우며, 전문적 자질은 역량 및 능력으로 대표되는 전문성에 가깝다고 볼 수 있다.

이러한 관점에 따라 어떠한 특성이 개인적 자질 및 후천적 자질에 포함되는가에 대한 연구가 이루어졌는데, 연구자들 간에 거의 유사한 결과를 보여 주고 있다(김혜진, 손유진, 2016; 박은혜, 2017; 이은화, 배소연 외, 1995; 임부연, 김성숙 외, 2014; Howes Smith, 1995).

〈표 5-2〉 **유아기 교사의 자질**

개인적 자질	건강	신체적 및 정신적 건강
	인성	사랑, 봉사, 열정, 인내심, 성실성, 민감성, 자발성, 공평성, 융통성, 도덕성, 창의성, 지구력, 모험심, 실용성, 진정성, 유머감각, 에너지
전문적 자질	교육관	소명의식, 직업윤리
	지식	영유아발달, 영유아교육과정, 교수방법, 일반 상식과 지식
	기술	교육과정 구성, 교육과정 운영, 교재교구의 제작 및 활용, 프로그램 운영 및 평가, 의사소통 및 상호작용, 상호협력

개인적 자질은 거의 인성적 요소임을 감안할 때, 보육교사가 인성을 함양하고 더욱 계발해야 한다는 점을 시사받을 수 있다. 특히 영아를 담당하는 경우에는 교사 개인이 가지고 있는 기질이나 특성이 더욱 중요하다(박은혜, 2017)는 점은 실질적인 요소가 될 수 있다. 그러므로 **매일멋진보육교사**가 되기 위해서는 이러한 자질요인이 적재적소에서 조화롭게 발휘될 수 있도록 꾸준한 자기평가와 동료평가를 통해 노력해야 한다(김승옥, 2007). 동시에 개인적 강점을 잘 발휘하여 탄력적으로 접근해야 함을 염두에 두어야 한다.

보육교사 인성이야기

청춘의 속사정

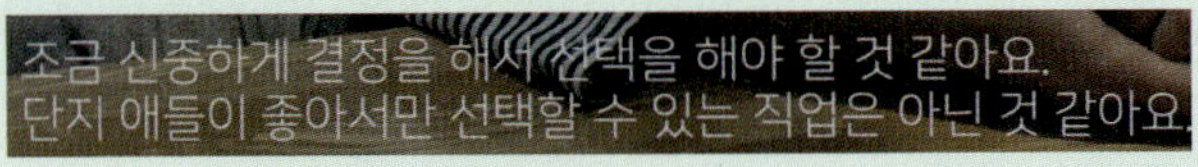

- 9년차 보육교사 -

출처: 쥰키TV(2018. 1. 5.).

Q&A

9년차 경력보육교사의 말이다.
조금 신중하게 결정을 해서 선택을 해야 할, 그것은 무엇일까?

한편 일반적인 적성(適性)의 사전적 정의는 어떤 특정 활동이나 작업을 수행하거나 발휘하는 능력의 정도를 말한다. 다시 말하면 일반적인 능력은 포괄적인 가능성을 염두에 둔 것임에 반해 적성은 성공할 가능성을 예언하는 데 더 주안점을 두었다. 그러므로 출발점이 동일하다면 적성이 높을 시에 그 분야에서 성공할 가능성이 더욱 높다. 이에 따라 서로 관련성이 높은 진로적성 및 직업적성에 관한 검사를 통해 자신의 직무만족도를 제고할 수가 있다. 물론 이러한 접근은 보육교사에게도 적용된다(박은주, 2016; 오숙자, 이진아, 2014).[18] 이와 관련된 사례로

18) 직업적성검사에 관한 정보를 제공하는 곳이다(http://www.work.go.kr), (http://www.career.go.kr).

영유아보육학을 전공하여 보육교사의 길을 가고자 하는 지원자를 대상으로 한 입학전형에서 발견할 수 있다.

(2) 지식과 배움

일반적인 지식(知識, Knowledge)의 사전적 정의는 어떤 대상에 대하여 배우거나 실천을 통해 알게 된 명확한 인식이나 이해를 말한다. 따라서 지식을 획득하기 위해서는 배움의 과정이 필요하다는 것을 시사해 준다. 도산 안창호는 "하루라도 책을 읽지 않으면 혀에 가시가 돋는다"라고 하면서 지식획득의 자세에 대해 갈파하였다. 또 베이컨은 "아는 것이 힘이다"라고 말했다. 실제로 일상생활에서 "저 사람은 지식이 많아"라고 할 경우 '어떤 무엇에 대해 아는 것'이 많다는 것을 뜻한다. 그리고 우리사회에서는 교사와 교수들을 일컬어 지식인(知識人)이라고 부른다. 이는 같은 맥락에서 '아는 것이 많은 사람'이라는 뜻이며, 따라서 교사는 '많이 아는 사람'이라는 점에 대해서는 재론의 여지가 없다고 할 수 있다.

지식은 다양한 각도에서 정의되고 있다.

- 지식은 인간이 사물을 알기 위해 하는 활동
- 지식은 정신이 어떤 대상을 아는 작용 및 이 작용에 의하여 알려진 내용
- 인식에 의해 얻어진 성과 또는 사물에 대한 사실적·경험적 인식
- 지식은 원리적·통일적으로 조직되어 객관적 타당성을 요구할 수 있는 판단의 체계

이러한 지식의 정의를 보면, 지식은 점점 정당화된 참된 신념(justified true belief)으로 발달한다고 볼 수 있으며, 그렇기 때문에 소위 말하는 지식인의 정체성 및 역할과 깊게 관련되는 것이다. 구체적으로 교사의 정체성 여부는 그 교사의 교과지식의 내면화 여부와 관련이 있다. 가르치는 교사가 자신의 정체성에 맞는 교과지식을 생성해야 하며 자신의 정체성과 맞게 그 지식을 전수해야 한다. 그러

므로 교사의 지식 내면화의 문제와 직결된다(손정위, 2015). 다만 여기에서 유념해야 할 것은 사회는 변화, 발달하고 있으므로 지식도 변화한다는 점이다. 따라서 교사로서의 지식의 획득도 시대적응적이자 시대발전적으로 역동적이어야 한다는 점이다.

이러한 맥락에서 교사의 지식이 지닌 특징은 아는 것과 실천하는 것이 통합된 지식이어야 한다(정유경, 2014). 특히 유아교사의 지식은 맥락적, 암묵적, 실천적이라고 보고 있다. 바로 이러한 지식은 유아교육현장에서 발현되며, 그렇기 때문에 지식의 획득에는 유아요인뿐만 아니라, 여러 다양한 구체적인 요인이 영향을 미치게 된다. 따라서 단순히 교사가 사실적인 어떤 정보의 성격을 지닌 어떤 지식을 많이 안다고 해서 좋은 교육으로 이어진다고 보기는 어렵다(이경화, 손원경 외, 2018). 그러므로 보육교사는 지식을 점점 일반화된 지혜의 차원으로 승화시켜 통찰력을 지니면서, 현장적용을 통해 다듬어 나가면서 살아 움직이게 해야 한다. 그래야 교사는 단순한 지식의 전달이 아니라 상황 속에서 지식을 재창조를 할 수 있는 지식인이 되어가게 되는 것이다.

이러한 관점에서 유아교사에게 필요한 지식의 범주와 내용에 대해 학자들은 다음과 같이 제시하고 있다.

〈표 5-3〉 유아교사에게 필요한 지식[19]

연구자와 기관	지식의 범주와 내용	
양옥승과 동료들 (1997)	이해	유아, 교육과정, 교육 및 사회현상, 유아교사의 전문성
	이해와 적용	유아교육현장
	의사소통기술	
	연구능력	

19) 실천적 지식은 한 개인이 살아오면서 경험하게 되는 것들이 축적되는 앎의 형태로서 경험적, 체험적, 개인적 지식이라고 하며, 현직교사가 되면서 가장 중요하게 요구되는 지식이라고 보았다(Elbaz, 1981; Connelly et al., 1988). 암묵적 지식은 언어로 명확히 전달할 수 없는 지식을 말하며(Polanyni, 1958), 우리나라에서의 사례를 들면 "~을 적당히"라는 말을 들 수 있다. 내러티브 지식은 오랜 경험에서 누적된 개인의 기억을 이야기 형식으로 풀어내는 것으로 개인적, 실천적, 암묵적 지식을 잘 표현해 주는 지식방법으로 보았다.

연구자와 기관	지식의 범주와 내용	
이미화와 동료들 (2007)	태도 및 가치	교직인성, 전문성 신장, 법 제도 이해
	지식	영유아, 영유아교육과정, 교과내용
	기술	영유아교수방법, 의사소통기술, 테크놀로지 활용, 가족·동료·지역사회와의 협력관계구축 사무처리
임부연과 동료들 (2014)[19]	지식	실천적 지식-교수설계, 교수방법, 교수내용, 암묵적 지식, 내러티브 지식
슐만 (1987)	지식	교과내용, 교육학, 교육과정, 학습자, 교육환경, 교육목표 및 가치
로웨와 동료들 (1999)	개인적 자질	
	인간관계기술	
	존중	유아, 가족
	지식	정상아와 특수아의 발달, 건강·안전·영양
전 미국 유아교육협회 (2003)	유아의 발달과 학습지원	유아의 특성과 요구 이해, 유아의 발달·학습에 영향을 미치는 다양한 요인 이해, 건강하고, 신뢰롭고, 지적이며, 도전적인 환경 제공
	가족 및 지역사회와 협력관계구축	가족 및 지역사회의 중요성과 복잡한 특성에 대해 이해와 가치부여하기, 신뢰롭고 상호협력적인 관계형성을 통해 가족과 지역사회를 지지하고 힘을 갖추기, 가족과 지역사회가 유아의 발달과 학습에 참여할 수 있도록 하기
	유아 및 가족을 지원하기 위해 관찰·기록·평가하기	평가의 목표, 가치와 사용방법 이해하기, 체계적 관찰 및 효과적인 다른 평가도구를 사용하되 책임감을 가지고 가족 및 다른 전문가들과 협력을 통해 하기
	교육과정 이해하기	유아 및 가족과 관계맺기, 발달에 적합한 교수 실제 적용하기. 유아교육에 필요한 내용 지식 이해하기, 의미 있는 교육과정 이해하고 실천하기
	전문성 갖추기	유아교사로서의 정체성 확립하기, 교사로서의 윤리강령 및 전문 직업인으로 규범 알고 지키기, 유아교육에 관한 지식과 비판적인 관점을 가지고 협력적인 과정에 지속적으로 참여하기, 유아를 위한 사회적 운동과 정책에 참여하기

출처: 박은혜(2014) 및 임부연 외(2014)의 자료를 재구성.

그러므로 보육교사 자신이 스스로를 발달시켜 나가는 주도성이 중요한 의미를 지니게 된다. 최근 보육교사가 주경야독(晝耕夜讀)의 자세로 특수대학원의 진학률이 높아지고 있는 것은 매우 고무적인 현상이라고 할 수 있다.

> "일단 유아교사는 끊임없이 공부해야 하고요. 정말 끊임없이 알아야 하는 것 같아요. 애들이 어떤 질문을 할지 모르잖아요. 그걸 다 이해해야 아이들에 맞게 설명해 줄 수 있다고 생각하고 그리고 자기 자신을 알아야 해요. 자기 자신을 모르는 교사는 남을 알 수가 없어요. 그리고 심리적으로 안정된 사람이어야 될 것 같아요. 심리적으로 안정되어야 자기 사랑을 나누어 줄 수 있다고 생각하거든요."
>
> \- 예비유아교사 면담

출처: 이혜경, 윤재희(2017).

학이시습지 불역열호(學而時習之 不亦說乎)라는 고사성어가 있다. 그 뜻은 배우고 익히니 이 또한 기쁘지 아니한가라는 뜻이다. 또한 '놀며, 배우며'와 함께 '배우며, 사랑하며'가 있다. 이러한 말과 글을 보면 '배움'이라는 것이 멋진 행동임을 알 수 있다.

3) 보육교사의 발달과정과 역할

영유아가 성장·발달해 가듯이 보육교사도 성장·발달해 간다. 그렇지 않으면 생명체라고 할 수가 없으며, 더구나 교사라고 하기 어렵다. 다시 말하면 교사는 영유아의 성장을 이끌어야 하므로 먼저 성장하면서 나아가야 한다. 자신을 향한 어떠한 생각과 행동이 성장을 견인하는지를 체득하게 되면 효과적으로 영유아와 보육교사 자신은 물론 모든 어린이집 사람들의 성장발달을 지지하고 응원할 수 있다.

(1) 교사발달교육의 의의

보육교사의 발달에 관한 연구는 일반 초·중·고등학교 교사의 발달 및 어린이집의 보육교사와 유치원의 교사를 포함하여 '유아교사'로 지칭한 교사발달 연구로 통합되어 이루어지고 있으며, 외국에서 발표된 이론을 인용 및 적용하고 있다.[20] 교사발달에 관한 교육이 지니는 이점은 몇 가지로 요약설명하고 있다(임부연, 김성숙 외, 2014).

- 교사가 자신과 교사로서의 발달 특성 및 견해를 이해하도록 하여 교사 스스로 그에 적합한 교사교육을 경험하도록 돕는다.
- 교사로 하여금 지속적인 학습자로서 자기 갱신의 전략을 발달시킬 수 있도록 돕는다.
- 경력교사로 하여금 초임교사들에게 지지와 격려, 정보를 제공해 주고 발달을 촉진시켜 주고자 하는 동기를 갖게 한다.
- 교사로서 자신의 발달에 대해 이해하지 못한 교사는 유아의 발달을 이해하기 어려우며 자신의 발달에 적합한 방법으로 교육받지 못한 교사는 유아의 발달에 적합한 방법으로 교육을 이끌어가기 쉽지 않다.

카츠(Katz, 1972)는 교사의 경력에 따라 관심이 달라지므로 이를 고려한 교사교육 및 훈련체계를 형성하고 교육할 필요가 있다고 보고 다음과 같은 네 가지 단계를 제시하였다.

20) 예를 들면 부커(Burke, 1984)와 그의 동료들은 교사의 발달이 연령이나 경력에 크게 영향을 받지 않고 교직이전단계, 교직입문단계, 능력구축단계, 열중과 성장단계, 교직좌절단계, 안정과 정체단계, 직업적 쇠퇴단계, 교직퇴직단계의 8단계를 오가면서 순환적 및 역동적으로 발달한다고 보았다. 그러나 제시된 발달단계는 순환-역동형이라기보다는 단순-직선형과 혼합되어 있음을 알 수 있다. 왜냐하면 교직이전단계와 교직입문단계 및 교직퇴직단계는 순환되는 것이 아니라, 단순직선적 성격을 지니고 있기 때문이다. 한편 관련 연구를 토대로 『유아교사론』을 집필하는 과정에서 유아교사가 발달해 나가는 과정을 순서적으로 다루고 있는 점에서 발달단계를 어느 정도 파악할 수 있다. 이에 대해 박은혜(2011)는 〈유아교사직 이해하기, 유아교사직 선택하기, 유아교사로서의 자신 이해하기, 유아교사되기 위한 준비, 유아교사직 경험해 보기, 유아교사되기, 유아교사로 일하기, 유아교사의 관계맺기, 유아교육기관에서 근무하기, 유아교육 전문가로 성장하기〉 등을 제시하였다.

〈표 5-4〉 Katz의 교사발달이론

단계	내용
생존기 (입문 1년)	교사 자신이 이 직업영역에서 과연 생존할 수 있을까에 대해 관심이 많으며, 심리적 부담감을 크게 느낀다. 따라서 동료교사와 경력교사의 이해와 협력 및 지원이 필요하다.
강화기 (1~3년)	생존기의 경험을 바탕으로 교수학습영역에서 지식과 기술을 습득하며, 직무능력도 숙달된다. 그러나 유아 및 부모에게서 발생하는 특정문제의 해결방법에 대해 고민한다. 따라서 동료교사와 경력교사의 정보제공과 지혜로운 조언이 필요하다.
갱신기 (3~5년)	비교적 교직생활의 안정권에 접어들면서 효능감을 느끼게 되지만, 소위 말하는 매너리즘에 빠지면서 타성에 젖은 행동도 나타나기 시작한다. 따라서 새로운 교수이론과 방법 및 프로그램에 참여하는 주도성을 발휘함과 동시에 조직 단위의 지원이 필요하다.
성숙기 (5년 이후)	교사로서의 자신감과 유능감을 경험한다. 보다 의미 있게 성장하기 위해 근원적인 대안을 찾는 데 관심이 있다. 지역사회나 국가적 차원에서의 지원과 정책에 대해서도 비판적 시각을 갖기 시작한다. 따라서 교수자에서 관리자로의 승급 및 진학을 모색하는 것도 필요하다.

이 교사발달이론의 적용에서 유념할 점은 '교직기간'에 집착하기보다는 발달의 순서와 주요 내용을 고려해서 성찰하는 것이다. 왜냐하면 어린이집이 지향하는 철학, 역사와 규모, 조직문화, 지역적 특성, 영유아의 및 가정환경적 특성에 따라 발달상에 차이가 나타날 수 있기 때문이다. 그렇지만 교사발달기간을 고려한 비교연구는 교사발달과정을 조망해 볼 수 있다는 점에서 의미가 있다(조희숙, 김정신 외, 2005).

(2) 예비교사의 역할

예비보육교사는 「영유아보육법」에 규정한 어린이집의 보육교사가 되기 위해 고등학교와 보육 관련 대학 및 보육교사교육원과 평생교육원 등의 보육교사양성기관에서 준비하는 사람을 말한다. 현재 어린이집에서 근무하는 보육교사를 현직교사라고 할 때 직전교사라고 부르기도 한다.

예비교사의 경우 앞서 살펴본 교사의 발달과 역할에서는 제외될 수 있는데 그것은 엄격히 말해서 아직 교사가 아니기 때문이다. 그래서 '예비' 또는 '직전'이라는 말을 붙이고 있는 것이다. 그럼에도 불구하고 교사로서의 발달과 역할을 미리

인지하는 것은 중요하다.

특별히 예비보육교사의 입장에서 볼 때, 보육교직정체성을 형성하고 명실공히 보육교사로 출발할 때 최대한 부족함이 없도록 준비되어 최적의 상태로 시작해야 한다는 것이다. 그 이유는 분명하다. 한 인간으로서 어떠한 일에 도전할 때는 "시작이 반이다"라고 격려와 지지를 받을 수 있지만, 영유아의 보육에서 '반(半, half)'으로 출발할 수는 없다는 점이다.[21)]

실제적으로 보육교사의 질이 보육의 질을 결정하고, 질적 수준이 보육영유아의 교육복지를 보장할 수 있다는 믿음에 따라 예비보육교사에 관한 연구들이 지속적으로 이루어지고 있다. 이는 보육의 동기, 보육 및 보육교사의 역할에 대한 인식, 보육교사로서의 자질, 보육실습 등의 주제로 정리된다(고동섭, 2001; 고미경, 2007; 계영애, 강정원, 2001; 김경철, 정아림 외, 2015; 전재선, 2011; 전재선, 최종옥, 2012; 노은호, 2013; 류혜숙, 조형숙, 2008; 박은혜, 2017; 변윤지, 이대균, 2015; 안나래, 김희수 외, 2005; 윤혜진, 2017; 이경하, 석은조, 2010; 이희경, 김성수, 2007; 조형숙, 2008; 최은아, 2016).

① 보육교사 선택동기

예비보육교사들을 대상으로 한 보육동기에 관한 연구는 다음과 같이 정리할 수 있는데 단적인 동기는 보육교사직에 대한 매력이다.

최근 예비보육교사를 지원하는 사람들도 점증되고 있다.[22)] 이것은 두 가지 사회적 배경과 관련된다. 하나는 출산율은 낮아지고 있지만, 맞벌이가정의 증가와

---

21) 저자는 곧잘 "아이는 어제였지만, 오늘이고, 또 내일이다"라고 말한다. 아이는 성인들의 의도와 의지로 멈추게 할 수 없으며, 부풀려서 시간을 뛰어넘어 자라게 할 수도 없다. 아이는 기다려 주지 않기 때문이다. 시간이 흘러가는 대로 자라나갈 수밖에 없기 때문이다. 그러므로 보육교사는 어린이집에서 영유아와 첫 대면이 이루어지는 순간부터 최적 수준으로 보육할 수 있도록 준비되어 있어야 한다. 역부족을 느낄 때, 영유아들에게 "더 준비하고 올게. 내일은 더 잘 보육할게. 미안해ㅠㅠ"라고 할 수는 없는 것이기 때문이다.

22) 이러한 현상은 대학의 보육 관련 학과의 입학경쟁률 및 연령과 선행교육경력과 전공 등을 막론하고 보육교사교육원과 평생교육원 등의 보육교사 양성과정에 입학하는 학생들의 증가에서 알 수 있다. 그리고 이러한 과정에서 사이버 교육강의도 증가함에 따라 면대면 교육의 필요성이 높은 교과목의 경우, 제도적으로 면대면 교육을 강화하고 있는 점에서 단적으로 파악할 수 있다.

무상보육의 실시에 따라 어린이집에서의 보육수요가 증가하고 있기 때문이다. 그리고 다른 하나는 최근 영유아학대에 따라 보육교사에 대한 사회적 인식이 낮아지고 있고 사회적 대우가 그리 높지 않음에도 불구하고 보육교사직이 지니는 다양한 매력 내지 장점 때문이다.

- 모성본능이 강한 여성에게 특히 어울리는 직업이다.[23)]
- 덜 경쟁적이며, 경기의 흐름을 타지 않는 안정적인 직업이다.[24)]
- 자신이 믿고 있는 종교가 지향하는 가치를 실현할 수 있는 직업이다.
- 비교적 시간적 여유가 있으며, 양육하면서 맞벌이가 용이한 직업이다.

이러한 점은 바로 보육교사를 포함한 유아교사의 직업의 선택동기와 맞물려 있다. 즉 어릴 때부터 아이를 좋아했고 아이를 돌보는 일을 하고 싶다는 꿈을 꾸었으며, 신뢰로운 가족과 선배의 추천이 있었고 사회에 기여하면서 보람을 느낄 수 있는 직업이라는 점이다.

② 역할인식과 확인

예비유아교사들을 대상으로 한 인식연구들은 다음과 같이 정리할 수 있는데, 그 핵심은 선택한 보육교사직의 수행에 관한 역할확인이다. 다시 말하면 대학입학 후 강의와 실습 등을 통해 당초 지녔던 교사에 대한 이미지가 변했다는 점이다.

- 단정하고, 예쁘고, 귀엽고, 밝고, 따뜻하게 미소 짓는 여성스런 이미지에서 활동적인 이미지로 변한다.
- 유아를 사랑하거나, 유아와 놀거나, 돌보거나, 가르치는 것 중 한두 가지의 일을 하는 이미지에서 여러 가지 다양한 일을 동시에 하는 복합적인 이미지로 변한다.
- 유아를 돌보고 노는 등의 피상적인 모습에 근거하여 쉬운 작업이라는 이미

23) 남학생도 지원하고 있지만, 전형적인 여성용 직업으로서 여학생의 지원이 압도적이다.
24) 최근 무상보육으로 인해 예전과 같은 경영상의 애로가 상당히 해소된 상태다.

지에서 많은 지식과 사고가 필요한 어렵고 전문적인 직업이라는 이미지로 변한다.

이러한 결과는 예비보육교사로서의 역할을 준비하는 데 실질적인 시사점을 제공하게 된다. 왜냐하면 보육교사의 생각 내지 신념은 역할수행에 의미 있는 결과를 나타내기 때문이다. 다시 말하면 순수한 아이와 같은 지순동심(至純童心)의 삶을 살게 될 것이라는 소박한 꿈 또는 막연한 동경에서 깨어나 더없이 전문적인 직업이라는 엄연한 현실 앞에서 뚜렷한 보육교직정체성을 지니고 그에 걸맞은 역할을 담당할 수 있도록 준비케 한다는 점이다. 이는 어린이집 및 유치원을 막론하고 모든 기관의 예비교사에게 적용된다.

한편 예비보육교사로 하여금 정체성을 확립하고, 전문성을 지닌 보육교사로 준비하고 진출할 수 있도록 대학에서도 보육 관련 학과를 개설하고 신입생에게 도움을 주기 위한 여러 가지 준비프로그램을 실시하고 있으며, 이를 통해 예비보육교사로서의 정체성 확립과 역할 준비에 도움을 제공하고 있다. 그 예로 보육 관련 대학에서 실시하는 현장준비프로그램(대덕대학, 2018)과 인성특강(경복대학, 2018) 등을 들 수 있다.

보육교사 인성이야기

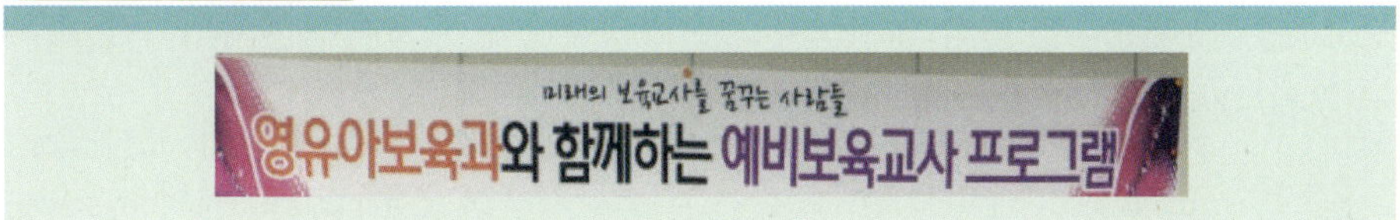

출처: 대덕대학교.

알 림 장

"나는 밤에만 꿈을 꾸지 않는다. 나는 낮에도 꿈을 꾼다." - 스티브 잡스 -

③ 보육실습

예비보육교사들을 대상으로 한 보육실습 연구들에 나타난 주요 내용은 비단 '보육실습'이라는 필수과목의 내용에 대한 인지와 피드백뿐만 아니라, 보육교사직을 포함한 보육의 전반에 대한 실질적인 이해를 높힐 수 있었다는 점이다. 그리고 이러한 경험을 통해 향후 보육교사직을 수행함에 있어 사명, 신념, 철학, 정체성, 목표 등으로 대별되는 기본관점을 되돌아보면서 교사가 되어 감에 있어 새로운 각오를 다지는 계기가 되었다는 점이다. 특히 은유적 표현을 통해 본 연구결과는 예비교사로서의 성장과 발달에 의미 있는 시사점을 제공해 주고 있다.

〈표 5-5〉 **보육실습을 통해 본 예비교사의 교사되어감에 대한 은유적 표현**

내용유형	은유표현
교직입문기초	첫걸음마, 발판, 거름, 학생, 병아리, 아기, 물, 단추, 드라마 예고편, 시작, 훈련소, 출발선 등
예비유아교사로서의 능력구축	밥, 배움의 장, 놀이기구, 책, 사회, 종이접기, 교과서, 봉사활동, 학원, 과학, 정신력, 등산, 디지몬 어드벤처 등
예비유아교사로서의 안정적 성장	숯, 꿀, 스폰지, 사막의 오아시스, 인내심, 꿈, 여행, 돋보기, 무지개, 기차, 터닝포인트, 꽃밭 등
자신의 교수행위에 대한 좌절	전쟁, 모험, 다이어트, 연습, 백지, 시험, 계단, 눈물, 고속버스, 드라마, 실패, 가시밭길, 감옥, 빙판, 안개 속, 눈칫밥, 외나무다리 등
자기이해로서의 보육실습	발판, 만두, 현실, 청소, 체험장, 행복한 기억, 빈 그릇, 공항의 수하물 검사, 필터기, 성장통, 돋보기 등

출처: 이혜경, 윤재희(2017).

동시에 보육실습에 대한 예비보육교사의 생각은 향후 보육교사직의 수행에 의미 있는 영향을 미친다고 볼 수 있다.

보육교사 인성이야기

출처: 매일경남뉴스(2018. 9. 2.).

알 림 장

"끝을 보고 시작하라." - 스티븐 코비 -

④ 인성

예비보육교사들을 대상으로 한 인성연구들은 인성덕목의 파악 및 자기평가에 대한 내용들로 대별될 수 있다. 주요 인성덕목으로는 인간애, 긍정적 자아개념, 이타심, 용서, 주도적 자아성취, 자기조절, 의사소통, 공감적 이해, 유머와 위트, 사회문제 인식, 창의적 성향 등으로 다양하다. 그리고 예비교사의 인성인식과 인성자기평가는 관계가 깊은 것으로 나타나고 있으며, 바람직한 인성교육 강화를 위해서는 척도의 개발과 함께 인성강화프로그램의 개발도 필요하다고 보고 있다. 이에 따른 교육은 입학전 오리엔테이션 과정 중에 실시할 수 있을 것이다.

⑤ 영유아학대

예비보육교사들을 대상으로 한 영유아학대에 관한 연구에서 나타난 주요점은 다음과 같이 정리할 수 있으며, 이는 보육현장에 시사하는 바가 크다.[25] 예비교사가 실습과정 중 확인한 영유아학대는 정서적 학대가 가장 높았으며, 그 다음이 방임과 신체적 학대 순으로 나타나고 있지만 중복되는 부분도 있다. 즉 신체적 학대 안에는 정서적 학대가 포함되고, 방임에는 신체적 학대와 정서적 학대가 중복되는 것이다. 그리고 정서적 학대로는 강제로 시키기, 비아냥거리기, 폭언하기, 무시하기가 방임에서는 제외시키기와 무관심 등에 포함되고 있으며, 신체적 학대는 벌주기와 때리기가 포함되었으며, 정서적 학대에는 거의 언어적 학대가 포함되고 있다.

이렇게 볼 때, 어린이집에서 잠재적 학대가 내재되어 있음을 시사받을 수 있으

25) 이 연구는 영유아학대에 관한 사전교육이 실시된 이후, 보육실습을 다녀온 후, 실습생들의 토론과정에서 도출되었다.

므로 추후 보완된 연구가 이루어진 후, 예비보육교사를 포함한 현직 보육교직원 모두에게 영유아학대에 대한 교육이 실시될 필요가 있다.

(3) 현직교사의 역할

현직보육교사는 「영유아보육법」에 규정한 바에 따라 보육교사 자격을 취득하고 어린이집에 취원하여 보육교사가 되어 현재 어린이집에 근무하고 있는 사람을 말한다.

보육교사의 직급이 무엇이든간에 '보육교사'이므로 보육교사는 「영유아보육법」에 규정된 영유아보육의 목적을 달성하기 위한 역할을 수행해야 한다. 그 핵심역할은 영유아에 대한 심신의 보호와 건강하고 건전한 교육의 실시이다.

한편 보육교사의 질이 보육의 질을 결정하고, 따라서 보육영유아의 교육복지를 보장할 수 있다는 믿음에 따라 현직보육교사에 대한 연구들이 계속 이루어지고 있다(김승옥, 황윤세, 2006; 이진희, 홍혜경, 2011; 정채옥, 2006). 최근에는 보육교사의 인성에 대한 연구들이 괄목할 만한 빈도와 강도로 이루어지고 있다(김은설, 2016; 이병래, 김진호 외, 2005). 이러한 연구결과, 현직보육교사의 행복과 이를 통한 어린이집 사람들의 행복을 위해서는 꾸준한 보수교육이 이루어져야 한다고 보고 있다. 이런 맥락에서 「영유아보육법」에는 보육교사의 수준을 유지·발전시키기 위해 승급교육과 함께 보수교육을 명시하고 있는 것이다.[26)]

(4) 경력교사(중간관리자)의 역할

경력보육교사인 중간관리자는 아직 법적으로 제도화되지는 않고 있다. 그러나 실제적으로 규모가 중위권 정도의 어린이집에서는 중간관리자를 임명하여 운영지원을 받고 있는 편이다.

어린이집에 따라 다소의 차이가 있지만, 중간관리자의 임명 시기는 어린이집

26) 현직교사의 역할에 대한 내용 중 일부는 보육교사의 전문성과 능력계발과 밀접한 관련을 지니므로 추가적인 내용은 Chapter 7에서 다룬다.

교사가 된 후 적어도 3~5년을 경과한 시점으로 잡고 있다. 이는 교사발달론을 고려한 조치라고 할 수 있으며, 「유아교육법」에 의한 원감자격 취득 시기와 거의 유사하다.[27)]

중간관리자인 경력교사도 법적으로는 보육교사다. 그러므로 법에 규정된 바의 직무를 수행하는데, 영유아를 보육하고 어린이집의 원장이 불가피한 사유로 직무를 수행할 수 없을 때에는 그 직무를 대행하는 것이다. 여기서 원장의 직무는 어린이집을 총괄하고 보육교사와 그 밖의 직원을 지도·감독하는 것이다. 그렇기 때문에 중간관리자로서의 역할은 전형적인 보육교사의 직무 외에 특별한 상황이 발생되었을 때, 원장의 직무를 대행하는 역할을 수행하는 것이므로 따라서 현재의 중간관리자로서 감당해야 할 역할보다 훨씬 더 중압감을 느낄 수 있다. '부재'와 '유고(有故)'는 그 누구를 막론하고 우리 삶의 한 단면이며, 그 상황이 되었을 때, 어느 누군가는 맡아야 할 역할이다. 그 누군가인 그 사람은 그만한 역량이 있다고 보고 선택된 사람이므로 아무나 할 수 있는 일은 아닌 것이다. 따라서 중간관리자인 주임교사가 대행하게 되는 그 역할 가치는 너무나 소중하다. 왜냐하면 보육교직원은 물론 보육하고 있는 모든 영유아와 그 부모의 안녕을 책임지는 일이기 때문이다.

그럼에도 불구하고 중간관리자로서의 역할을 수행할 때 이러지도 저러지도 못하는 이른바 '샌드위치'의 입장에서 힘든 시간을 보낼 수밖에 없을 때가 있다. 이러한 곤경을 극복하여 자유로울 수 있는 확실한 해법은 중간관리자로서 정도(正道)를 걷는 것이다. 곧 과유불급(過猶不及)하지 않고 중용의 길을 걷는 것이지만 여간 어렵지가 않다. 따라서 중간관리자로 임명받았을 때 어떤 선택을 할 것인가 하는 것은 전적으로 중간관리자의 몫이다.

한편 경력교사인 중간관리자는 물론 일반 보육교사가 염두에 두어야 할 점은

---

27) 「유아교육법」에서는 중간관리자격에 해당하는 원감 제도를 두고 있으며, 원감의 자격은 유치원교사 1급 자격증을 가지고 3년 이상의 교육과 소정의 재교육을 받았거나, 유치원 정교사 2급 자격증을 지니고 6년 이상의 교육경력과 소정의 재교육을 받은 교사로 규정하고 있다.

중간관리자가 지닌 미래의 역할가치이다. 실제로 대부분의 삶의 영역에서 '예비'는 미래의 가치와 연결되며, 이러한 맥락에서 보면, 예비보육교사도 마찬가지이다. 중간관리자로서의 미래의 역할가치는 미래 원장으로서의 준비이다(이소희, 2017d). 물론 원장이 되기 위해 중간관리자 과정을 반드시 거쳐야 되는 것은 아니다. 또한 중간관리자 과정을 거치는 것이 소위 말하는 '행복한 성공을 실현하는 원장'을 담보하는 것도 아니다.[28)]

그럼에도 불구하고 중간관리자 과정을 거치는 것은 실보다 득이 많다고 할 수 있다. 영유아들과의 생활에서 "준비됐나요?", "준비됐어요"는 어린이집 현장에서 자주 주고받는 대화이다. 안전한 출발과 성공가능성을 높이기 위해서는 준비해야 한다. 준비는 행복한 성공을 위해 삶의 계단을 밟아 올라가는 가슴뛰는 과정이자, 아름다운 여정이기 때문이다.

그렇다면 중간관리자는 그냥 거쳐 가는 통과의례에 불과한 것인가? 또는 오랜 기간 동안 중간관리자로 살아가는 사람들은 약간 낙오된 사람들인가? 아니다. 중간관리자로서의 경험은 멋진 원장이 되는 것을 포함한다. 그 예로 보육의 경험을 되살리고 더 전문적인 지식과 기술을 연마하여 강사와 교수, 교재-교구 개발과 제작, 보육 관련 및 지원프로그램 개발과 보급, 관련 교·보육기관의 설립과 대표, 보육 관련 방송과 출판 등의 미디어 업체 종사와 경영 등에 활용될 수 있다(이소희, 2016).

28) 그렇다고 해서 원장이 되지 않고 중간관리자의 직위만으로 족하다는 경우도 드물며, 그렇다고 원장이 되겠다는 보육교사도 적고, 평보육교사로 남겠다는 교사도 거의 없다. 참으로 의아한 현상이다. 그러나 우리가 살고 있는 이 세상에는 수많은 중간관리자가 있지만, 그럼에도 불구하고 부모들 중에 "내 아이는 사랑스럽고, 용감하며, 신중한 사람이 되었으면 좋겠다고는 말하지만, 내 아이가 장차 중간관리자가 되었으면 좋겠다고 말하는 부모는 없다"고 말하는 것과 매우 유사하다(Seligman, 2007). 2016년도부터 2018년도까지 서울의 국공립어린이집에 근무하면서 서울시여성가족재단 보육서비스지원센터에서 주관한 중간관리자 리더십교육(이소희 강의)을 이수한 경력 보육교사들의 반응이다.

매일멋진보육교사의
더 깊고, 넓고, 높은 생각

나는 보육교사입니다.

선서

어떤 직함을 맡을 때, 사람들은 선서를 한다.
보육교사로 임명을 받았을 때,
어떤 마음으로 어떤 선서를 하겠는지 서로의 생각을 나누어 보자.
그리고 선서문을 작성해 보자.

하나, ______________________________

하나, ______________________________

하나, ______________________________

Chapter 06

보육교사의 권리와 행복

"사람 밑에 사람 없고, 사람 위에 사람 없다"는 인권존중을 대변하는 말이다. 그런데 최근 어린이집에서의 학대가 점증하는 현상 때문에 보육교사의 권리는 거의 고개를 들지 못하다시피 하고 있다.

실제로 가정에서의 자녀학대가 가장 큰 비중을 차지하고 있고 그 강도도 강한편이지만, 부모는 교사에 비해 사회적으로 덜 지탄을 받는다. 그 단적인 이유는 보육교사는 부모와는 다르게 '보육전문가'이기 때문이다. 보육전문가가 어린 영유아를 학대한다는 것은 파렴치한 행위로 보기 때문이다.

어린이집에서의 학대는 매우 불편한 비유이지만, 엄연한 사실이기 때문에 "미꾸라지 한 마리가 온 강물을 흙탕으로 만든다"는 속담을 떠올리지 않을 수 없다. 더구나 사방에 CCTV가 부착된 공간에서 매일매일 생활해야 하는 보육교사의 입장을 고려할 때 더욱 더 그러하다.

이러한 상황임에도 불구하고 "누가 뭐라고 해도" 보육교사는 행복하기 위해 본연의 역할에 충실하면서 'My Way'를 부르며, 또 '행복하자!'를 부르며 뚜벅뚜벅 걸어가야 한다. 그러다 보면 행복은 찾아오게 마련이다. 매일매일 행복한 **매일멋진보육교사**가 되고도 남는다.

1. 보육교사의 권리

보육교사는 교사다. 일반적으로 교사의 권리를 말할 때, '교권(敎權)'이라는 말을 한다. 그리고 이때의 교권은 일반적으로 교원의 '교육권'이라는 제한적인 의미로 사용되는데, 크게 세 가지로 정리된다. 첫째는 가르치는 일에 있어서의 권리로서 교육의 자율성과 학문의 자유를 보장받을 권리를 말한다. 둘째는 신분상의 권리로서 신분 보유권과 직무 집행권, 직명 사용권, 교직단체 활동권 등을 말한다. 셋째, 재산상의 권리로써 보수와 연금 등의 경제적 급여와 복지 후생 서비스를 받을 권리 등을 말한다(교육학용어사전, 2015).

그러나 이미 보육교사의 전문성을 논할 때, 언급한 바와 같이 보육교사의 경우에는 '교사'라고 하는 합법적 명칭을 사용하지만, 실제적으로 우리 사회에서 일반적으로 말하고 인정하는 '교권'하고는 조금 거리가 멀다. 다시 말하면 「교육기본법」, 「교육공무원법」, 「사립학교법」, 「교원의 지위 향상 및 교육활동 보호를 위한 특별법」 등의 적용을 받는 해당자가 아니다. 따라서 교육부장관이 인증하는 교사자격증, 교직과목의 이수, 연금적용대상자, 교원단체의 가입과 활동 등과 같은 기회와 혜택에서 제한을 받는다. 이것은 오랜 역사를 통해 이어져 내려온 사회적 제도가 가진 힘과 관련되며, 이러한 제도가 지닌 영향으로부터 벗어나려면 상당한 기간 동안의 사회적 협력이 필요하다.[1)]

그렇지만 보육교사는 엄연히 「영유아보육법」에 준한 보육교직원의 일원으로 규정되어 있다. 따라서 보육교사는 이 법에 준한 권리주체로서의 인식을 강화하고 권리향유를 위한 집합적 노력을 경주하여야 한다.

1) 권리의 개념과 의의

권리의 사전적 정의는 크게 두 가지로 구분된다. 하나는 법적인 측면을 강조하

1) 이는 소위 말하는 '유보 일원화(幼保 一元化)'가 그토록 어려운 배경에서 살펴볼 수 있다. 다양한 관련자들의 신념, 철학, 이해 등이 관련되기 때문이다. 그래서 '이해당사자'들이라고 할 수 있다.

는 것으로 특별한 이익을 누릴 수 있는 법률상의 힘을 말한다. 이에 비해 일반적인 관점에서는 어떤 일을 행하거나 다른 사람에 대하여 당연히 요구할 수 있는 힘을 말한다. 이렇게 보면, 권리라는 용어는 법적인 개념으로서만 쓰이는 것이 아니라, 윤리 및 여러 가지 뜻으로 쓰임을 알 수 있다(네이버 지식백과, 2018).

실제적으로 권리가 지니는 속성으로 인하여 권리는 법과 매우 밀접한 관련성을 지닌다. 최근에 들어서는 복지가 지니는 사회성 및 공공성(公共性)이 강조되면서 더 한층 법적인 차원에서의 권리가 탄력을 받고 있다. 특히 아동의 권리에 대한 국제협약이 국내법과 동일한 효력을 가지면서 권리보장에서 법이 차지하는 의미가 커지고 있으며, 보육교사는 미성숙한 어린아이들을 보호하고 교육하는 직종이기 때문에 더욱더 법적인 측면이 강조된다. 그래도 법만으로 아이들의 권리를 보장할 수는 없는데 그것은 「아동권리에 관한 국제협약」을 포함한 모든 아동관련법은 전 세계인의 아동관과 아동에 대한 연구결과를 바탕으로 제정·공포되기 때문이다.

한편 일반적으로 권리가 있으면 이에 대응하는 의무가 있는 것처럼, 법률관계도 대체로 권리와 의무관계라고 말할 수 있다. 다시 말하면 현대사회에 있어서의 법질서는 결국 이러한 권리와 의무의 관계를 상세하게 조직화한 체계이며, 따라서 법 이전에 권리가 존재하기 어렵다고 볼 수 있는 것이다. 동시에 권리에는 사회적 윤리성과 도덕성이 내재되고 있고 보육교사라는 '교사'는 사회적 기대와 사회적 영향력으로부터 벗어나기 어려운 역설이 또한 존재하기 때문에 보육교사를 더욱 어렵게 한다. 그러므로 사회는 보육교사를 격려해야 한다.

2) 보육교사의 권리보장과 현실

보육교사는 사회적으로, 통상적으로, 법적으로 말하는 '교권'의 '옆'에 있으므로 보육교사의 권리를 논하기는 매우 어렵다. 그럼에도 불구하고 보육교사는 「영유아보육법」이라는 법에서 인정하는 '교사'이다. 따라서 이러한 관점에서 일단 보육교사의 권리보장에 대해 살펴보아야 함과 동시에 사회적이고 인간적인 맥락에서도 보육교사의 권리를 파악해야 한다. 역설을 넘어 다양한 관점에서 접근해야 한다는 것이다.

이러한 관점에서 보육교사의 권리에 대한 연구가 이루어지기 시작하고 있으나, 매우 미약한 편이다. 그리고 초기 연구상태이므로 권리의 인식과 실태조사에 집중되어 있으며, 유치원교사도 일부 포함되어 있다. 향후 이러한 연구를 바탕으로 더 넓고 깊은 연구가 이루어져야 할 필요가 있다.

(1) 보육교사의 권리와 의무에 대한 인식

보육교사들이 권리를 보장받고 동시에 의무를 다하기 위해서는 먼저 보육교사들의 인식 수준이 높아야 하므로 이에 관한 연구가 우선적으로 이루어진다. 소수의 연구결과이지만, 교사의 권리에 대한 지식은 다소 단편적이면서 분리적인 경향을 보임과 동시에 일반적으로 자신에 대한 권리와 의무의 인식 수준은 낮은 편으로 보고되고 있다(김길숙, 문무경 외, 2015; 김보영, 2011; 송영미, 윤은주, 2016). 구체적으로 전문성과 공공성 및 근로성으로 구분했을 때, 연도별로 변화를 나타내고 있으며, 전문성과 공공성에 대한 인식은 비교적 높다. 이는 보육교사에 대한 사회적 인식 및 기대수준과 관련되어 있는 것으로 보인다. 이에 반해 근로성에 대한 인식은 예전보다도 점점 더 높아지고 있다. 이는 보육현장에서의 근로강도가 강하기 때문인 것으로 해석할 수 있다. 즉 유치원교사에 비해 나이가 더 어린 영유아를 보육할 뿐만 아니라, 실제적으로 영유아와 생활하는 시간이 더 길다는 현장 특성을 반영한 것이라고 볼 수 있다. 실제로 보육교사는 「근로기준법」의 적용을 받는 '근로자'이며, 이에 따라 5월 1일 근로자의 날에 일반 교사들과 다르게 휴무한다. 최근 법제화된 보육교사의 휴게시간과도 밀접한 관련성을 지니는 사례를 들 수 있다(보건복지부, 2018).

보육교사 인성이야기

이슈 issue

보육교사의 휴게시간 보장제도는 그 휴게시간 동안 영유아가 교사 없이 지내야 한다는 것을 의미한다. 대체교사 내지 보조교사가 투입되어도 소위 말하는 담임선생님은 아니다. 이는 아동의 권리보장과 상치될 가능성이 있다. 따라서 어린이집 사람들 중에 불만을 토로하는 사람들이 있다. 다음은 아동의 권리보장을 위한 관계법의 규정내용이며, 어린이집 영유아는 법 적용대상이 된다.

- 「아동복지법」 제2조: 아동에 관한 모든 활동에 있어서 아동의 이익이 최우선적으로 고려되어야 한다.
- 「영유아보육법」 제3조: 보육은 영유아의 이익을 최우선적으로 고려하여 제공되어야 한다.
- 「아동권리에 관한 국제협약」 제3조: 아동의 이익을 최우선으로 고려하여야 한다.

Q&A

아동의 권리와 보육교사의 권리가 충돌할 때, 지혜로운 대안은 무엇일까?

(2) 보육교사의 권리보장의 실태

모든 교사의 권리는 '교권'으로 통칭된다. 그리고 이러한 교권은 교직이라는 직무를 수행하는 데 따른 권리이므로 더 구체적으로 '직권'이라고 표현하고 있다. '직권'에 관해서는 대체로 두 가지 현상이 사회적인 주목을 받게 된다. 하나는 직권남용이며, 다른 하나는 직권침해이다. '보육교사직'도 직업이기 때문에 보육교사로서의 직권남용과 직권침해와 관련된다.

그래도 보육교사직이 지닌 직업적인 성격때문에 직권을 남용할 가능성은 상당히 희박하다고 볼 수 있는데, 그것은 실사회에서처럼 직권을 남용하여 사적 이익을 취하는 경우에는 거의 해당되지 않기 때문이다. 오히려 사회적 이슈가 되고 있는 '영유아학대'가 직권남용이라고 본다면, 이는 교사로서의 교육권과 충돌되며, 이에 따라 교육과 훈육과 체벌이라는 개념적 이슈로 전환될 수 있다. 실제적으로 보육교사의 보육활동에서의 언행은 아동의 권리와 직·간접적으로 연관되므로 딜레마에 빠질 가능성이 크다. 그럼에도 불구하고 대부분의 보육교사들은 '교사'이기 때문에 자신의 권리보다 영유아의 권리와 복지를 먼저 고려한다.

> "영유아들의 권리 보장을 위해 교사들의 윤리적 판단은 매우 중요하다. 그러나 권리침해인지 아닌지 판단하기 어려운 상황이 있다. 따라서 영유아 교사들의 권리인식을 살펴보는 일뿐만 아니라, 판단이 어려운 이유를 살펴볼 필요가 있다."
>
> - 김호현, 장희선(2017. 4.).
> 영유아교사의 영유아 권리침해 인식의 모호성과 그 근거에 관한 혼합연구.

그러나 영유아의 권리와 함께 교사의 권리를 모두 지키기는 상당히 어렵다. 대표적인 법제화가 바로 CCTV의 의무설치이다. 영유아와 부모의 권리는 존중되고 보호하기 위해 불가피한 조치였다고는 하지만, 보육교사의 경우는 교권침해의 여지가 없지 않다. 자신의 일거수일투족이 녹화되는 상황에서 자연스럽게 보육하기란 정말 쉽지 않다.

보육교사 인성이야기

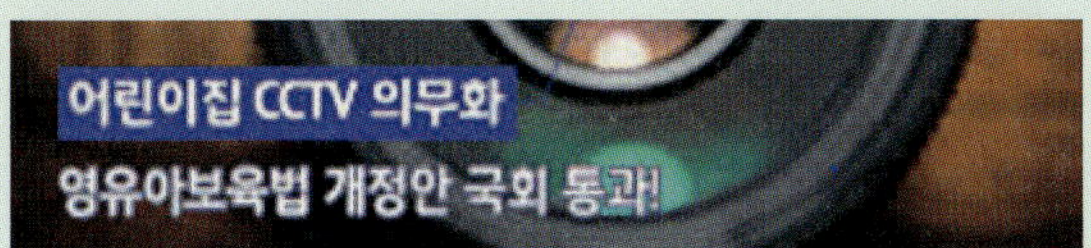

보육교사들은 〈영유아발달〉 과목에서 심리사회학자인 에릭슨이 주창한 인간발달 8단계설을 배운다. 그 첫 단계의 핵심과제는 불신감을 대신 신뢰감을 형성하는 것이다. 그런데 아이러니하게도 보육교사들은 자신을 감시하는 CCTV라는 장치 밑에서 영유아들에게 신뢰감을 형성할 수 있도록 보육한다. 영유아들이 CCTV를 가리키며"선생님 저게 뭐예요?"라고 물어보면, 보육교사들은 어떤 답을 할 수 있을까?

Q&A

어린이집 보육교사는 인간이다. 그리고 직업인이다. 그러므로 인권과 교권을 동시에 보장받을 권리가 있다.
CCTV는 보육교사의 인권과 교권에 어떤 영향을 미칠까?

실제로 보육교사의 권리와 관련된 여러 사례들이 보도되고 있지만,[2] 실질적인 연구와 분석을 통한 통제와 법제화가 절실하다. 그렇지 않으면 이러한 사건들이 재발될 가능성이 높기 때문이다.

보육교사 인성이야기

"내가 짊어지고 갈테니 여기서 마무리되면 좋겠다",
"어린이집과 교사들에게 피해가 가지 않도록 해달라"

출처: 연합뉴스(2018. 11. 5.).

알 림 장

"우리 자신이 우리가 세상에서 찾고 있는 그 변화가 되어야 한다." - 마하트마 간디 -

이러한 맥락에 따라 보육교사의 권리와 의무도 영유아의 권리와 관련하여 논의되고 또 연구되고 있지만, 보육교사의 권리보장에 대한 사회적 의식의 역사도 짧고, 또 연구의 양도 부족하여 일반화하기에 어려운 점이 있다. 그것은 여러 가지 요인이 복합적으로 작용하기 때문이다. 다시 말하면, 보육교사가 영유아의 성

2) 최근 〈학대의심만으로 마녀사냥… "예비신부 보육교사가 모두 안고 가"〉로 뉴스가 보도된 바 있으며(2018. 10. 16., 연합뉴스), 동일 사건에 대해 여러 언론기관에서 보도한 바 있다.

장발달을 위해 진정성과 신념을 지니고 보육을 하는지, 아니면 영유아의 권리를 침해하는지 모호하다는 점이다(구은미, 정혜영, 2015; 김호현, 장희선, 2017; 김보영, 2011).

보고된 바에 의하면 보육교사에 대한 권리침해는 학부모가 직접 어린이집을 방문하여 보육교사의 문제를 제기하거나, 요즘 활성화되고 있는 인터넷 카페 모임에서 부정적 피드백을 강도 높게 하거나, 이러한 이슈를 문제화하여 보육교사에 대한 부정적 인식을 강하게 노출시키는 것을 들 수 있다.[3)]

이러한 사회적 인식과 태도는 보육교사로 하여금 다음과 같은 생각과 태도를 지니게 만든다.

> "어린이집 현장에서 교사는 자신이 겪게 되는 부당한 대우나 처우에 대해서 목소리를 내기가 쉽지 않아요. 그렇기 때문에 업무상 발생한 사고나 질병에 대해서도 대부분 교사 개인이 그냥 참고 넘어가거나 처리하는 경우가 더러 있어요. 블랙리스트가 있다는 소문도 돌아요."
>
> - 구은미, 정혜영(2015).

소위 말하는 '갑질'의 성격이 무엇인가에 대해서는 논란이 있지만, 상당한 사회구성원들은 어느 사회에서든지 정도의 차이는 있지만 '갑질'이 존재한다고 본다. 이러한 문제는 쌍방간에 이해의 시각 내지 차이에서 존재한다고 볼 수 있다. 따라서 이러한 문제가 발생하기 전에 충분한 이해를 위한 사전협력이 필요하다. 리더십영역에서 자주 활용되는 용어로 말하면 패러다임 전환(paradiam shift)과 입장바꾸기(position change)에 관한 교육과 훈련을 통해 갈등과 오해의 격차를 감소시키는 것이 필요하다.

3) 이 부분에 대해서는 Youtube를 포함한 여러 인터넷 사이트에서 '보육교사', '어린이집', '영유아학대', '영유아의 권리', '보육교사의 권리' 등의 키워드를 조합해 보면 상당히 많은 자료를 볼 수 있다.

보육교사 인성이야기

학대 의심만으로 마녀사냥..."예비신부 보육교사가 모두 안고 가"

출처: 연합뉴스(2018. 10. 16.).

알 림 장

"그들에게 무엇을 이야기 하느냐도 중요하지만, 어떤 경우에는 무엇을 이야기하지 않느냐도 중요하다." - 강효 -

그러므로 보육교사의 권리보장은 보육교사 힘만으로는 역부족이며, 1차적으로는 보육인이 공동책임과 노력을 기울여야 하며, 2차적으로는 친화적 보육정책을 통해 보육제도는 물론 사회구성원의 인식 제고에도 노력을 기울여야 하는 과제를 안고 있다.

보육교사 인성이야기

어린이집 블랙리스트...이름 등 보육교사 정보 담겨

출처: 매일신문(2013. 5. 31.).

알 림 장

"나는 오직 한 가지 이외에는 아는 것이 없다. 진실로 행복한 사람은 섬기는 법을 발견한 사람이다." - 알버트 아인슈타인 -

'형평성'과 '공평성'은 가치를 배제하기 어렵다. 권리는 매우 인간적인 행복을 추구하고 도모하는 말이지만, 남용과 침해로부터 자유롭기 어렵다. 그러므로 정말 중요한 것은 상황적 맥락에 대한 충분한 이해를 통해서 윈-윈 시너지(Win-

Win Synergy)를 냄으로써 함께 행복하게 되는 것이다.

2. 보육교사의 행복

"산 너머 고개 너머 먼 하늘에 행복은 있다고 사람들은 말하네 (중략) 산 너머 고개 너머 더욱 더 멀리 행복은 있다고 사람들은 말하네" 유명한 칼 부세의 시구이다. 이 시가 우리에게 전해 주는 메시지는 행복은 우리 가까이에 있다는 것이다.

보육교사는 사무직이 아니면서도 거의 지정된 작은 한 교실에서 매일매일 생활한다. 가뭄에 콩나듯이 견학과 소풍을 간다. 그리고 보수교육과 승급교육을 받기 위해 큰 학교나 기관으로 간다. 이렇게 보육교사의 일상생활을 가만히 살펴보면서 행복이 어디에 있는지, 어디에서 되찾아야 하는지 자문자답을 해 보면, 행복은 고개 너머 먼 하늘에 있지 않음을 금방 알게 된다. 보육교사가 있는 일상의 시·공간에 있음을 알게 된다. 그러면 주저할 필요가 없다. 오늘은 어제 죽어간 사람들이 그렇게 살고 싶어 했던 내일이었음을 상기해 보면 더욱 그러하다. 보육교사가 오늘 숨 쉬고 있는 공간에서 행복을 찾으면 **매일멋진보육교사**가 된다.

1) 행복의 개념과 특성

모든 사람은 의식적이든 무의식적이든 행복하게 살기를 바란다. 그러므로 행복에 대한 관심은 오래되었으며, 전 생애발달을 통해 광범위하고도 지속적인 연구가 이루어지고 있다. 행복에 대한 염원과 응원 때문에 행복에 대한 관심과 연구는 지속되고 있다.

'행복'의 어원적 근원은 아리스토텔레스의 철학적 질문에 대한 답하면서 'Eudaimonia'이라는 용어를 사용하면서부터 유래되었다고 보고 있으며, Eudaimonia의 뜻은 인간이 지닌 잠재력을 실현하는 삶을 사는 것을 말한다(류지한, 2007).[4)]

---

4) 또한 행복(happy)이라는 단어의 어원은 '행운' 또는 '기회'를 뜻하는 아이슬란드어 'happ'로 haphazard(우연), happenstance(우연한 일)과 어원이 같다.

그리고 행복학자인 탈 벤 샤하르(Tal Ben-Shahar, 2011)는 그의 책, 『해피어(*Happier*)』에서 행복은 쾌락과 의미의 전반적인 느낌으로 보고 있다. McKinnon(2005)은 자신에게 만족스러운 인성을 형성하기 위해 전형적인 인간의 활동을 잘 실천함에서 고취되는 것이 바로 인간의 행복이라고 정의한다. 즉 인간의 본성, 인간 본연의 모습, 전인적 인간의 총체적인 상태를 나타내는 인성을 갖추어 가는 것이야말로 인간이 인간으로 살아가도록 하는 것이라 하였다.

이렇듯 행복은 자신의 욕구가 원하는 수준과 기간만큼 충족되는 상태를 말한다. 그렇기 때문에 개인차이가 있으며, 다분히 주관적인 성격을 지닌다. 동시에 행복은 추호도 부정적인 상태를 바라는 것이 아니며, 좋은 상태를 지속적으로 원하는 긍정정서의 총합이라고 볼 수 있다. 왜냐하면 한마디로 행복은 좋은 느낌이고 의미이기 때문이다.

이렇게 볼 때, 행복은 단순한 그리고 찰나적인 쾌락이 아니라, 긍정정서가 비교적 오래 지속되는 것을 의미하며, 두 가지 시제로 구분된다.[5] 과거에 대한 긍정정서는 충족감, 안도감, 자부심, 평정 등이며, 미래에 대한 긍정정서는 낙관주의, 희망, 자신감, 신뢰, 신념 등이다(마틴 셀리그만, 2006).

(1) 개인·주관적인 특성의 행복

행복은 다분히 개인적이며, 주관적이다. 그렇기 때문에 다른 사람의 상태 또는 삶과 비교·판단하지 않는다는 특성을 지닌다. 그 단적인 사례로 소위 "풀죽도 끓여 먹지 못하는 상태에서도 행복하다는 사람이 이 땅에 엄연히 존재한다"는 사실이 행복의 개인·주관적 특성을 말해 준다.

이러한 정의에 내재된 행복의 주관성에 관한 대표적인 사례로 디오게네스와 알렉산더 대왕의 사례를 들 수 있다.

---

5) 분명 행복한 '순간'이라는 말이 있고, 그 순간은 행복하다. 그러나 진정으로 '행복하다'라고 말하려면, 순간적인 행복감을 자주, 오래, 많이 느껴야만 행복하다고 말할 수 있다.

알렉산더 대왕이 인도로 가는 길에 디오게네스를 만났다. 한겨울의 아침나절이었다. 바람이 찼다. 디오게네스는 강둑의 모래 위에 비스듬히 누워서 일광욕을 즐기고 있었다. 그는 아름다운 사람이었다. 아름다운 영혼은 세속적인 것과는 전혀 다른 어떤 아름다움을 발산한다. 알렉 산더는 그의 모습이 도무지 믿기지 않았다. 그래서 발걸음을 멈추고 경외스런 어투로 말을 건넸다. "선생." 알렉산더는 난생 처음으로 "선생"이란 말을 썼다. "선생, 난 당신한테 단번에 감동하였소이다. 그래서 당신을 위해 뭔가 해드려야겠소이다. 뭘 해드리면 좋겠소?" 디오게네스가 말하기를, "조금만 옆으로 비켜 주셨으면 합니다. 햇빛을 가리고 계시니. 그뿐입니다." 알렉산더가 말하기를, "내가 세상에 다시 태어날 수만 있다면 신에게 청할 것이요. 이번엔 알렉산더가 아니라 디오게네스로 태어나게 해달라고." 디오게네스가 웃으며 말하기를, "누가 감히 대왕의 길을 막겠습니까? 대왕께선 지금 어디로 가시지요? 여러 달 동안 군대가 이동하는 걸 보았습니다. 대왕께선 어디로 가십니까? 무슨 일로 가십니까?" 알렉산더가 말하기를, "세계를 정복하러 인도로 가는 길이오." 디오게네스가 묻기를, "그런 다음에 뭘 하시렵니까?" 알렉산더가 말하기를, "그야 편히 쉬어야지요." 디오게네스가 웃으며 말하기를, "대왕께선 참 어리석소이다! 난 지금 쉬고 있질 않습니까. 난 세계를 정복하지도 않았고, 또 그럴 필요성조차 못 느끼지만 지금 아주 편안히 쉬고 있소이다. 대왕께서 정말 편히 쉬고 싶다면 지금 당장 왜 그리 못하십니까? 편히 쉬기 전에 먼저 세계를 정복해야 한다고 누가 그럽디까? 대왕께 말해 두지만 지금 당장 편히 쉬지 못하신다면 끝내 그럴 수 없을 것이오. 대왕께선 결코 세계를 정복하지 못하실 겁니다. 대왕께선 여행 중에 죽게 될 것이오. 그리고 다른 많은 사람들도." 알렉산더는 디오게네스에게 그 충고를 마음 깊이 간직해 두겠다고 말하며 감사를 표했다. 그렇지만 자신의 길을 멈출 순 없었다. 그는 정말 여행 중에 목숨을 잃었다. 길에서 죽은 것이다. 그 후 이상한 얘기가 전해 내려 왔는데, 디오게네스도 알렉산더가 죽던 그날 똑같이 죽었다는 것이다. 그래서 두 사람은 신에게로 가는 길에 강을 건너다가 만나게 되었다는 것이다. 알렉산더는 등 뒤에서 누가 부르는 소리에 고개를 돌렸다. 몇 발짝 뒤에 디오게네스가 보였다. "아, 아름다운 사람." 알렉산더는 깜짝 놀라 저도 모르게 중얼거렸다. 그는 창피를 무릅쓰고 외쳤다. "이거 또 만나게 되었구려. 황제와 거지가 말이오."

디오게네스가 말했다. "그렇군요. 한데 당신은 뭔가 오해하고 있소. 누가 거지고 누가 황제인지 모르는 것 같소. 나는 삶을 완전히 살고 누렸으므로 신을 만나게 될 것이오. 그러나 당신은 신을 만나지 못할 것이오. 당신은 나조차도 볼 줄 모르지 않소. 당신은 내 눈조차 들여다볼 줄 모르오. 당신의 삶은 완전히 헛된 것이었소."

출처: 세상을 빛으로(msn0107.tistory.com/entry/). 디오게네스와 알렉산더 대왕.

이 디오게네스와 알랙산더의 이야기는 행복하기 위해서는 '디오게네스처럼 살아야 한다'는 당위성을 천명하는 것이 아니다. 즉 비교와 상대적 평가에서 아주 자유로울 수는 없지만, 어느 정도는 자유로울 필요가 있다는 것을 함축하고 있다. 이는 죽음의 수용소라고 불리우는 아우슈비츠에 수용되었다가 극적으로 살아나 의미치료(Logo Therapy)를 창시한 정신과 의사인 빅터 프랭클(Victor E. Frankl)의 삶에서 발견할 수 있다.

빅터 프랭클은 그의 책, 『죽음의 수용소에서(*Man's Search for Meaning: An Introduction to Logotherapy*, 2006)』에서 삶의 의미는 사람에 따라, 시기에 따라, 시간에 따라 다르기 때문에 중요한 것은 포괄적인 삶의 의미가 아니라, 어떤 주어진 상황 속에서도 그 개인이 추구하는 고유한 삶의 의미라고 하였다. 그러므로 어떤 상황 속에서 어떤 자극이 와도 어떻게 반응할 것인가를 자신이 선택할 수 있으며, 그 선택이 삶의 질을 결정짓는다고 하였다.

이렇게 보면, 생존여부를 알 수가 없는, 가족과도 뿔뿔이 흩어져 죽음의 수용소인 아우슈비츠에 갇혔을지라도 빅터 프랭클은 삶의 의미를 찾을 수 있었기 때문에 불행하지 않았다. 이와 같이 행복한 사람들의 특성은 '자기 자신'과 '선택의 자유'에 대해 높은 만족도를 보인다. 그러므로 주관적인 행복의 수준을 높이기 위해서는 자신을 어떻게 바라보는가 및 자신의 삶에 어떤 선택을 할 수 있는가에 대해 좀 더 많은 관심을 가질 필요가 있다. 핵심 단어로 요약하면 '자기 주도'와 '자기 격려' 및 '자기 위로'이다.

디오게네스와 빅터 플랭클은 자신의 뜻만으로 생활하기 어려운 직업생활에서 여유와 지혜를 제공한다. 어린이집 보육교사에게도 적용된다. 여기에서 중요한 것은 개인·주관적인 특성이 강한 '행복'이라고 할지라도 소속된 집단의 구성원으로부터 '이기주의자'라는 비난을 받거나, 피해를 주면 안 된다는 것이다. 협력하여 선(goodness)을 이루어야 한다.

(2) 사회·집단적 특성의 복지

인간은 자신의 삶의 상태를 판단하고 있으며, 다른 사람에 의해서도 판단되고 있다. 행복(happiness)과 복지(welfare)는 이러한 판단의 결과라고 할 수 있다. 행복은 안녕과 유사하게 사용되고 있으며, 또한 복지와도 비슷하게 인식하는 경향이 있지만, 분명한 차이가 있다. 행복과 안녕은 개인적인 주관성이 강한 데 비하여 복지는 사회적 객관성이 크다. 이것은 "인간은 사회적 동물이다"라든가 "독불장군은 없다"라는 말에서 시사받을 수 있으며, 그렇기 때문에 보육교사를 포함한 사회구성원이자 직업인은 집단속의 행복을 결코 도외시하기는 어려운 것이다. 아동의 권리를 아동 스스로가 지킬 수 있도록 교육한다면, 보육교사도 스스로의 권리를 지키기 위해서 노력하여야 한다.

보육교사는 이미 Chapter 3에서 살펴본 바와 같이 '어린이집 사람들' 중의 일원이다. 그러므로 어린이집 사람들의 각자의 행복은 다수인 어린이집 사람들의 행복으로부터 영향을 받을 수밖에 없다. 그러므로 보육교사를 포함한 어린이집 사람들 각각은 서로의 행복을 위해 구성원으로서의 건강하고 안정적인 조직문화의 형성과 함께 서로 간의 리더십발휘가 요구된다(김영은, 2014; 김인숙, 2009; 이새별, 황희숙, 2017; 이소희, 2018e).

(3) 행복의 영향 및 구성요인

행복이 개인·주관적이고 집단·사회적인 특성이 있기 때문에 행복은 다양한 요인들에 의해 영향받는다. 그리고 행복은 다양한 신체적·심리적·사회환경들과도 직·간접적으로 관련되어 있다(권석만, 2009). 이렇게 보면 행복은 단지 좋은 느낌이라는 단순함을 넘어 행복에 영향을 미치는 요인을 확인하고, 그 수준을 파악하는 것은 행복하고, 더 행복하기 위해 좋은 방안임을 알 수 있다.

Perterson(2006)은 다양한 요인들이 어떻게 행복에 영향을 미치는지에 대한 상관의 정도를 연구하였는데, 직업요인은 행복과 큰 상관이 있는 요인으로 나타나고 있으며, 낙관성과 감사 등의 긍정 정서 등은 중요한 행복 관련 요인임을 알 수 있다.

〈표 6-1〉 행복의 상관 요인과 수준

낮은 상관	나이, 성별, 교육수준, 사회계층, 수입, 자녀유무, 종족, 지능수준, 신체적 매력도
중간 정도의 상관	결혼, 종교, 여가활동, 친구의 수, 신체적 건강, 성실성, 외향성, 정서적 안정성, 내부적 통재소재
높은 상관	직업, 낙관성, 자존감, 성적 활동의 빈도, 감사의 경험

이렇게 볼 때, 행복은 긍정의 정서이며, 행복한 조직은 긍정조직(박상곤, 이태복, 2011)임을 확인할 수 있으며, 어린이집은 긍정문화를 지닌 긍정조직이 되어야 어린이집 사람들이 행복할 수 있음을 강하게 시사받을 수 있다.

2) 보육교사의 행복한 삶

세기적인 문학가인 빅토르 위고는 "행복이란 자기도 모르게 스스로의 힘으로 사랑받고 있다는 확신이다"라고 말했다. 이 말은 행복한 삶을 위한 자기성찰과 노력이 매우 필요하다는 것을 보여 준다.

보육교사는 인간이다. 인간이기 때문에 모든 사람처럼 행복을 추구하지만, 흔히 세상에서 말하는 행복의 색깔과는 조금 다른 면이 있다. 이를테면 사회적 명성과 부(富)를 기준으로 할 때, 사회적 선망의 기대치가 그리 높지 않은 영유아를 위한 '교사'로 살아가는 인간이다.

그럼에도 불구하고 매우 중요한 사실은 지순동심(至純童心)의 마음을 지닌 어른이 나름대로 지향하는 삶의 소명 내지 사명의식으로 '보육교사직'을 선택하였다는 것이며, 상당수의 보육교사들은 천직(天職)으로 여길 수 있다. 그러므로 보육교사들은 장시간 보내는 어린이집 생활에서의 만족도가 높을 때, 행복하다고 볼 수 있다. 이러한 점을 모두 고려할 때, 보육교사들 모두는 지혜롭게 서로의 행복을 찾고, 또 지지해 줄 수 있도록 함께 노력해야 한다.

(1) 보육교사의 행복과 직무만족도

'만족'은 행복의 원천이다. 이 만족은 인간의 기본생활이라고 하는 '의식주'영역의 만족으로부터 출발하는 것을 보면 알 수 있다. 이를테면 멋진 옷을 입었을 때의 만족감, 맛있는 음식을 먹었을 때의 만족감, 편안한 집에 머무를 때의 만족감 등등이 그것이다. 동시에 소위 '먹고 살아야만 하는' 우리 모든 인간들의 입장을 놓고 볼 때, 생업이라고 표현되는 직업에서의 만족도의 비중은 매우 큰 것이며, 바로 행복함의 여부와 직결된다(이채호, 고태선, 2009). 장기적으로 보면, 사람에 따라서는 삶 전체에 지대한 영향을 미친다. 대표적인 예로 이직과 사직을 들 수 있다.

그러므로 직업과 행복은 대단히 밀접한 관계를 지니며, 직무만족도로 나타난다. 여기서 직무만족은 직무 자체나 직무수행 결과로 충족되는 유쾌하고 긍정적인 정서상태이며, 직무수행과정이나 결과에서 느끼는 직무의 욕구나 기대에 관한 개인의 주관적 평가 또는 인식을 말한다(조성연, 2004).

보육교사의 정신건강과 행복에 대한 현장 및 사회적 관심의 증가에 따라 보육교사의 직무만족에 대한 연구는 꾸준히 이루어지고 있다. 직무만족도가 높으면 자아효능감과 자신감 등이 높아 행복할 가능성이 매우 높으며(박은주, 2009; 손은주, 박영태, 2012; 신현정, 박진성, 2010; 이경애, 2010; 이채호, 고태순, 2009; 최윤정, 2009). 동시에 직무만족도가 낮으면 보육교사의 교직정체성에 혼란을 일으킬 뿐만 아니라, 스트레스, 소진, 우울 등이 발생하며(권혜진, 2018; 박윤조, 임명희 외, 2015), 영유아학대를 유발할 가능성이 높아진다(박진아, 이경숙, 2015; 서동미, 연선영, 2016).

특히 직무불만족에 따른 보육교사의 언행은 인성의 수준과 동일한 선상에서 인식하게 되기 쉽다(정민정, 김유진, 2017; 정다우리, 2013). 따라서 행복-직무만족감-인성은 매우 밀접한 관계를 지니게 된다. 이러한 직무만족도는 개인 및 집단적 노력과 함께 국가적 노력도 함께 경주되어야 한다. 대표적인 노력으로 직무능력과 전문성과 강점의 개발 및 이를 위한 보수교육과 승급교육 등의 국가적

지원과 함께 보수체계와 근로환경의 향상과 개선 등이다(조성연, 2005; 주윤하, 박영희 외, 2015).

그러나 내적 자원이 아닌 외적 자원과 지원은 보육교사가 원하는 시기에 원하는 방법으로 잘 이루어지기 어려운 점이 있다. 탈 벤 샤하르(2007)가 "우리가 행복하다고 생각하기 위해서 모든 것이 필요하지는 않다. 우리가 기다리고 있는 것을 자꾸 기다릴 필요도 없다. 행복하다는 것은 지금 가지고 있는 것을 즐기는 것이다. 일단 가진 것에 만족하고 그것을 성취하는 것이다."라고 한 말을 숙고할 필요가 있다. 이를 위해서는 행복의 두 가지 개념인 개인·주관적 특성과 집단·객관적 특성을 고려한 지혜의 필요성을 아무리 강조해도 지나치지 않다.

(2) 보육교사의 행복증진과 방법

행복에 대한 염원이 너무 크기 때문에 '행복하기'에 대한 관심은 가히 역사적이고, 세계적이라 할 수 있다. 따라서 어떤 상태가 되면 행복한가? 행복하기 위해서는 무엇이 필요한가? 등의 질문에 대해서는 여러 가지 답들이 제시되었다. 이러한 답들은 비단 보육교사의 행복에만 국한되는 것이 아니라, 모든 사람에게 적용된다고 볼 수 있다.

행복을 향유하는 대상은 그 누구도 아닌 인간이다. 그러므로 '행복'은 인간이 누리는 행복한 삶 및 의미 있는 삶과 유사한 맥락에서 함께 사용하기도 한다. 즉 인간의 미덕과 강점체계인 VIA를 개발한 마틴 셀리그만(2004)은 '행복한 삶'은 자신의 대표강점을 활용하여 주된 활동영역 속에서 충분한 만족을 얻는 삶이라고 정의하였다. 그리고 '의미 있는 삶'은 자신의 대표강점과 미덕을 활용하여 자신의 존재보다 훨씬 더 큰 무엇에 봉사하는 삶이라고 정의하면서 '행복한 삶'에 한 가지 요소인 '의미'가 더해진 것이라고 보았다. 나아가 셀리그만과 그의 동료들(Park, Peterson, 2005)은 행복한 사람은 강점을 더 많이 활용하며, 또한 강점의 활용은 행복감을 더 증진시킨다고 하였다.

이렇게 볼 때 보육교사들도 셀리그만이 말하는 강점을 활용하면 보육교사로서의 행복감을 증진시킬 수 있는 가능성을 기대할 수 있으며, 우리나라에서도 경험적으로 입증되었다(이경민, 최윤정, 2013). 나아가 '교사로서의 사명감'으로 표현되는 목적의식은 보육교사의 의미 있는 삶과 밀접한 관계가 있는 것으로서 '의미 있는 삶'과 바로 연결된다. 실제적으로 교사로서의 사명감은 어려운 현실속에서 보육교사로서의 '보육교직정체성'을 지니고 의미 있게 살 수 있도록 이끄는 견인차 역할을 한다.

더구나 셀리그만이 말한 여섯 가지 미덕(virtue)은 소위 말하는 인성의 맥락에서 파악되고, 미덕에 포함되는 24가지 강점(strength)의 성격을 보면, 인성덕목(德目)이라고 볼 수 있다. 실제로 행복감과 직무만족도가 높은 교사들은 마틴 셀리그만이 제시한 인성강점 중에서 학구열, 감사, 신중, 끈기, 친절, 용서, 사랑, 진정성 등을 많이 활용한 것으로 나타나고 있다(최윤정, 2009). 그러므로 이러한 맥락에서 본다면, 인성도 좋고 행복하기도 하면서 의미 있는 삶을 살기 위해서는 대표강점을 계발해야 하는 것으로 작은 결론을 내릴 수 있으며, 이를 위한 프로그램도 개발되고 있다(최윤정, 2009).[6] 부연할 것은 대표강점의 계발이라고 해도 인성덕목의 계발이므로 보육교사의 행복은 '일상의 행복'이라고 할 수 있다. 소박하면서도 따스한 느낌을 준다. 엄마 및 엄마와 같은 어린이집 선생님들에게 매우 어울리는 행복한 말이다. 어린아이와 함께하는 삶을 사는 사람들이라면 거의 공감할 아름다운 말이다.

6) 대표강점은 Chapter 8에서 구체적으로 살펴보게 된다.

매일멋진보육교사의
더 깊고, 넓고, 높은 생각

행복

눈이랑 손이랑
깨끗이 씻고
자알 찾아보면 있을 거야.

깜짝 놀랄 만큼
신바람 나는 일이
어딘가 어딘가에 꼭 있을 거야

아이들이
보물찾기 놀이할 때
보물을 감춰두는

바위 틈새 같은 데에
나무구멍 같은 데에
행복은 아기자기
숨겨져 있을 거야.

\- 허영자 -

아이들과 하는 나의 행복의 모습은?

PART 3

보육교사의 전문성계발론

Chapter 07

보육교사의 전문성계발

'전문성'과 '전문가'는 매력적인 용어이다. '자신감', '자긍심', '자아효능감'과 같은 멋진 용어들을 연상시킨다. 아이들 말대로 '있어 보이는' 용어이다.

시대가 발전하면 할수록 우리 사회에서 상당한 분야들은 더욱 전문화되어 가고 있으며, 이에 따라 전문성을 지닌 전문가를 매우 필요로 한다. 특히 보육분야는 영유아-아동-가족-여성-기업 등과 사회복지의 복지 수준과 넓고도 깊게 관련되어 있으므로 사회적 관심도도 매우 높다. 그만큼 사회적 책임도 크다. 아무리 '우리끼리' 보육직은 전문직이며, 보육교사는 전문가라고 해도 수요자와 소비자 측에서 인정을 해야 한다. 갈 길이 멀어지기도 한다.

'전문성'과 '전문가'는 그 분야에서의 기본이 되는 튼튼한 '기초'를 담보한다. 그리고 앞으로의 가능성을 보고, 또 믿고 '최소한도'의 선에서 국가는 그 분야에서의 전문가 자격을 부여한다. 이러한 차원에서 먼저 심혈을 기울이는 두 가지 핵심영역은 전문가로서의 보육교사가 되기 위한 양성교육과 보육교사가 된 이후, 자질향상을 위해 재직 중에 받는 보수교육이다. 그렇지만 이는 단순히 거치고 지나가 버려도 되는 통과의례만은 아니다.

"지속은 힘이다"라는 말은 진리다. 보육교직정체성을 굳건히 지니고, 근무 중에도 계속 교육을 받아 나아가면 명실공히 보육교직전문성을 지닌 **매일멋진보육교사**로 거듭날 수 있을 것이다.

1. 전문성과 전문가의 개념과 의의

보육은 예전부터 '보육서비스'로 불려져 온 중요한 사회서비스 직종이다.[1] 그리고 보육행정업무는 우리나라에서의 복지업무를 총괄하는 보건복지부에서 관장해 왔다.[2] 이는 보육이 보육복지차원에서의 공공서비스로서 사회구성원들의 행복과 복지와 밀접히 연관되어 있음을 알 수 있다.[3] 국가가 전반적인 보육복지 및 교육복지 수준을 높이듯이 그만큼 보육교사도 전문성을 계발하여 보육서비스 수준의 향상에 기여해야 한다. 기본을 완전히 다지고, 변화하는 사회에서 최소한으로 요구되는 내용을 숙지하여 현장에 반영시키고, 더 필요한 부분이 무엇인지도 모색하며 점점 나아가야 한다.[4]

1) 전문직의 개념과 보육전문직

일반적인 전문성(professionalism)의 사전적 정의는 전문적(專門的)인 성질 또는 특성으로서 특정분야에서 발휘되는 뛰어난 기량으로 정의된다. 이렇게 본다면 전문가는 특정분야에서 전문적인 성질이나 특성을 가진 사람을 말하며, 이 전문성이 적용되는 직업은 전문직(profession)이라고 할 수 있다.[5]

이러한 관점에서 전문직이 지니는 특성과 성질은 다음과 같이 제시하고 있다(북모닝 CEO 편집팀, 2016; 위키백과, 2018).

1) 교육분야에서도 '교육서비스'와 '교육복지'라는 용어가 널리 사용하고 있다(이전이, 박주호 외, 2017)는 것은 보육과 교육은 국가의 존속과 번영과 직결되는 공공복지서비스 분야임을 재확인할 수 있다.

2) 보건사회부에서 보건복지부로 바뀐 후, 계속 보건복지부라는 명칭을 사용하고 있다.

3) 행복은 개인적 주관성이 강하고, 복지는 사회적 객관성이 강하며, 두 용어는 서로 밀접히 관련되어 있다. 다수의 개인적 행복의 수준을 통해서 그 사회의 다수의 복지 수준을 가늠할 수 있으며, 또한 다수를 전제로 한 객관적인 사회복지의 수준을 통해서 개인의 행복수준도 파악할 수 있다(이소희, 2018. 신정출판「보육현장 중심- 아동권리와 아동복지」참조함).

4) 이 책에서는 전문성 함양은 법적으로 규정된 직무에 한정하고, 그 외 역량계발은 다른 영역에서 교육과 훈련을 받는 것으로 접근한다. 그것은 법적으로 규정된 과정을 이수하면 전문가로서 인정하기 때문이며, 또한 전문성의 출발점이자, 현직에서도 전문성을 확인하는 핵심과정이기 때문이다.

5) 전문가의 영어 표기는 expert, specialist, professional라고 표기하지만, 특별히 이러한 영어로 표기하기보다는 early childhood teacher로 표기한다.

- 전문직은 고도의 지식과 기술을 전제로 한다.
- 신체적 힘보다 정신적인 역량이 더 우선한다.
- 전문직은 장기간의 교육, 훈련을 필요로 한다.
- 국가에서 인정하는 자격제도가 마련되어 있다.
- 전문직은 자율성을 인정하되, 책임성을 부과한다.
- 전문직은 그에 상응한 사회적인 지위를 부여한다.
- 전문직은 그에 상응한 경제적인 이익을 보상한다.
- 다수의 사람에게 사회적이고 공적인 서비스를 제공한다.
- 전문성의 유지와 사회적 유익을 위해 조직체를 형성한다.
- 사람을 대상으로 하는 전문직의 경우 윤리성을 요구한다.

보육교직정체성의 확립과 함께 보육교사로서의 전문성에 대한 인식을 보다 확고히 다지기 위해 "보육직은 진정 전문직인가?"라는 질문을 다시 한번 진지하게 던져볼 필요가 있다. 그것은 일반 사람들이 심정(心情)적으로 보육직은 전문직으로 볼 가능성이 낮을 수도 있으며, 실제 전문가들 사이에서도 '전문직의 조건'에 비추어 다양한 견해를 제시하고 있기도 하기 때문이다.[6] 더 구체적으로 말하면 입문하기도 어렵고, 교육 및 훈련기간이 아주 길고, 사회적 평가도 좋아서 전문직의 대명사라고 보고 있는 의학이나 법학 분야에서 배출되는 전문가에 비교한다면,[7] 양성기관에 따라 입문과정도 비교적 쉽고 사이버강의나 평생교육법에 의해 설립된 각종 기관에서도 단기과정을 통해 양성될 수 있는 보육교사의 전문성의 수준을 어느 정도 가늠해 볼 수도 있기 때문이다.

한편, 전문가의 여부는 한두 가지 조건을 충족한다고 해서 입증되는 것은 아니다. 전문가의 개념에는 세상의 일처럼 여러 가지 다양한 관점이 존재할 뿐 아

6) 이경화, 손원경 외(2018)의 책에 여러 학자들의 견해가 언급되어 있다.

7) 최근 의학과 법학분야에서 배출되는 전문가에 대한 사회적 평가는 예전보다 낮아지고 있다는 것은 전문직에 대한 재개념화가 필요함을 시사한다. 다시 말하면 전문직은 사회적 수요-공급에 따라서도 영향을 받는다.

니라, 더 중요한 것은 그 분야의 성격에 따라 핵심적으로 충족시켜야 할 기본적인 조건이 있기 때문이다. 예를 들어 윤리성을 중요하게 고려하지 않는 전문직이 있을 수 있으며, 호봉에 따른 급여제도로 인해 경제적인 유익을 고려하기 어려운 전문직이 있을 수 있다.

2) 전문가와 보육전문직

법과 제도가 가지는 중요한 사회적 힘 중의 하나는 제기되고 있는 문제의 논란의 수위를 낮추거나, 때로는 불식도 시키면서 작지만 의미 깊은 본질을 지키도록 만들 수 있다는 점이다. 이러한 점은 국가적 차원에서 직업의 특성에 따라 분류한 〈한국표준직업분류〉에서 찾을 수 있다.

이 분류체계에서는 전문가 및 관련종사자는 '2'로 시작되도록 구조화되어 있다. 보육교사는 24720이며, 유치원교사는 번호 25300을 부여하고 있다. 이에 따르면 보육교사는 직업분류에서 전문가로 인정하고 있기 때문에 보육은 전문직이며, 보육교사는 전문가임에 틀림없다.

한편 전문가는 '그 분야에서 전문교육 및 훈련을 받아 현장에 투입되자마자 바로 맡은 바 직무를 수행할 수 있는 능력을 지닌 사람'으로 정의할 수 있다. 물론 이러한 수준은 최소의 수준이지 당연히 최적 및 최대의 수준은 아니다. 소위 말하는 고수, 명인, 장인, 구루가 되기 위해서는 엄청나고도 장기적인 노력이 필요하기 때문이다. 따라서 이러한 정의는 다음과 같은 현실에서 확인될 수 있는데, 보육교사로서의 자격을 지니지 못한 사람은 어린이집에서 바로 영유아보육을 시작하기가 거의 어렵다는 것이며, 이는 다른 전문직에도 당연히 적용된다. 보육교사가 법정이나 병원에서 일할 수 없듯이, 의사와 판검사도 어린이집에서 일할 수 없다는 것과 동일하다.

그럼에도 불구하고 분야에 따라 사회에서 상식적으로 통하는 수준이 있다. 가장 비근한 예로 학사, 석사, 박사로 가늠되는 학위수준이 그것이다. "세상에 예

외 없는 원칙이 없다"는 말이 가끔 회자되듯이 무학(無學)이라도 대단한 지식과 지혜를 가진 사람이 있으며, 박사학위를 취득한 후에도 계속적으로 지식과 기술을 갈고 닦지 않으면 녹슨 큰 칼이 된다. 게다가 인성조차 갖추지 못하다면 학위 취득의 여부는 소위 '아니 한만' 못한 결과를 초래할 가능성도 있다. 따라서 전문가 자격을 취득한 뒤에도 객관적인 시각에서 자신이 '진정한 전문가'인지를 스스로에게 물으면서 부단한 노력을 경주하여야 한다.

실제로 진정한 보육전문가인 교사인지 아닌지 여부 및 나아가 수준 높은 전문가인지는 자타(自他)가 알게 되기 때문이다. 일상생활에서의 예를 들면 보육교사 자격을 취득했다는 것은 운전면허증를 취득했다는 것과 흡사한 면이 있다. 즉 운전할 수 있는 자격을 허락한 것에 불과하지 운전을 아주 잘한다는 것을 의미하지는 않기 때문이다.

알다시피 보육분야에서 '전문성'을 가장 많이 강조하고, 지지하고, 기대하고 있는 핵심 대상자는 보육교사이다. 그것은 보육교사가 그만큼 전문성을 발휘해야 하는 존재로 보고 있기 때문이다. "오직 교육받은 자만 자유하다"는 에피티커스의 말과 "진리가 너희를 자유케 하리라(요한복음 8:32)"는 성경말씀은 매우 의미심장하다. 운전연습을 많이 하여 운전실력이 좋으면, 편안한 마음으로 고속도로에 나가 운전할 수 있다는 것과 같은 이치이다.

2. 보육교사 양성교육

일반적인 양성(養成)의 사전적인 정의는 가르쳐서 유능한 사람을 길러낸다는 것이다. 보육교사에 적용하면 일반인에게 보육교사가 될 수 있도록 가르쳐서 유능한 보육교사로 길러내는 것이 된다. 전문가로서의 보육교사가 되는 1차 입문과정이다.

현재 우리나라에서의 보육교사 양성교육은 고등교육법에 의한 일반 대학의 보육 관련 학과 및 「영유아보육법」에 의한 교육훈련시설에서 담당하며, 관련 교과목은 법에 규정되어 있다.

교육은 교사인성, 보육지식과 기술, 보육실무 등의 3영역으로 세분하고 있으며, 특히 어린이집에서의 영유아학대의 발생 증가에 따라 대면교과목을 지정하여 강화하고 있다. 뿐만 아니라, 이러한 맥락에서 종전의 〈아동복지〉과목을 〈아동권리와 아동복지〉로, 〈보육교사론〉을 〈보육교사(인)성론〉으로 개칭하여 보육교사의 인성함양과 함께 아동의 권리를 중시하고 있으며, 이 두 과목들도 면대면 교육으로 지정되어 있다. 그리고 보육 관련 과목 및 학점 등은 같은 법 시행규칙에 명시되어 있다.

〈표 7-1〉 **보육 관련 교과목의 규정**

「영유아보육법」의 규정	
보육 관련 교과목	시행규칙 제21조 제2항 제1호 및 제1호의 2에 따라 보육교사 자격을 취득하기 위하여 「고등교육법」 제2조에 따른 학교(이하 '대학 등'이라 한다)에서 이수하여야 하거나, 이와 같은 수준 이상의 학력이 있다고 인정된 사람이 이수하여야 하는 보육 관련 교과목 및 학점은 별표 4와 같다. ② 법 제21조 제2항 제2호에 따라 보육교사 자격을 취득하기 위하여 교육훈련시설에서 이수하여야 하는 교육과정은 별표 5와 같다. 〈개정 2016. 1. 12.〉

1) 대학 등에서의 보육교사 양성교과목

대학에서의 보육교사 양성은 관련학과에서 관계법에 명시된 학과목을 교육하고 있으며, 기본적으로 개방형 교과목 이수제에 의한다. 따라서 다양한 학과에서 자격취득이 가능하다. 이러한 제도는 전문성을 인정받는 데 제한 요소가 되기도 한다.[8] 그리고 학생의 입학 연도 및 관련학과의 성격에 따라 교과목은 다소 차이가 있는데, 이런 경우, 해당과목과 유사성을 인정받은 경우에는 해당과목으로 인정하고 있다.

"가랑비에 솜옷 젖는다"는 속담이 있다. 예비교사로서 양성과정 동안 이수하는 여러 자격 이수과목들의 철학, 목적, 목표, 주요 내용 및 기술 등은 이 속담처

8) 개방형 교과목 이수제가 지니는 문제점 때문에 '학과의 명칭'의 범주를 제시하는 개선방안이 추진중이다.

럼 내 몸에 아름답게 젖어 스며들도록 해야 한다. 이렇게 하려면 성적표에 기재되는 A와 B 등의 등급을 넘어 애정과 열정을 지니고 학업에 몰두해야 한다. 예비 보육교사로서 내가 보아도 내 자신이 멋질 수 있도록 애써야 한다. 스스로의 모습이 좋아서 해맑은 미소를 머금을 수 있도록 해야 한다. 멋진 모습이다!

(1) 이수교과목

〈표 7-2〉 보육교사 양성대학에서 이수해야 할 교과목

구분	교과목		이수과목 (학점)
교사 인성 영역	필수 교과목	보육교사(인성)론, 아동권리와 복지	2과목 (6학점)
보육 지식과 기술 영역	필수 교과목	보육학개론, 보육과정, 영유아발달, 영유아 교수방법론, 놀이지도, 언어지도, 아동음악(또는 아동동작, 아동미술), 아동수학지도(또는 아동과학지도), 아동안전관리(또는 아동생활지도)	9과목 (27학점)
	선택 교과목	아동건강교육, 영유아 사회정서지도, 아동문학교육, 아동상담론, 장애아 지도, 특수아동 이해, 어린이집 운영 관리, 영유아 보육프로그램 개발과 평가, 보육정책론, 정신건강론, 인간행동과 사회환경, 아동간호학, 아동영양학, 부모교육론, 가족복지론, 가족관계론, 지역사회복지론	4과목 (12학점) 이상
보육 실무 영역	필수 교과목	아동관찰 및 행동연구, 보육실습	2과목 (6학점)
전체		17과목, 51학점 이상	

(2) 대면교과목

대면교과목은 사이버로 이루어지기보다는 현장에서 담당 교수와 면대면하여 진행하는 것이 더 바람직하다는 입장에서 실시된다.

〈표 7-3〉 보육교사 양성대학에서 이수해야 할 대면교과목

구분	교과목
인성 영역	보육교사(인성)론, 아동권리와 복지
보육 지식과 기술 영역	놀이지도, 언어지도, 아동음악(또는 아동동작, 아동미술), 아동수학지도(또는 아동과학지도), 아동안전관리(또는 아동생활지도)
보육 실무 영역	아동관찰 및 행동연구, 보육실습

※ 대면교과목은 8시간 이상 출석 수업과 1회 이상 출석 시험을 실시한다.

2) 교육훈련시설에서의 보육교사 양성교과목

교육훈련시설에서 이루어지는 양성과목은 대학과 다르다. 그리고 이 중에서 이수해야 할 과목과 시간도 다르다. 그렇지만 대학에서보다는 그 과목과 시간 수가 많다. 이것은 몇 가지로 설명할 수 있다. 보육교사 자격을 취득할 수 있는 대학의 관련학과가 아동복지학과, 사회복지학과, 가정복지학과, 아동학과, 아동상담복지교육학과 등 다양하며, 이 학과에서는 법에서 명시한 과목과 유사한 과목이 다수 개설되어 있어서 이수할 가능성이 크기 때문이다. 동시에 전문대학과 대학은 교육훈련시설보다 재학기간이 길어서 직·간접적으로 관련과목에 대해 경험할 수 있는 기회가 많기 때문이다.

반면에 교육훈련시설에서는 단기간에 양성된다는 제한점과 함께 더 많은 과목을 이수해야 한다는 부담이 있다. 따라서 교육훈련시설에서 양성교육을 받는 예비보육교사는 지혜롭게 양성교육을 이수할 필요가 있다. 나아가 가능하다면 일반 양성기관에서 추가적인 교육을 받을 필요도 있다.

〈표 7-4〉 **보육교사 양성을 위한 훈련시설의 교과목**

영역	교과목(학점)	이수과목(학점)
교사 인성	보육교사(인성)론(3학점), 아동권리와 복지(3학점)	2과목(6학점)
보육 지식과 기술	보육학개론(3학점), 보육 과정(3학점), 영유아 발달 및 지도(3학점), 아동생활지도(3학점), 영유아 문제행동지도 및 상담(3학점), 특수아동 이해와 지도(3학점), 놀이지도(3학점), 언어지도(3학점), 아동음악과 동작(3학점), 아동미술지도(3학점), 아동수학지도·아동과학지도(3학점), 영유아 교수방법론(3학점), 교재교구개발(3학점), 부모교육(3학점), 영유아 건강지도(2학점), 영유아 영양지도(2학점), 아동안전관리(3학점), 어린이집 운영관리(3학점)	18과목(52학점)
보육 실무	아동관찰 및 실습(3학점), 보육실습(4학점)	2과목(7학점)
계	22과목(65학점) 이상	

3. 보육교사의 보수교육

"교육에서 가장 의미 있는 효과는 좋아하든 좋아하지 않든, 해야 할 때에 할 수 있도록 하는 역량을 길러 주는 것"이라고 헉슬리는 말했다. 이 말이 현직 보육교사에게 주는 시사점은 보육교사로서의 삶을 계속 살려면 제도적으로 정한 시기에 무조건 교육을 받아야 한다는 것이다. 물론 국가에서도 이를 위한 제도적 장치를 마련하여 교육비 부담없이 무상으로 실시하고 있다. 그 이유는 보육서비스의 질적 수준은 어린이집에서 보육을 담당하고 있는 보육교사의 수준을 능가할 수 없다고 보기 때문이다.

그러나 보수교육은 현직 보육교사의 전문성을 유지하기 위한 최소의 수준이라는 점을 명심해야 하며, 결단코 '때워버리는'식이 되어서는 안 된다. 아니 될 수는 없다. 이는 보육교사 자신은 물론 보육인들에 대한 윤리강령을 위배하는 것일 뿐 아니라, 실질적으로 어린이집 평가인증에도 반영되기 때문에 매우 중요한 과정이다.

1) 보수교육의 개념과 의의

「영유아보육법」에서는 보수교육을 정기적으로 받는 직무교육과 보육교사가 상위 등급의 자격(3급 ⇨ 2급, 2급 ⇨ 1급)을 취득하기 위하여 받아야 하는 승급교육으로 구분하고 있다.[9] 직무교육은 다시 일반직무교육과 특별직무교육으로 구분되며, 특별직무교육은 영아보육, 장애아보육, 방과 후 보육의 3영역으로 세분화된다.[10]

9) 보육교직원으로서 원장을 대상으로 한 교육도 보수교육에 포함된다. 원장의 경우, 원장이 되기 위한 사전 직무교육을 말한다.

10) 현직교육이기 때문에 시간제보육 및 대체교사를 위한 보수교육은 제외되고 있다.

〈표 7-5〉 **보육교사를 대상으로 한 보수교육**

<table>
<tr><th colspan="5">직무교육</th><th colspan="2">승급교육</th></tr>
<tr><th colspan="2">일반직무교육</th><th colspan="3">특별직무교육</th><td rowspan="2">2급 보육교사 승급교육</td><td rowspan="2">1급 보육교사 승급교육</td></tr>
<tr><td>기본교육</td><td>심화교육</td><td>영아보육 직무교육</td><td>장애아보육 직무교육</td><td>방과 후 보육 직무교육</td></tr>
</table>

보육교사의 질적 수준 제고와 전문성계발에는 양성과정, 자격기준, 수요와 공급, 재교육과정, 근무여건, 사회적 인식 등이 영향요인으로 작용한다(김은설, 안재진 외, 2009; 김의향, 서문희, 2010). 특히 급변하는 사회에서는 적절한 보수교육이 이루어져야 한다. 동시에 매일 보육하는 보육교사의 편의를 고려한 지원도 십분 고려되어야 한다(김은설, 황미영, 2011). 이러한 맥락에서 보수교육에서 e교육방법의 도입은 시의성이 높은 조치라고 할 수 있다(이미화, 홍승아 외, 2009).

2) 일반직무교육

보수교육대상 보육교사는 현직교사를 원칙으로 한다. 현직이 아닌 경우에는 자비부담으로 받을 수 있다. 일반직무교육은 보육경력이 만 2년 이상 경과한 해 또는 승급교육을 포함한 직무교육을 받은 해부터 만 2년이 경과한 해에 받아야 한다. 일반직무교육은 기본과정과 심화과정의 2과정이 있다.

이 과목 중에서 일부는 선택 가능하며, 특히 보건위생관리는 심폐소생술과 응급처치 등의 실습 위주로 이루어진다.

〈표 7-6〉 보육교사의 일반직무교육 내용

<table>
<tr><th colspan="2" rowspan="2">영역</th><th colspan="2">일반직무교육(기본과정)</th><th colspan="2">일반직무교육과정(심화과정)</th></tr>
<tr><th>교과목</th><th>시간</th><th>교과목</th><th>시간</th></tr>
<tr><td colspan="2" rowspan="3">인성·소양
(8시간)</td><td>• 보육교사와 인권
- 인권에 대한 이해
- 보육교사와 아동의 인권 존중 이해</td><td>3</td><td>• 보육교사의 인문적 소양
- 행복한 보육교사 되기</td><td>3</td></tr>
<tr><td>• 보육교사의 직무역량 강화
- 보육교사 직무 이해
- 보육교사 의사소통기법 훈련</td><td>3</td><td>• 보육교사의 직무역량 강화
- 보육교사 리더십 키우기
- 기관 구성원 간 멘토링 실행</td><td>3</td></tr>
<tr><td>• 보육교사의 건강관리
- 보육교사의 신체·정신건강 이해·관리</td><td>2</td><td>• 보육교사의 건강관리
- 보육교사의 신체·정신건강 이해·관리</td><td>2</td></tr>
<tr><td colspan="2" rowspan="3">건강·안전
(9시간)</td><td>• 안전사고 예방교육
- 재난대비, 교통안전, 응급처치</td><td>3</td><td>• 안전사고 예방교육
- 재난대비, 교통안전, 응급처치</td><td>3</td></tr>
<tr><td>• 보건위생관리
- 감염병 및 약물오남용, 응급처치</td><td>3</td><td>• 보건위생관리
- 감염병 및 약물오남용, 응급처치</td><td>3</td></tr>
<tr><td>• 아동학대, 성폭력, 실종 예방 및 사후관리
- 아동학대의 이해
- 성폭력 및 실종 예방 교육</td><td>3</td><td>• 아동학대, 성폭력, 실종 예방 및 사후관리
- 아동학대의 이해
- 성폭력 및 실종 예방 교육</td><td>3</td></tr>
<tr><td rowspan="4">전문지식
· 기술
(23시간)</td><td rowspan="2">장애 및
다문화
실제
(4시간)</td><td>• 다문화교육의 이해와 실제
- 현장사례 중심 분석</td><td>2</td><td>• 다문화교육 과정 심화
- 다문화프로그램 개발</td><td>2</td></tr>
<tr><td>• 장애통합보육 운영 실제
- 개별화 프로그램 이해, 개발</td><td>2</td><td>• 장애통합보육 운영 실제
- 개별화교육프로그램 적용 및 부모 협력 강화</td><td>2</td></tr>
<tr><td rowspan="2">보육
활동
운영의
실제
(16시간)</td><td>• 영유아 관찰 및 기록 실제
- 신체·인지·언어·정서 등 발달 관찰 및 사례 분석</td><td>3</td><td>• 영유아 관찰 기록의 활용
- 관찰 기록 분석 및 영유아 발달평가와 상담 활용능력 키우기</td><td>3</td></tr>
<tr><td>• 영유아 부적응행동의 이해
- 부적응 행동 유형의 이해 (불안, 위축, 공격, 주의산만 등)</td><td>2</td><td>• 영유아 행동 유형별 발달지원
- 부적응 행동 예방과 지도</td><td>2</td></tr>
</table>

영역		일반직무교육(기본과정)		일반직무교육과정(심화과정)	
		교과목	시간	교과목	시간
전문지식 · 기술 (23시간)	보육 활동 운영의 실제 (16시간)	• 보육정보 탐색의 적용과 사례 - 인터넷 등 정보 활용 방법 - 보육통합정보시스템 이해	2	• 보육교사의 놀이참여 및 확장·연계 - 영유아 놀이 관찰, 개입을 통한 확장 및 연계 교수학습 방법	2
		• 디지털시대의 교수매체 활용 및 적용 - 인터넷, 스마트기기 등의 교수매체로서의 활용 방법 이해 및 실습	3	• 영유아프로그램 계획 및 운영 - 보육대상 및 철학에 따른 보육 프로그램 운영	3
		• 영유아 인성교육의 실제 - 기본생활습관 지도 및 활동에 따른 인성교육 실제 사례	3	• 영유아 인성교육의 심화 - 기관 및 영유아의 발달특성에 따른 인성교육 계획 실습	3
		• 영아교사의 상호작용 전략(선택) - 영아 발달, 흥미, 놀이에 따른 교수방법 학습	3	• 어린이집 시설·설비관리(선택) - 어린이집 시설·설비관리 능력 학습	3
		• 유아교사의 상호작용 전략(선택) - 유아 발달, 흥미, 놀이에 따른 교수방법 학습	3	• 동료 수업 멘토링(선택) - 동료교사 간 수업지원능력 학습	3
		• 보수교육기관 자체 개발 교과목(선택)	3	• 보수교육기관 자체 개발 교과목(선택)	3
	가족 및 지역 사회 협력 (3시간)	• 부모-교사 의사소통의 이해와 실제(선택) - 부모-교사 간 의사소통 이해 및 갈등상황 시 소통능력 함양	3	• 열린어린이집 계획 및 운영(선택) - 열린어린이집 개념과 환경 구성 - 열린어린이집 계획과 운영 실제	3
		• 부모개별면담기법(선택) - 성공적인 부모 면담을 위한 대화법	3	• 지역사회연계 프로그램 사례 분석(선택) - 지역 내 육아인프라 연계 능력 함양	3
계		15과목	40	15과목	40

※ 교육영역별 이수시간을 고려하여, 보수교육기관에서 일부 교과목 선택하여 운영·개설 가능
예 「보육활동 운영의 실제」와 「가족 및 지역사회협력」 영역의 경우 교과목 일부 선택이수 가능
※ 「건강·안전」 영역의 응급처치 관련 교육은 심폐소생술, 응급처치 실습 등 이론보다 실습 위주로 교육하도록 함

3) 승급교육

승급교육은 직급을 상향시키기 위해 이수해야 할 교육이다. 보육교사 3급을 취득한 이후, 보육경력이 만 1년 이상 경과한 후, 2급 승급교육을 받을 수 있으며, 보육교사 2급 자격을 취득한 후, 보육경력이 만 2년 이상 경과된 경우, 1급 보육교사 승급교육을 받을 수 있다.

〈표 7-7〉 보육교사의 승급교육 내용

영역	2급 승급교육		1급 승급교육	
	교과목	시간	교과목	시간
인성·소양 (11시간)	• 아동복지와 인권의 이해 - 사례중심 아동권리에 대한 민감성 증진	4	• 아동복지와 인권의 실제 - 사례중심 아동권리에 대한 민감성 증진	4
	• 보육교사의 역할과 윤리 - 보육교사 2급의 역할 및 직업윤리	4	• 보육교사의 역할과 윤리 - 보육교사 1급의 역할 및 직업윤리	4
	• 보육교사의 건강관리와 힐링 - 보육교사의 신체 및 정신건강 이해 - 실습중심 질환 예방법 및 대처법	3	• 보육교사의 건강관리와 힐링 - 보육교사의 신체 및 정신건강 이해 - 실습중심 질환 예방법 및 대처법	3
건강·안전 (12시간)	• 영유아 건강안전교육 계획 및 실행 - 건강안전교육 계획 및 실행 실습	3	• 영유아 건강안전교육 계획 및 실행 - 건강안전교육 계획 및 실행 실습	3
	• 안전사고 예방교육 - 재난대비, 교통안전, 응급처치	3	• 안전사고 예방교육 - 재난대비, 교통안전, 응급처치	3
	• 보건위생관리 - 감염병 및 약물오남용, 응급처치	3	• 보건위생관리 - 감염병 및 약물오남용, 응급처치	3
	• 아동학대, 성폭력, 실종 예방 및 사후관리 - 아동학대 예방 기초, 개입과정 - 성폭력, 실종 예방 교육	34	• 아동학대, 성폭력, 실종 예방 및 사후관리 - 아동학대 이해 및 어린이집에서의 아동학대 - 성폭력, 실종 예방	3

영역		2급 승급교육		1급 승급교육	
		교과목	시간	교과목	시간
전문 지식·기술 (55시간)	장애 및 다문화 실제 (8시간)	• 다양한 가정의 영유아 이해 - 다양한 가정의 이해 - 다양한 가정 영유아의 특성에 따른 발달적 지원 방법	4	• 다문화가정의 영유아 지원 - 다문화가정 영유아의 생활 및 발달지원, 보육 지원 등 사례중심	4
		• 장애영유아의 이해 - 발달기 영유아의 다양성 이해 - 영유아 선별, 장애진단, 조기 중재의 중요성	4	• 장애영유아의 이해 및 지원 - 특수 영유아 특성별 지도 - 기관 내 장애영유아 지원 관리 방안	4
	보육 활동 운영의 실제 (39시간)	• 영유아 관찰 사례 이해 및 실제 - 관찰의 기초, 관찰 기록 이해 - 일상생활 및 놀이행동, 상호작용 관찰 실습	4	• 영유아 관찰 및 평가 - 관찰도구의 활용 - 관찰 기록을 평가에 활용하는 방안	4
		• 대소집단활동 운영 - 대소집단활동 운영을 위한 교수 학습방법	4	• 대소집단활동 운영의 실제 - 대소집단활동 운영 실습	4
		• 신체·예술(음률)활동 운영 - 신체·예술영역 발달의 이해 - 신체·예술활동 운영 방법	4	• 신체·예술(음률)활동 운영의 실제 - 신체·예술(음률)활동 운영 실습	4
		• 언어·수과학활동 운영 - 언어·수과학영역 발달의 이해 - 언어·수과학활동 운영 방법	4	• 언어·수과학활동 운영의 실제 - 언어·수과학활동 운영 실습	4
		• 역할·쌓기놀이활동 운영 - 역할·쌓기놀이영역 발달의 이해 - 역할·쌓기놀이활동 운영 방법	4	• 역할·쌓기놀이활동 운영의 실제 - 역할·쌓기놀이활동 운영 실습	4
		• 보육계획 수립 및 보육일지 작성 - 보육계획의 원리, 연계성 있는 보육계획 - 보육일지 작성의 원리, 일과 계획 작성,, 일과의 실행과 평가 작성	4	• 보육일지 작성의 실제 - 보육일지 작성 실습	4
		• 표준보육과정의 이해 및 평가 - 제3차 어린이집표준보육과정 총론, 0~1세 보육과정(6개 영역 목표, 내용체계), 2세 보육과정(6개 영역 목표, 내용범주, 내용) - 표준보육과정 운영평가	4	• 보육실습 지도의 적용과 사례 - 보육실습 지도의 의의, 계획, 운영, 평가	4

영역		2급 승급교육 교과목	시간	1급 승급교육 교과목	시간
전문 지식·기술 (55 시간)	보육활동 운영의 실제 (39시간)	• 누리과정의 이해 및 평가 - 3~5세 누리과정 5개 영역 목표, 내용범주, 내용 - 누리과정 운영평가	4	• 어린이집의 개인정보보호 관리 - 개인정보보호 관련 법에 대한 이해 - 개인정보가 포함된 문서 관리 - CCTV 관련 개인정보 관리	4
		• 영유아 행동의 발달적 이해 - 사례중심 발달영역별 영유아 행동의 이해 및 지원	4	• 영유아 문제행동 조기발견 - 영유아 사회·정서발달과 적응 지도 - 발달적 지원과 치료적 접근이 필요한 영유아 이해 - 사례중심 문제행동 지원방법	4
		• 실내외 놀이 환경 구성 - 실내외 놀이 환경 구성의 기본 요건, 원리, 실제 및 평가	3	• 어린이집 환경 구성 및 관리 - 어린이집 환경 구성의 원리 및 관리 실제	3
	가족 및 지역사회 협력	• 다양한 부모-자녀 관계의 이해 - 가족형태의 다양화, 부모역할, 건강한 부모-자녀 관계 형성	4	• 부모참여 계획 및 실행 - 부모참여의 실제 및 활성화 방안	4
		• 부모참여 및 상담 실제 - 부모참여활동 계획 - 부모상담을 위한 준비 및 실습	4	• 지역사회 연계활동 계획 및 운영 - 보육과정, 장소, 활동에 따른 지역사회 연계활동 계획	4
평가시험		• 2급 승급교육 평가시험	2	• 1급 승급교육 평가시험	2
계		21과목+평가시험	80	21과목+평가시험	80

※ 「건강·안전」 영역의 응급처치 관련 교육은 심폐소생술, 응급처치 실습 등 이론보다 실습 위주로 교육하도록 함

4) 특별직무교육

특별직무교육은 영아, 장애아, 방과 후 보육 담당 보육교사가 받게 되며, 이 교육을 받은 보육교사는 일반직무교육을 이수한 것으로 본다.

〈표 7-8〉 보육교사의 특별직무교육 내용

영역		영아보육	장애아보육	방과 후보육
인성·소양 영역		• 보육교사의 건강관리 • 영아보육교사의 역할과 윤리 • 아동권리와 영아학대 예방	• 장애아동 복지와 장애인 인식 개선 • 장애아 보육교사의 역할과 윤리 • 아동권리와 장애아 학대 예방	• 현대사회 변화와 방과 후 보육의 이해 • 방과 후 보육교사의 역할과 윤리 • 아동권리와 아동학대 예방
건강·안전영역		• 영아 건강교육 • 영아 안전사고 예방교육 • 보건위생관리	• 장애아급식 및 영양관리 • 장애아 안전사고 예방 및 대응 • 장애아 보건위생관리	• 초등학생의 보건·위생 관리 • 초등학생의 안전사고예방 및 대응
전문 지식·기술	보육활동 운영의 실제	• 영아일상생활지도 Ⅰ • 영아일상생활지도 Ⅱ • 표준보육과정 운영의 실제 • 영아놀이지도 • 감각탐색활동 영역 • 역할·쌓기 영역 • 신체활동 영역 • 언어 영역 • 예술(음률, 미술)활동 • 실외놀이활동 • 영아 적응 프로그램 • 영아행동관찰과 평가 • 영아와의 상호작용 실제	• 장애아의 이해 Ⅰ • 장애아의 이해 Ⅱ • 일반보육과정에 기반한 장애영유아교수방법 Ⅰ • 일반보육과정에 기반한 장애영유아교수방법 Ⅱ • 운동발달 교수방법 • 의사소통발달 교수방법 • 사회성 발달 교수방법 • 인지발달 교수방법 • 자조기술발달 교수방법 • 개별화교육 프로그램 작성 • 개별화교육 프로그램 실행 및 평가 • 긍정적 행동지원	• 초등학생의 발달적 특성 • 초등학교 교육과정의 이해 • 초등학생을 위한 교수-학습 방법 • 학습지도 • 숙제 및 과제 지도 • 놀이지도 • 방과 후 교육 프로그램에 대한 이해 Ⅰ • 방과 후 교육 프로그램에 대한 이해 Ⅱ • 방과 후 교육 프로그램에 대한 이해 Ⅲ • 초등학생 생활지도 • 초등학생 문제행동지원
	가족 및 지역사회 협력	• 영아부모상담 실제	• 장애영유아가족지원 • 지역사회연계	• 초등학생 부모와의 상담 및 연계 • 방과 후 아동을 위한 지역사회 연계
	장애 및 다문화 연계			• 학령기 장애아동의 이해와 교사지원 • 다문화사회와 아동
계		20과목, 40시간 (과목당 2시간)	20과목, 40시간 (과목당 2시간)	20과목, 40시간 (과목당 2시간)

한편 보육교사 대상의 보수교육 실시효과와 개선에 관한 연구에서는 보수교육 과정이 양성교육과 특별히 차이가 나지 않는다고 평가했으며, 보육강사를 대상으로 한 조사에서 교직관 및 인간관계론 등 소양교육과 자기계발, 소질, 기술 교육, 아동인성교육 및 리더십 교육 등의 개설에 관한 필요성을 제기하였다(김은설, 황미영, 2011). 이러한 결과는 보육교사로서의 보육교직정체성과 관계를 중심으로 한 인성교육에 관심이 많은 것을 알 수 있다.

4. 보육교사의 직무능력의 계발과 평가체계

국가는 국민의 안전을 도모하기 위해 각종 식품과 의약품 및 공산품 등에서 일정한 기준을 제시하고 표준화하고 있다. 인간을 위한 서비스도 안전과 건강 및 성장을 위해 표준화된 기준을 제시하고 있으며, 직무부분에서는 국가직무능력표준(NCS, National Competency Standards)이 마련되어 있다.

직무능력표준은 산업현장에서 직무를 수행하기 위해 요구되는 지식·기술·태도 등의 내용을 체계화하고 그에 준하도록 한 것이며,[11] NCS에는 보육분야가 포함되어 있으며, 보육직무를 정의하고 있다. 따라서 보육교사로서 직무를 제대로 수행하려면 이 능력표준에 따르는 것이 필요하다. 실제적으로 학문보다는 실무능력을 중요시하는 전문대학에서는 약칭 NCS로 부르는 국가직무능력표준에 따라 양성하고 있다.

1) 국가직무능력표준의 체계와 의의

실행과 실천이 있으면 향후 더 나은 성과를 내기 위해 어떤 형식이든지 피드백과 평가가 필요하다. 대표적인 예로 어린이집의 평가인증을 들 수 있는데 이 인

11) 보육이 효과적으로 이루어지기 위해서는 여러 가지 인적 및 물적 자원의 투입(input)이 필요할 뿐 아니라, 가시적인 생산 효과(out put)를 내야 한다. 이런 맥락에서 보육도 포괄적인 '산업'의 맥락에서 접근하고 있다.

증의 중요한 목적 중의 하나는 어린이집 보육서비스의 질적 수준을 높이고자 준비하고 노력하는 과정을 통해 원장과 보육교직원의 전문성이 증진되도록 하는 것이다(보건복지부, 한국보육진흥원, 2015, 2018). 여기에서 주목해야 하는 것은 평가인증을 효과적으로 실시하기 위해 영역별 '지표'가 개발되어 있다는 것이다. 따라서 보육교직원들이 평가인증을 준비하고, 인증을 받을 때, 이 '지표'는 인증에서 절대적인 기준이 된다.

NCS에서의 직무능력이란 세 가지를 말하는데, 곧 일을 할 수 있는 On-spec 능력과[12] 직업인으로서 기본적으로 갖추어야 할 공통 능력 및 해당 직무를 수행하는 데 필요한 여러 가지 역량, 곧 지식과 기술 및 태도를 말한다.

NCS의 목적은 능력 있는 인재를 개발하여 핵심 인프라를 구축하고, 일-교육·훈련-자격을 연계함으로써 국가경쟁력을 향상시키는 것이다. 그러므로 NCS의 표준은 한 사람의 근로자가 해당 직업 내에서 소관 업무를 성공적으로 수행하기 위하여 요구되는 실제적인 수행능력을 제시한 것으로, '무엇을 하여야 한다'라기 보다는 '무엇을 성취하여야 한다'는 형식으로 제시되어 있다(양광모, 박영삼, 김형배, 2015).

이러한 국가직무능력표준체계는 교육훈련기관(Education and training) 에서 활용할 수 있으며, 당연히 보육교사를 양성하는 기관도 포함된다. 구체적으로 직업교육훈련과정의 개발, 교수계획 및 매체와 교재개발, 훈련기준개발 등이 포함된다.[13]

12) 기존에 관행적으로 이루어졌던 채용방식은 지원자 자신이 그 직무를 수행할 수 있는 사람이라는 것을 증명하는 방식이었으므로 소위 말하는 Spec(스펙) 쌓기에 치중했다고 해도 과언이 아니었다. 다시 말하면 해당 직무를 얼마나 잘 수행할 수 있을 것인가 보다는 영어와 다양한 자격증 등으로 포장하는 데 주력했다고 볼 수 있다. 이러한 접근이 불필요한 것은 아니지만, 직무 적합성은 떨어진다. 이러한 제한점을 극복하고 직무적합성에 초점을 맞추고자 한 방식이 On-Spec이다. 강조하면 해당 직급의 직무 역량이 어느 정도인가를 중점적으로 보고 선발하는 방식을 말한다. 따라서 '표준직무능력'을 기준으로 선발할 때, 효율성, 효과성, 공평성을 담보할 수 있게 된다.

13) NCS에서는 대부분의 산업분야가 직무분석자료, 인적자원관리 도구, 인적자원개발 프로그램, 특화자격 신설, 일자리정보 제공 등을 원하며, 또한 교육훈련기관에서는 산업현장의 요구에 맞는 맞춤형 교육훈련과정을 개설하여 운영하기를 원한다고 보고 있다.

오늘의 아이가 내일의 우리이며, 동시에 우리 아이들인 것을 생각하면, 보육교사는 직업기초능력과 함께 직무능력을 국가수준에 이르도록 해야 할 책임이 있다.

2) 국가직무능력표준의 체계와 보육교사의 전문성

국가직무능력표준의 체계, NCS는 대분류, 중분류. 소분류의 세 가지 분류 체계로 구분되며, 보육분야도 이 체계에 준하고 있다. 이 분류는 직무의 유형(Type)을 중심으로 국가직무능력표준의 단계적 구성을 나타내는 것으로, 국가직무능력표준 개발의 전체적인 로드맵을 제시한 것이다. 그러므로 이러한 분류체계를 아는 것은 직무능력의 계발에 도움이 된다. 다시 말하면 거시적인 체계와 미시적인 체계와의 관계를 구체적으로 이해하면서 직무능력을 계발할 수 있기 때문이다.

NCS에서는 '보육'이 포함되어 있으며, '보육'이라는 직무는 영유아를 보호하고 관찰하여 이를 바탕으로 놀이활동을 기획하고 영유아발달을 촉진하는 보육업무를 수행하며, 어린이집-부모-지역사회 등의 인적, 물적 네트워크르를 파악하여 협력을 이끌고 지원하는 활동을 하는 일련의 직무를 수행하는 것으로 정의하고 있다.[14] 이 '보육'직무의 정의를 보면, 보육의 범위가 넓다는 것을 알 수 있다.

이렇게 볼 때, 보육교사는 다음과 같은 관점에서 공인된 소중한 사람이므로 보육교직정체성을 확고히 한 가운데 전심전력을 기울여야 할 소중한 사람이다.

- 보육교사는「영유아보육법」에 근거하여 국가가 인정하는 전문직업인이다.
- 보육교사는 한국표준직업분류에 전문가로 명시되어 있는 전문직업인이다.
- 보육교사는 국가직무능력표준의 보육분야에서 직무를 수행하는 전문직업인이다.

14) 보육교사를 양성기관에서는 해당 기관의 특성을 고려하되, NCS기준을 반영하여 예비보육교사를 양성하고 있다.

(1) NCS에서의 보육의 능력단위

NCS에서의 능력단위는 NCS체계에서 직무의 하위단계에 해당하며, 실제적으로 능력개발을 하는 영역으로서 [그림 7-1]에서 보듯이 보육이라는 '직무'의 하위단계에 여러 능력단위가 존재하는 구조로 되어 있다.

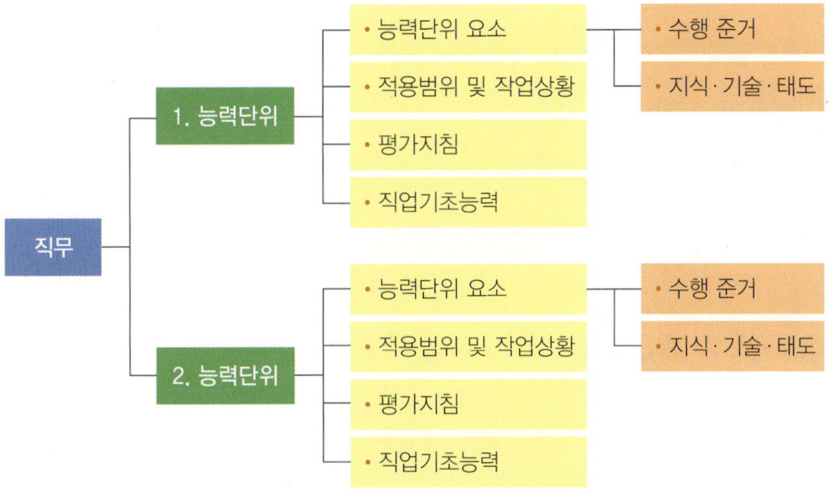

[그림 7-1] 국가직무표준 능력단위 구성

출처: 국가직무능력표준(www.ncs.go.kr).

여기에서 직무는 보육교사의 직무를 말하며, 능력단위는 보육교사의 역량 강화를 위해 전문적인 지식을 습득하는 것을 말한다.

능력단위는 다시 수행 준거와 지식 · 기술 · 태도로 구성되며,[15] 각각의 능력단위들은 직업기초능력과 밀접한 관련성을 지니고 있다.[16]

그리고 이러한 능력단위들은 구체적으로 보육교사가 되기 위해 이수해야 할 여러 학습과목들을 말하는데, 대체적으로 이론과목보다는 실제과목에 비중을 두며, 보육교사 양성과정 규정에 명시되어 있다. 〈보육연구〉를 예시한다.

15) 이 장에 기술된 〈보육교사 교육체계〉를 참조한다.
16) 이것은 각 대학에서 기초능력에 해당하는 과목들은 교양과목의 성격을 지니고 전체 학생이 필수로 이수하도록 조치하는 것과 거의 유사한 맥락이다.

〈표 7-9〉 NCS 능력단위-보육연구(학습모듈)

능력단위요소	수행 준거
보육현장 연구하기	1.1 연구 주제와 관련된 보육 관련 도서 및 자료를 수집하고 검토하여 보육 현장 연구 계획서를 작성할 수 있다. 1.2 계획안에 따라 연구 수행에 필요한 자료를 수집할 수 있다. 1.3 수집한 자료를 연구 목적에 맞게 분석할 수 있다. 1.4 보육 현장 연구 결과 보고서를 작성할 수 있다. 1.5 연구 결과물을 전문 분야에 발표할 수 있다.
	【지식】
	○ 연구 주제에 대한 기본 이해, 보육현장에 대한 이해
	【기술】
	○ 연구 주제와 관련된 자료 수집 능력, 연구 주제와 관련된 자료 분석 능력, 보고서를 작성하는 기술, 발표 능력
	【태도】
	○ 현장문제를 탐구하려는 적극적 태도, 다양한 연구방법을 모색하는 태도, 타 기관과의 협력 및 원활한 정보교환 태도, 외부 전문가와 적극적으로 교류하는 태도
보육 프로그램 개발하기	2.1 개발할 중점 보육프로그램의 요구를 파악하여 이를 토대로 기본개발 계획을 수립할 수 있다. 2.2 프로그램 개발을 위해 필요한 자료를 수집하여, 개발계획에 맞게 분석할 수 있다. 2.3 분석한 자료를 활용하여 보육프로그램을 구성할 수 있다. 2.4 필요시 관련 기관 및 전문가의 자문을 받아 프로그램 내용을 보완할 수 있다. 2.5 중점 보육프로그램을 보육과정에서 적절하게 시범적으로 실행할 수 있다. 2.6 시행된 보육프로그램을 평가하여 보고서를 작성할 수 있다.
	【지식】
	○ 연령별 영유아발달, 발달에 적합한 보육실제, 표준보육과정의 연령별, 수준별 세부내용, 국내외 영유아의 다양한 보육프로그램, 연령별 보육프로그램 평가방법
	【기술】
	○ 보육프로그램 제작 계획서 작성능력, 보육프로그램 관련자료 분석능력, 보육프로그램 실행자료 제작 기술, 보육프로그램 평가 기술, 보고서를 작성하는 기술, 관련 기관 전문가와 협의 및 소통능력
	【태도】
	○ 보육프로그램의 개발의 중요성을 인식하는 태도, 새롭게 도전하고 탐구하는 자세, 보육동향 및 다양한 보육프로그램에 대한 관심

능력단위요소	수행 준거
	3.1 보육교사의 요구 및 경력을 파악하여 그에 적합한 보육교사교육 연간계획을 수립할 수 있다. 3.2 자신의 직무능력 수준과 추가 교육이 필요한 내용 및 교육과정을 파악할 수 있다. 3.3 의무 보수교육과정을 포함하여 전문기관에서 실시하는 다양한 연수에 참여할 수 있다. 3.4 상시 이루어지는 어린이집 자체연수나 교사 연구모임에 참여할 수 있다. 3.5 필요시 보육교사 업무 수행에 도움이 되는 관련 자격증을 취득할 수 있다.
	【지식】
보육교사교육 참여하기	ㅇ보육교직원의 역할과 직무, 교사교육에 대한 내용 및 동향, 보육업무 수행 관련 자격증 취득 조건
	【기술】
	ㅇ직무향상 기술 계발, 교사교육 과정에 대한 정보 파악 기술, 자기발전을 위한 네트워크 형성 기술
	【태도】
	ㅇ교사교육의 중요성을 인식하는 태도, 자신의 단점을 보완하기 위한 노력, 보육교사교육이나 연수에 적극적 참여하려는 태도, 다양한 방법으로 자신을 평가하는 자세
	4.1 신입교사, 동료교사, 기타 인력 등 보육인력을 위한 멘토링 계획을 수립할 수 있다. 4.2 보육인력 멘토링 과정과 결과를 평가하여 개선방안을 제시할 수 있다. 4.3 경력교사와 신입교사 간 멘토-멘티 관계를 수립하여 담당업무 및 심리 정서적 관계를 지원할 수 있다. 4.4 동료 교사 간 협력관계 및 파트너십을 형성할 수 있다.
	【지식】
보육인력 멘토링하기	ㅇ인력관리의 중요성 파악, 멘토링에 대한 이해와 실행과정에 대한 내용, 바람직한 사회관계 형성하는 방법에 대한 지식
	【기술】
	ㅇ멘토링 계획서 작성능력, 상대에게 적합한 멘토링 기술, 의사소통능력과 사회관계 형성기술
	【태도】
	ㅇ타인을 수용하는 자세, 원만한 대인관계를 형성하려는 노력, 신입교사, 동료교사와 협력하는 태도, 자신과 동료의 발전을 위해 노력하는 태도, 객관적이고 공정한 태도

능력단위요소	수행 준거
보육 관련 전문단체 및 기관참여하기	5.1 자신의 직무능력 수준과 개인특성에 적합한 보육 관련 전문단체 및 기관에 참여할 수 있는 내용과 방법을 파악할 수 있다. 5.2 보육 관련 전문단체 및 기관에서 실시하는 토론회, 공청회 등에 참가하여 보육현안을 파악하고 의견을 개진할 수 있다. 5.3 보육 관련 학회에서 개최하는 학술대회 및 세미나, 워크숍에 참여하거나 발표할 수 있다. 5.4 보육 관련 전문단체 및 기관에 보육 전문가로서 참여한 후 활동 결과를 평가할 수 있다.
	【지식】
	○ 보육 관련 전문가(현장관찰자, 컨설턴트 등)의 역할, 보육정책현안
	【기술】
	○ 보육 관련 기관과의 네트워크 형성 기술, 전문가 분야에서의 발표 능력
	【태도】
	○ 전문 분야에 관심을 가지는 태도, 보육현안에 대한 의견을 제시하는 노력, 전문단체 및 기관에 대한 적극적으로 참여하는 태도, 참여한 활동에 대해 평가하는 자세

출처: NCS 능력단위-보육연구 학습모듈을 재구성함

(2) NCS에서의 기초직무능력과 보육전문직

NCS에서는 효과적인 직무수행을 위해 기초직무능력을 제시하고 있다. 직무능력은 그 직업을 수행하기 위해 필요로 하는 능력을 말하며, 이러한 능력에서 가장 기초가 되는 능력을 기초직무능력이라고 한다.

〈표 7-10〉 NCS에서의 직업기초능력

순번	직업기초능력	
	주요영역	하위영역
1	의사소통 능력	의사소통능력은 업무를 수행함에 있어 글과 말을 읽고 들음으로써 다른 사람이 뜻한 바를 파악하고, 자기가 뜻한 바를 글과 말을 통해 정확하게 쓰거나 말하는 능력이며, 문서이해능력과 문서작성능력, 경청능력, 의사표현 능력, 기초외국어 능력 등이 포함된다.
2	자기계발 능력	자기계발능력은 업무를 추진하는 데 스스로를 관리하고 계발하는 능력이며, 자아인식 능력과 자기관리 능력 및 경력계발 능력 등이 포함된다.
3	자원관리 능력	자원관리능력은 업무를 수행하는 데 시간, 자본, 재료 및 시설, 인적자원 등의 자원 가운데 무엇이 얼마나 필요한지를 확인하고, 이용 가능한 자원을 최대한 수집하여 실제 업무에 어떻게 활용할 것인지를 계획하고, 계획대로 업무 수행에 이를 할당하는 능력이며, 시간자원관리 능력과 예산자원관리 능력, 물적자원관리 능력, 인적자원관리 능력 등이 포함된다.
4	대인관계 능력	대인관계능력은 업무를 수행함에 있어 접촉하게 되는 사람들과 문제를 일으키지 않고 원만하게 지내는 능력이며, 팀워크 능력과 리더십 능력, 갈등관리 능력, 협상능력, 고객서비스 능력 등이 포함된다.
5	정보 능력	정보능력은 업무와 관련된 정보를 수집하고, 이를 분석하여 의미 있는 정보를 찾아내며, 의미 있는 정보를 업무수행에 적절하도록 조직하고, 조직된 정보를 관리하며, 업무 수행에 이러한 정보를 활용하고, 이러한 제 과정에 컴퓨터를 사용하는 능력이며, 컴퓨터활용 능력과 정보처리 능력이 포함된다.

출처: 국가직무능력표준(www.ncs.go.kr)의 자료 재정리

영유아에게 기본생활습관을 형성시키듯이 기초직무능력은 그야말로 기초가 되는 능력이기 때문에 모든 직업인이 갖추어야 할 능력이다. 당연히 보육교사에게도 적용되며, 보육교사직의 수행에서 베이스캠프(basecamp)의 기능을 한다. 따라서 이러한 기초능력을 바탕으로 해당 직업분야에서 요구되는 직무를 효과적으로 수행하면 직업인으로서 안정을 지속적으로 유지할 뿐 아니라, 소위 말하는 전문가로 성장발달하게 된다.

한편 이 기초능력은 「영유아보육법」에 명시된 포괄적인 보육교사의 직무에서는 물론 각 능력단위와도 밀접한 관계를 지닌다. NCS에서는 〈표 7-10〉과 같이 기초능력 다섯 가지를 제시하고 있다.

이러한 능력을 계발하기에 가장 좋은 방법은 각 대학에서 개설된 동일 또는 유사과목을 수강하는 것이다. 대부분의 대학에서는 교양 및 취업준비과정의 일환으로 이러한 성격을 지닌 교과목을 개발하여 운영하고 있기 때문이다. 혹 자신이 재학 중인 교육기관에 동일 또는 유사과목이 개설되어 있지 않은 경우, 각 대학의 계절학기에 개설되는 학점교류제를 활용하면 된다. 그리고 NCS 홈페이지의 게시된 관련 동영상을 시청하는 것도 한 방법이며, 그 밖에 유료로 제공되는 여러 가지 자기계발, 리더십, 코칭, IT정보기술 관련 교육사이트를 활용하는 것도 좋을 것이다.[17)]

(3) NCS 분류체계에서의 직무수준

NCS에서의 직무수준은 다양한 산업현장에 존재하는 직무의 난이도(Level)를 고려하여 종합적으로 체계화한 것으로, 산업현장에서의 교육훈련 및 자격과 연계되어 활용할 수 있다. 뿐만 아니라 보육교사 자신이 직무에서는 물론, 각각의 직무와 연계된 능력단위에서 자신의 직무수준을 평가해 볼 수 있는 좋은 준거의 기능을 한다.[18)]

---

17) 대학을 상징하는 두 가지 말이 있다. 고귀한 학문을 연구하는 지성의 전당이라는 상아탑(象牙塔)과 가난한 농가에서 소(牛)를 팔아 자식을 공부시킨, 그래서 소뼈로 이루어진 뜻의 우골탑(牛骨塔)이 그것이다. 이 "세상에 공짜란 없다" 및 "심은 대로 거둔다"라는 속담이 주는 교훈을 생각한다면 배우기 위해 투자를 해야 한다. 노벨상을 가장 많이 수상한 나라는 유대 이스라엘이다. 그들은 어떤 상황에서도 잃어버리지 않고 뺏기지 않는 재산은 지식이라고 보았고, 그 지식을 머릿속에 넣어 두는 교육을 받았다. 애써 배운 지식과 기술은 자신과 가족과 사회와 나라의 저력(底力)이 된다.

18) 직무수준이 다단계로 나누어져 정교하게 제시되는 경우, 장·단점이 있다. 매우 구체적으로 직무를 수행하여 성과를 낼 수 있는 반면에, 너무 모호하여 변별력이 저하될 수도 있다.

매일멋진보육교사의
더 깊고, 넓고, 높은 생각

"너는 전문가다 !"

"나는 가수다"라는 TV 프로그램이 있었다.
가수는 노래를 부르는 사람이다.
그냥 부르는 정도가 아니다.
잘 부른다고 자타가 어느 정도 공인해야 대회에 나간다.

나는 보육교사이다.
그런데 전문가인 보육교사다!
나의 '무엇'을 보고 사람들은 "너는 전문가다!"라고 할 수 있겠는가?

Chapter 08

보육교사의 강점계발

"기다리는 사람에게 좋은 일이 생기지만, 찾아나서는 사람에게는 더 좋은 일이 생긴다"는 말이 있다. 전문가는 기다리고 또 찾아가는 일을 동시에 해야 하는 사람이다. 더 좋은 일을 함께 공유하기 위해서이다. 이 말을 보육교사에게 적용하면, 때가 되어 받아야 할 승급교육과 보수교육의 시기를 기다리고, 또 받는 것을 넘어서 보육교사 개인으로서의 필요와 욕구 및 앞으로의 꿈 또는 사명의 실현을 위해 적합한 교육과 훈련을 애써 찾아다니며 습득해야 한다. 이때 매우 효과적이고 지혜로운 접근은 자신의 내적 자원인 강점의 계발이며, 대표적인 내적 자원으로 성격강점과 인성강점을 들 수 있다.

최근 이러한 강점의 자기계발은 기업은 물론 전 조직에 이르기까지 화두가 되고 있으며, 어린이집에서도 적용해야 할 가치가 충분히 있다. 리더십의 발휘로 이어지는 강점의 계발은 보육교사로 하여금 매일멋진리더의 삶을 살도록 이끈다.

1. 강점의 이해와 자기계발

실제로 강점은 약점(weakness)보다는 확실히 듣기에 좋은 말이다. 동시에 약점을 개선한다는 것은 정서적으로 '별로(not much)'이지만, 강점을 계발한다는 것은 남녀노소를 막론하고 신나는 일이다. 그것은 밝은 가능성이 보이기 때문이다. 신나는 일은 하면 할수록 더 잘할 가능성이 높다는 것은 자명한 이치이다. 이를 위해서는 1차 자원으로서의 자신의 강점을 더 잘 알아야 할 필요가 크다. 더구나 자신의 강점의 계발은 다른 사람에게는 전혀 방해가 되지 않으며, 자신은 물론 주변에 있는 사람들에게도 유익함을 제공해서 서로 윈윈 시너지(win-win synergy)를 내도록 돕는다.

1) 강점의 정의와 성격

일반적인 강점(强占)의 사전적 뜻은 다른 사람보다 더 우세하거나 더 뛰어난 특징을 말한다(네이버 백과, 2018). 이렇게 '다른 사람'이라는 용어를 사용한 이 정의는 개인내차(個人內差) 보다도 개인간차(個人間差)를 강조한 것이다. 재개념화될 필요가 있다. 왜냐하면 한 개인내에서도 크고 작은 차이가 존재하기 때문이다. 물론 이러한 개인내차는 개인간차를 발생 시키는 주요 요인이 되기도 하지만, 그 초점을 '비교'에 맞추면, 진정한 강점을 계발하기가 더욱 어려워지기 때문이다(이소희, 2017b).[1] 예를 들어 A 보육교사는 B 보육교사에 비해 창의성 검사가 높게 나와 창의성이 강점이 된다고 할 수 있지만, 실제로 A교사는 이타성이 창의성 보다 더 높다면, A교사에게는 이타성이 강점 자원이 될 수 있다는 것이다. 또한 C교사는 자신의 가능성을 믿고 상당히 도전적으로 직무를 처리하지만, D교사는 자신이 새로운 일을 개척하기보다는 주어진 일에 대해 최선의 노력을 다해 완성도를 높이는 것을 더 잘한다. 이렇듯 한 개인의 내적 자원으로서의 강점은 그 특성이 다르므로 서로 존중하면서 계발해야 한다.

1) Chapter 3 참조

(1) 강점의 정의와 종류

강점은 다양한 분야에서, 그리고 다양한 연구자의 시각에 따라 정의되고 있으며. 정의를 바탕으로 몇 가지 유형으로 세분되고 있다.

- 권석만(2011): 강점은 가치 있는 성과를 위해 최적의 기능을 할 수 있도록 느끼고 생각하고 행동하는 역량을 말한다고 정의하였다. 이 정의는 개인내 차를 더 강조한 것이라고 볼 수 있다.
- 마틴 셀리그만(2004): 강점은 시공을 초월하여 계속 나타나는 긍정적 심리 특성을 말한다고 정의하였으며, 이 정의는 긍정심리학을 바탕으로 한 것으로 6가지 미덕영역과 24가지 강점으로 구분하였다.
  전 세계에 널리 퍼져 있는 6가지 미덕영역은 대체로 굳은 의지와 저마다의 독특한 노력으로 발휘될 가능성이 매우 높으며, 24가지 강점은 측정이 가능하고, 그에 따른 평가도 용이하다. 다음과 같은 예를 들 수 있다.

> "사람들은 친한 친구와 함께 영화를 보고, 맛있는 것을 먹으면서 즐거운 감정을 느끼는 것보다도 친절하게 누군가를 도와준 행동을 한 후에 스스로 느끼는 감정의 여운이 더 진하다고 하였다. 즉 자신의 미덕-강점을 발휘하여 자발적으로 다른 사람을 도와주면 내내 기분이 좋아졌다고 하였다."
>
> \- 마틴 셀리그만 -

- 도널드 클리프턴, 톰 래스(2017): 강점은 재능, 지식 및 기술을 합한 힘을 말한다고 정의하였으며, 34가지 강점으로 구분하였다.[2)]
  ① 재능: 재능의 원천은 세 가지로 대별된다. 즉 무의식적인 이끌림인 동경, 원하는 것을 급속도로 학습하는 학습속도, 정신적인 만족감을 주는 활동을 찾아 느끼는 풍요로움이다.[3)]

---

2) 이 Chapter 7의 대표강점계발에서 구체적으로 학습한다.
3) 재능은 도덕적 개념이 없으나, 강점은 도덕적 특성이다. 그리고 게다가 재능은 강점만큼 개발하기가 어렵다(마틴 셀리그만, 2006).

② 지식: 지식은 사실에 입각한 정확힌 지식, 경험으로 얻은 지식, 가치관처럼 개념적으로 연마하는 지식 등을 포함한다.
③ 기술: 기술은 경험적 지식을 체계화한 것이다.

진정한 강점은 그 비중이 어떻든 자신의 재능이 지식과 기술에 의해 체계화되었을 때 강하게 발휘되며, 성공의 핵심기초가 된다. 여기에서 '재능이 없다'는 말은 어불성설이 된다. 이 정의에서 말하는 세 가지 재능의 원천은 누구에게나 있기 때문이다. 쉽게 말하면 소위 '영재(英才)'를 말하는 듯한 어떤 특별한 재능이 아니라, 소위 말하는 '땡기는' 무엇을 찾아 내가 원하는 방식과 속도로 나아가기 때문이다. 그렇기 때문에 불만족이 있을 리가 없는 것이다. 이러한 강점의 정의에서는 '자유로운 영혼'을 느끼게 한다. 마틴 셀리그만이 제안한 것처럼 34가지 강점 중에서 다시 대표강점으로 도출할 수도 있을 것이다. 또한 에니어그램에서의 성격강점과 약점의 구조처럼 대표적인 발견할 수 있을 것이며. 경영학에서의 분석방법인 SWOT 구조로도 분석해 볼 수 있을 것이다.

(2) 강점계발의 시각

강점을 보는 시각 중에서 정말 중요한 것은 개인내차이다. 즉, 그 사람에게 어떤 강점 요소가 더 많은가에 따라 그 사람의 강점 특성을 확인하는 개념인 것이다. 그 예로 제니퍼 폭스(2008)가 말한 세 가지 종류의 강점으로 설명하면, 학습강점이 높은 사람은 IQ와 주의집중력이 높을 뿐만 아니라, 사물을 보는 정보습득능력과 분석능력이 강하다. 그러므로 관계강점이나 활동강점보다는 총체적으로 학습강점이 높다고 말할 수 있는 것이다.

실제적으로 강점의 계발을 논할 때, 만약 개인에 초점을 맞춘 개인내차보다도 사람 간 비교에 초점을 맞춘 개인간차를 중시하면 소위 말하는 '줄서기' 또는 '줄세우기'가 되어서 각 개인의 강점계발이 어렵게 된다. 왜냐하면 이러한 접근은 우열의 관점에서 접근하기 것이기 때문이다. 그러므로 개인내차를 중시하여 자신이 지닌 대표강점에 주목하고, 지속적으로 계발해 나가는 것이 아주 중요하다.

2) 개인의 강점과 자기계발

개인의 강점은 자기계발에 적극적으로 활용되는 강력한 자원이다. 이러한 개인의 강점은 바로 '나의 것'이므로 내가 가장 접근하기 쉽고, 내가 가지고 있는 것 중에서 가장 잘하거나, 하고 싶은 것이므로 일단 마음이 편하고 자신감도 든다. 그리고 좋은 성과를 낼 것 같은 기대감도 생기기 때문이다. 이와 같이 개인의 강점을 통한 자기계발은 상당히 경제적이면서 최대의 효과를 낼 수 있는 의의를 지닌다.

그러므로 흔히 말하듯 강점은 살리고, 약점은 보완 내지는 개선한다는 동시다발적 접근은 지양되어야 한다. 오히려 약점은 일단 좀 내려놓고, 우선적으로 강점에 초점을 맞추어 주도적으로 나아가는 것이 필요하다. 단적으로 말하면 강점형 인간이 되는 것을 지향하는 것이다(이소희, 2018e; 마틴 셀리그만, 2006). 왜냐하면 강점을 강화하면서 약점은 약화시키는 것을 동시에 한다는 것은 에너지의 분산 때문에 실질적인 효과를 거두기가 어렵기 때문이다. 다시 말하면 약점을 개선하기 위해 노력을 기울이다 보면 이미 지니고 있던 강점도 약화시킬 가능성이 높기 때문이다.

그러나 강점에 주목하여 계속 강화하는 노력을 하다 보면, 어느 시점에 이르러 자연스럽게 약점은 강점영역으로 흡수되어 원래의 강점을 보다 강화할 수 있게 된다. 이러한 맥락에서 세계적인 경영학의 구루였던 피터 드러커(1995)가 "인간의 성과창출은 약점이 아니라, 강점으로부터 비롯된다"고 말했던 것을 유념해야 한다.

보육교사 인성이야기

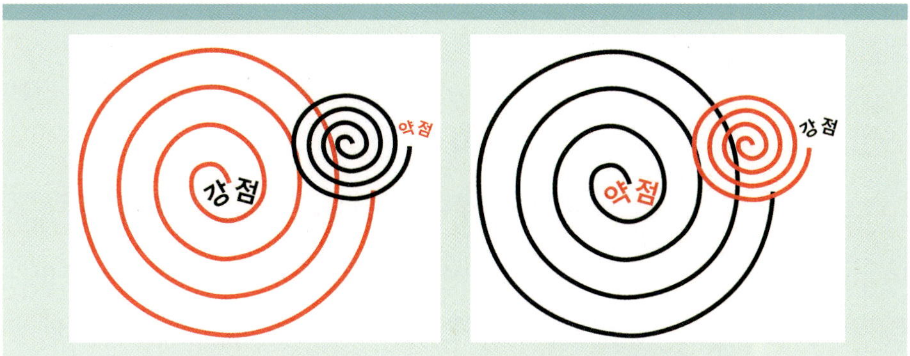

알림장

"인류역사에 등장하는 위대한 인물은 모두 자신의 강점을 최대한 발휘한 사람들이었다. 특히 그들은 그들의 성격적 약점을 보완하기보다는 성격적 강점을 강화하는 데 긍정심리학을 활용하였다." - 로베르트 비스바스 디너, 벤딘 -

Q&A

위의 〈알림장〉을 본 후, 유아와 나를 위해 A, B 중 어떤 접근을 하는 것이 더 효과적이겠는가?

나아가 존 맥스웰(2002)은 "우리의 오늘은 어제 생각한 결과이며, 우리의 내일은 오늘 우리가 무슨 생각을 하느냐에 달려 있다"고 말한 것을 상기할 때, 나 자신의 강점에 대해 어떤 생각을 하느냐는 내일의 나의 상태를 만들 가능성이 매우 높다. 왜냐하면 어떤 강점을 가진 사람은 그 강점을 자연스럽게 표출하게 되고, 그 과정에서 재미를 느낄 뿐 아니라 다른 사람의 인정까지 받으면 더 잘하고 싶은 욕구가 생겨나서 더 열심을 내게 되며, 오랫동안 지속할 가능성이 높기 때문이다. 그러면 마침내 꿈과 사명을 이루게 되며, 리더십을 발휘하는 리더로 성장하여 사회에 공헌하게 되는 것이다. 멋진 일이다!

그러므로 보육교사는 이러한 강점의 특성을 잘 알고 자신에게 더 효용성이 높은 부분에 집중하여 강점을 계발하고, 자신은 물론, 다른 사람들에게도 도움을 줄 수 있도록 리더십을 발휘할 필요가 크다.

2. 보육교사의 성격강점의 파악과 계발

오래전부터 누누이 말하고 듣고 있는 말은 '인간은 만물의 영장'이라는 것이다. 이 말에 함축된 의미는 그야말로 만물을 다스릴 수 있는 힘이 인간에게 있다는 것이다. 이 힘을 어린 아동들의 경우는 '잠재력'이라고 부르고 보육교사와 같은 성인들의 경우는 '역량(力量)'이라고 부른다. 역량은 어떤 일을 해낼 수 있는 힘을 말한다.

특히 보육교사의 일과는 어린이집을 떠난 외부활동보다는 어린이집 안에서 이루어지는 내부활동이 대부분이다. 따라서 우선적으로 보육교사는 다른 사람의 자원을 활용하는 것보다도 자신이 지닌 내적 강점자원을 먼저 계발하여 누리는 것이 더 효과적이다. 그 첫 번째 접근은 타고난 측면이 많은 성격적 강점의 이해와 계발이라고 볼 수 있으며, 이는 바로 인성의 함양과 직결된다. 왜냐하면 성격관리를 잘못하면 바로 인성이 좋지 못하다고 낙인찍히기 때문이다.

"등잔 밑이 어둡다"는 속담은 개인의 성격강점의 계발에도 적용된다. 그러므로 등잔불을 훤히 밝혀 나의 강점을 찾고, 또 계발하여 우선 어린이집 사람들에게 그 빛을 발하면 된다. 그러면 보육교사는 자신감과 자기효능감을 지니면서 직무만족도가 높은 **매일멋진보육교사**가 될 수 있다.

1) 성격강점의 의미와 계발

"열 길 물 속은 알아도 한 길 사람 속은 모른다"는 말에서 '길'은 여러 가지 의미를 내포하고 있는데, 상당 부분은 성격적 특성을 말한다고 볼 수 있다. 실제적으로 이 '성격'이 인간의 삶에 차지하는 비중은 매우 높다. 알다시피 점증하는 이혼의 주요 원인으로 성격차이를 들고 있는 것은 그 단적인 예라고 할 수 있다.

주지하다시피 성격에 대한 관심과 연구의 역사는 매우 오래되었으며, 그로 인해 오늘날 나와 다른 사람들의 성격을 이해하고 또 적용할 수 있을 정도로 상당한 부분을 알게 되었다. 그 결과 개발·타당화된 성격검사는 자기계발에 활용할 뿐만 아니라, 다른 사람의 관계향상 및 개선에도 유용하게 사용할 수 있다. 특히 학교와 기업 및 비영리조직에서의 성격검사 활용도가 높은 것은 그만큼 진로와 인사와 경영 등에서 성격이 차지하는 의미가 그만큼 크기 때문이다.

(1) 성격의 의미와 유형

일반적인 성격의 정의는 한 개인이 지닌 독특한 심리·행동적 특성을 말하며, 대체로 일관성 있게, 반복적이자, 지속적으로 나타난다. 그렇기 때문에 성격이 똑같은 사람은 없고, 다소의 유사점과 차이점이 있을 뿐이다.

또 성격을 보는 관점에 따라 여러 가지로 분류되고 있다. 이를테면 의식과 무의식, 내향성과 외향성, 기질론과 유형론 등이 그것이다. 특히 성격을 내향성과 외향성으로 구분한 것은 간단명료하게 성격특성을 이해할 수 있지만(Jung, 1968), 그 범주가 너무 넓다. 즉 두 가지 범주유형 내에서도 여러 다면적 특성이 내재되어 있을 뿐만 아니라, 상황적 변수도 작용한다. 따라서 이러한 점을 고려하여 성격을 보다 세분화하는 연구가 이루어져 왔는데, 성격유형론의 하나인 MMPI(Minnesota Multiphasic Personality Inventory)가 대표적인 예다.[4] 또한 성격유형론의 차원에서 에니어그램(enneagram)은 오랜 역사성을 지녔으며, 성격심리학자들에 의해 과학적인 방법으로 체계화되면서 그 탁월성을 인정받고 있다. 그중에서도 에니어그램은 초기의 MMPI와는 달리 일반사람들의 성격특성 파악

4) MMPI는 정신건강의학과 임상 장면에서 환자들의 정신 병리를 더 신뢰할 만하고 효율적으로 진단 평가할 목적으로 개발된 자기보고형 검사이다. 오늘날에는 진단 평가 도구로서의 목적뿐만 아니라 정상인들의 성격 특성, 정서적 적응 수준, 검사에 임하는 태도 등 다양한 심리 내적 영역을 양적으로 측정할 목적에서 원판 MMPI의 개정판인 성인용 MMPI-2와 청소년용 MMPI-A가 사용되고 있다(심리학용어사전, 2014).

에 그 초점을 두고 전승되어 왔으며, 성격의 특성을 중심 에너지, 날개, 강점과 약점, 해피한 경우와 스트레스 상황에서 나타나는 특성 등으로 성격을 구조적으로 잘 설명해 주고 있다(이소희, 2013a, b).

따라서 이미 과학적으로 개발·타당화되어 있는 성격검사를 활용하여 성격의 구조와 특성을 이해하고, 또 일상생활에서 주의 깊게 관찰하고 적절히 반응하면 스스로 건강하고 더 적응적인 개인이 될 수 있다. 동시에 다른 사람들도 어떻게 생각하고, 느끼고, 행동할 것인가도 예측하여 그 사람들과도 관계의 향상과 개선을 기대할 수 있다. 이를 통해 행복한 개인과 조직을 함께 이룰 수 있다.

(2) 성격과 인격

"인사(人事)가 만사(萬事)다"라는 말이 있다. 이 말은 사람들과 관계가 행복한 성공을 이루는 데 핵심요소라는 것을 대다수의 사회구성원들이 공감하기 때문이며, 이는 역사가 증명해 주고 있다.

특히 어린이집은 비교적 소수의 보육교직원들로 구성된 작은 조직이기 때문에 그 어느 조직보다도 성격의 노출이 심하며, 이에 따라 갈등이 발생되고 스트레스를 경험할 소지가 적지 않다. 게다가 다수의 보육교직원이 여성임을 고려할 때, 더욱 그러하며, 더구나 어린 영유아의 보호와 교육을 담당하는 직원의 특성상 보육교직원의 성격특성에 따른 언행은 그대로 영유아들과 그 부모들에게 전달된다. 따라서 어린이집에서의 인사관리는 성격관리라고 해도 과언이 아니라고 할 수 있다.

이와 같이 성격은 행복한 어린이집 조직문화를 형성하는 데 매우 중요하므로 바른 이해가 필요하다. 그럼에도 불구하고 유념해야 할 점이 있는데, 그것은 성격은 인격과 다르다는 점이다. 인격은 도덕성의 수준을 내포하지만, 성격은 '옳다 나쁘다'는 차원에서 논할 수 없다는 것이다. 오히려 건강한 성격이나 불건강한 성격이라는 차원에서 말할 수 있다는 점이다. 따라서 "A 보육교사는 성격이 나쁘고, B보육교사는 성격이 좋아"라는 말이 성립되지 않는다는 것이다. 오히려

C보육교사는 인성(인품, 성품)이 좋은데, D교사는 그렇지 못하다는 말은 성립될 수 있다. 이때 인성은 성격과 함께 여러 가지 덕목을 포함하여 포괄적으로 설명하게 된다.

"내 성격이 커리어를 망친다(토마스 차모로-프레무지크, 2018)"는 말은 직장인인 보육교사에게도 시사하는 바가 크다.

2) 에니어그램 성격의 이해와 계발

에니어그램은 그리이스어로 9를 나타내는 '에니어'와 이미지를 나타내는 도형의 'gram'을 합성한 용어로 성격적 특성을 설명해 주는 틀이다. 이 에니어그램은 약 2500여 년의 긴 역사 동안 여러 지역을 통해 구전되어 오다가 1970~1980년경 미국의 심리학자와 가톨릭 사제들에 의해 과학적 구조로 체계화되기 시작하였으며, 현재 국제에니어그램협회가 조직될 정도로 확충되었다. 우리나라에서도 인간과학 분야의 여러 학자들이 연구하고 있으며, 여러 관련 학회와 연구소도 설립되어 에니어그램의 성격 이해와 활용에 기여하고 있다.

(1) 에니어그램 상징과 별칭

에니어그램 성격특성을 단적으로 나타내 주는 틀을 에니어그램 상징이라고 하며, [그림 8-1]과 같이 원과 삼각형 및 헥사드로 구성된 원형의 형태를 지니고 있다.

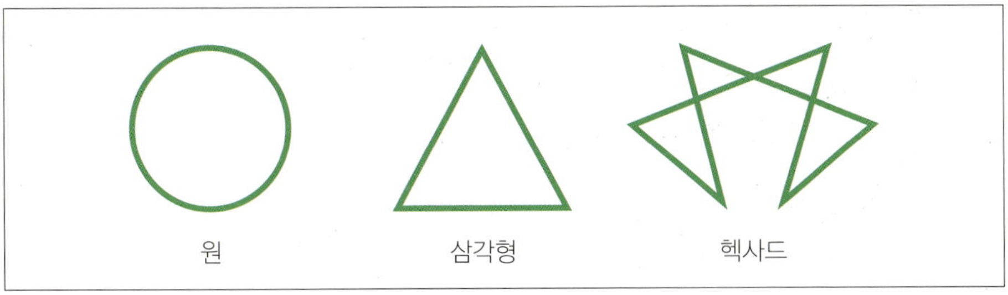

[그림 8-1] 에니어그램 상징 I

[그림 8-2] 에니어그램 상징 II

출처: 비전에니어그램교육연구소(2012). BASIC 과정 매뉴얼(이소희 개발).

에니어그램 상징에 1~9의 숫자가 제시되어 있다. 그렇지만 학업성적이나 시험 및 운동경기에서처럼 우열을 나타내는 순서적인 의미는 없다. 이렇게 번호화한 의도는 유형의 특성에 따른 이름을 붙였을 때 발생되는 선입견을 지양하기 위한 것이다. 그러나 분명히 9가지 각 성격은 독특한 성격 특성을 지니고 있으므로 대부분의 에니어그램 연구들은 별칭을 붙이고 있다. 이소희(2012, 2018)는 에니어그램 성격이 일반 사람들을 대상으로 전승되어 온 점을 고려하여 긍정심리학을 배경으로 별칭을 부여하였다.

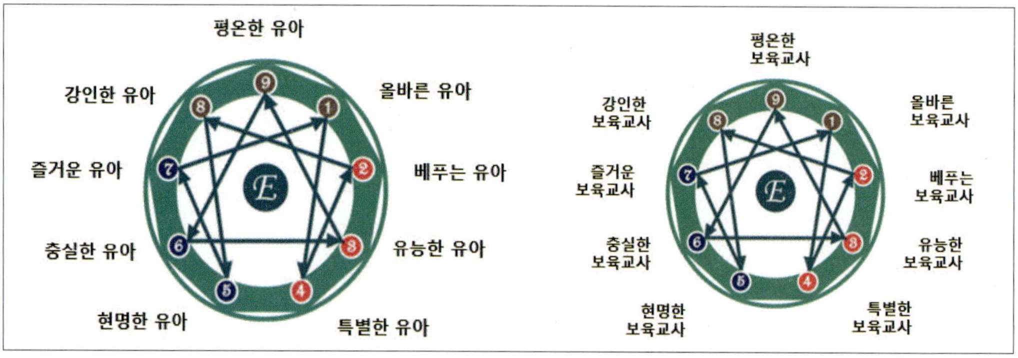

[그림 8-3] 에니어그램 별칭

출처: 비전에니어그램교육연구소(2012). BASIC 과정 매뉴얼(이소희 개발).

(2) 에니어그램 9가지 성격적 특성

에니어그램은 인간의 성격(perisonality)을 9가지 유형으로 구분하고 있으며, 다음과 같은 특성을 지니는 것으로 설명되고 있다(비전에니어그램교육연구소, 2014).

- 모든 인간은 9가지 성격유형 중에서 특정의 한 유형이 자신의 성격유형이 되며, 이때 해당되는 성격유형은 자신의 성격에서 중심이 되므로 '중심유형'이라고 한다(예: 그 예로 A교사는 2유형 베푸는 교사, B 교사는 5유형 현명한 교사, C교사는 9유형 평온한 교사에 해당되는 것을 들 수 있다). 이 중심유형은 평생 동안 일관성 있게 유지된다. 그러나 일생을 살아가는 동안, 이 중심유형이 지닌 성격적인 특성이 더욱 분명해지거나, 흐릿하게 나타날 때는 있다.
- 모든 사람은 중심유형 외에도 나머지 여덟 가지에 해당되는 다른 유형의 성격적 특성도 조금씩 함께 지니고 있다.
- 중심유형 이외에, 나머지 여덟 가지 성격 유형 중에서도 특별히 관련이 깊은 성격유형은 네 가지이다. 즉 중심유형 옆에 좌우로 위치한 주 날개와 보조 날개에 해당하는 유형 및 스트레스를 받을 때와 행복할 때 나타나는 성격유형이 그것이다. 그렇다고 해서 이 네 가지의 성격 유형이 중심유형을 바꿀 정도로 큰 영향력을 발휘하는 것은 아니지만, 다른 성격유형보다는 관련이 깊은 유형이다(1유형의 올바른 보육교사를 대상으로 설명하면 다음과 같다. 1유형의 교사 좌우에 9유형과 2유형이 있다. 이 두 유형을 날개유형이라고 한다. 에니어그램 성격검사결과, 이 두 유형 중에서 높은 점수가 나온 유형은 주날개, 그렇지 않은 유형을 보조날개라고 한다. 검사결과, 만약 2유형의 점수가 높으면 〈1W2〉 라고 표기한다. 여기에서 W는 날개(wing)의 약자이다. 만약 1유형이 행복한 상태에 있으면, 1유형을 향하고 있는 7유형이 지닌 강점 성격을 나타내고, 스트레스를 받고 있으면, 1유형에서 나가는 4유형의 약점 성격특성을 나타낸다. 따라서 1유형과 밀접한 관계에 있는 성격유형을 1유형 외에 9, 2, 4, 7유형의 네 가지 성격유형을 들게 되는 것이다. 각 유형

별 성격의 구조는 [그림 8-4]에 제시되어 있다. 이러한 방식으로 9유형의 보육교사를 설명할 수 있다.

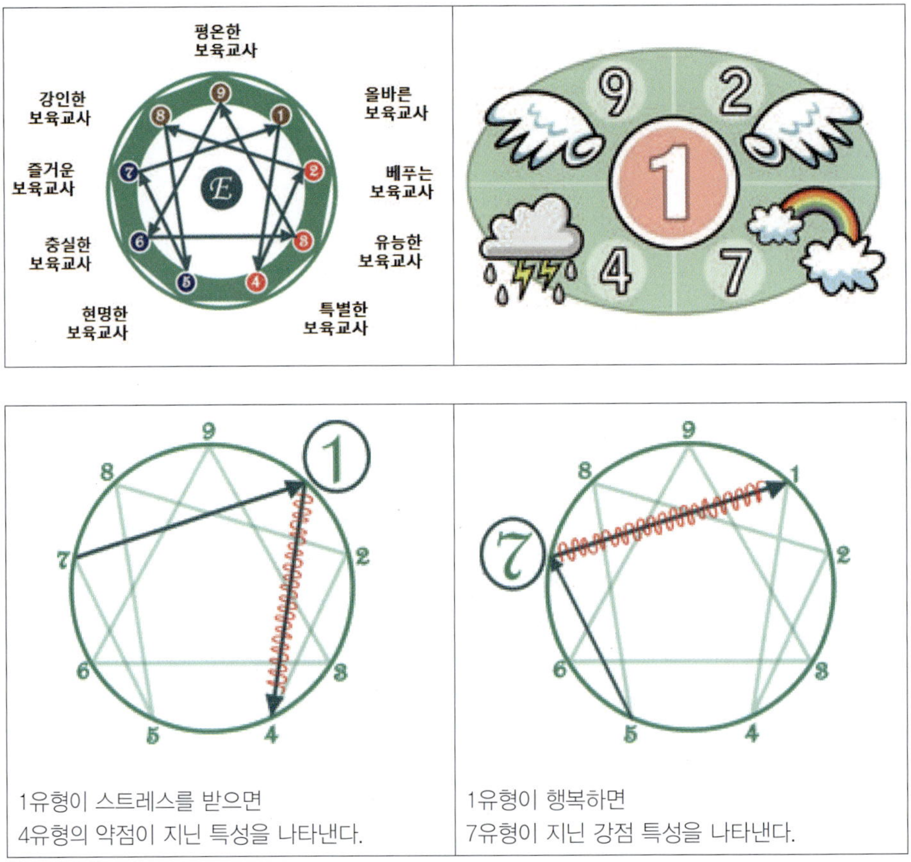

[그림 8-4] 에니어그램의 구조: 날개와 스트레스 및 행복유형

출처: 비전에니어그램교육연구소(2012). BASIC 과정 매뉴얼(이소희 개발).

- 어떤 문화권에서던 더욱 선호하고, 호감을 가지는 성격 유형이 있을 수는 있지만, 9가지 에니어그램 성격유형은 문화적인 보편성을 지닌다. 즉 나라마다 미묘한 문화적인 차이는 있지만, 에니어그램 성격 유형이 같은 사람이라면, 다른 문화권에서 생활한다고 하더라도 그 기본적인 성격의 내재적 동기와 성장과 발달적 여정은 거의 비슷하다. 그 예로 미국사람 1유형과 중국사

람 1유형은 거의 동일한 성격특성을 보인다.

- 9가지 에니어그램 성격 유형은 성 차이(性差異)를 나타내지는 않는다. 그 예로 남자와 여자는 생물학적인 차이는 있지만, 에니어그램 성격 유형이 같은 2유형의 남자와 2유형의 여자라면, 거의 동일한 성격 특성을 보인다.
- 9가지 에니어그램 성격유형은 어른과 아이라는 연령에 따른 차이를 나타내지 않는다. 물론 아주 민감하게 관찰해야만 아이들의 에니어그램 성격유형을 확인할 수 있지만, 일단 확인이 되면 3유형 아이와 청소년 및 3유형의 어른은 거의 동일한 성격특성을 보인다.
- 에니어그램은 종교와 인종에 따른 차이를 나타내지 않는다. 즉 우주적인 범용성을 지니는데, 이를테면 불교 신자 4유형과 기독교 신자 4유형은 거의 동일한 성격 특성을 보인다.
- 어떤 유형의 성격이 좋고, 나쁜 것이 아니라, 각각의 성격유형은 일반적인 대인관계를 고려할 때, 강점과 약점이 있을 뿐이다.

이러한 중심유형에 해당하는 성격은 후천성보다도 선천성의 비중이 높다고 보고 있다. 그렇기 때문에 성격유형을 확인하면 나의 선천성이 강한 자신의 성격적 강점을 살려서 편안하고 행복한 개인 및 직업생활을 하기가 용이한 것이다.

보육교사 인성이야기

정리정돈을 잘 하지 않은 유아들

1유형의 유아

Q&A

"대부분의 부모님과 선생님들은 특별히 정리정돈을 잘하는 1유형의 유아를 좋아한다. 1유형의 유아는 어떤 성격특성을 지니고 있을까? (〈표 8-1〉, 〈표 8-2〉 참조)

(3) 에니어그램 세 가지 중심 에너지

에니어그램에서는 한 인간이 어떠한 상황과 사건에 전형적으로 반응하는 에너지가 있다고 본다. 9가지 성격유형으로 구분되는 에니어그램에서 자신의 성격에 해당하는 특정 유형을 중심유형이라고 부르듯이 자신의 중심유형과 관련된 에너지를 '중심 에너지'라고 한다. 이 중심 에너지는 크게 세 가지로 구분되는데, 생각중심 에너지(머리), 감정중심 에너지(가슴), 행동중심 에너지(배)로 세분되며, 이러한 중심 에너지는 중심유형과 밀접한 관련을 지닌다.

모든 인간은 이 세 가지 중심 에너지 중, 하나의 에너지를 가장 많이 사용한다. 이 세 가지 중심 에너지는 일상생활에서 각각 독특한 정서적 특성을 나타내는데, 생각(머리) 중심 에너지는 주로 불안을, 감정(가슴) 중심 에너지는 주로 수치심을, 행동(배) 중심 에너지는 주로 분노를 나타낸다. 이러한 성격적 특성은 인간이라면 누구나 지니고 있고, 상황과 사람에 따라 표출된다.

〈표 8-1〉 3가지 중심 에너지와 9가지 중심유형의 특징

<table>
<tr><td rowspan="4">생각형
(머리)</td><td colspan="2">미래의 계획을 위해 생각을 많이 하고 의미 있는 삶을 중요하게 여기며, 살면서 부딪히는 문제를 논리적이고 합리적으로 해결하려고 노력한다.</td></tr>
<tr><td>5유형 = 현명한 사람</td><td>자신의 내면으로 파고들어가 따져 보고 대응하는 것으로 불안에 반응한다.</td></tr>
<tr><td>6유형 = 충실한 사람</td><td>부정적인 상태를 미리 예측하고 대비하는 것으로 걱정을 줄이고 불안에 반응한다.</td></tr>
<tr><td>7유형 = 즐거운 사람</td><td>재빨리 즐거운 가능성으로 전환함으로써 고통을 피하고 불안에 반응한다.</td></tr>
<tr><td rowspan="4">감정형
(가슴)</td><td colspan="2">다른 사람이 나를 어떻게 보고, 반응하는지에 관심이 많으며, 내가 원하는 삶의 의미와 방식을 존중받으면서, 다른 사람이 인정해 주는 관계 속에서 살기를 원한다.</td></tr>
<tr><td>2유형 = 베푸는 사람</td><td>자신이 필요하고 좋은 사람이라는 이미지를 만들어서 수치심을 느끼지 않으려고 다른 사람에게 베푼다.</td></tr>
<tr><td>3유형 = 유능한 사람</td><td>자신이 성공한 사람이라는 이미지를 보여 줌으로써 수치심을 느끼지 않으며, 존경받기 위해 노력한다.</td></tr>
<tr><td>4유형 = 특별한 사람</td><td>결코 평범하지 않은 사람이라는 이미지를 보여 줌으로써 수치심을 느끼지 않으려고 민감하게 대처한다.</td></tr>
<tr><td rowspan="4">행동형
(배)</td><td colspan="2">본능과 직관에 의해 행동하고, 진행 중인 일을 파악하는 데 신속하며, 현실 속에서 질서를 유지하려 하고, 자신에게 주어진 의무를 이행하려고 애쓴다.</td></tr>
<tr><td>8유형 = 강인한 사람</td><td>거짓, 반발, 불신, 거부당할 때, 직접적으로 분노를 표현하며 통제하려 든다.</td></tr>
<tr><td>9유형 = 평온한 사람</td><td>무시, 강요를 받을 때, 분노하며, 자기 주장을 관철시킨다.</td></tr>
<tr><td>1유형 = 올바른 사람</td><td>자신이 원하는 방향으로 일이 되지 않을 때, 자신을 비판하며 분노한다.</td></tr>
</table>

출처: 비전에니어그램교육연구소(2012). BASIC 과정 매뉴얼(이소희 개발).

그러나 보육교사는 어린 영유아를 보육하는 사람이기 때문에 평정심을 잃고 너무 불안해하거나, 화를 벌컥 내거나, 너무 소극적이거나 우유부단하면 영유아들도 모방하게 된다. 즉 불안하며, 위축되고, 공격적이 될 수 있다. 또한 어린이집 사람들과의 관계도 경직되고, 갈등과 스트레스를 겪어서 쉽게 소진될 가능성도 높다.

따라서 보육교직원들 서로가 상대방의 성격적 특성을 알아서 서로 이해하고 수용하며 어린이집이 추구하는 목표를 향해 나아갈 필요가 있다.

(4) 에니어그램 성격강점과 약점

에니어그램 성격론에서는 좋은 성격과 나쁜 성격은 없다고 본다. 그럼에도 불구하고 성격의 특성은 반복성, 지속성, 일관성을 지니므로 성격적 약점을 자주 드러내는 경우도 있고, 강점이 부각되는 경우가 있다. 이에 따라 어떤 사람의 성격적 특성은 수용되기도 하고 거부되기도 한다. 그래서 성격은 대상과 상황에 따라 동전의 양면과 같은 특성을 지니게 된다.

따라서 어떤 사람은 일상의 삶에서 성격적 약점을 더 많이 드러내는 경우가 있는데, 이러한 상황은 그 사람이 스트레스를 많이 받고 있을 때이므로 바람직한 현상은 아니라고 볼 수 있다. 왜냐하면 보육교사는 교사이기 때문에 자신의 마음을 잘 다스릴 수 있어야 하며, 정신이 건강해야 하기 때문이다. 한마디로 말하면 성격적 약점보다 강점 특성을 더 많이 드러내야 할 뿐 아니라, 더욱 강화시켜야 한다.

〈표 8-2〉 에니어그램 9가지 성격적 강점과 약점

성격유형		성격적 강점	성격적 약점
생각형	5유형 = 현명한 사람	지적이다 관대하다 분석적이다 호기심이 많다 통찰력이 있다	인색하다 평가한다 소극적이다 냉소적이다 감정표현이 적다
	6유형 = 충실한 사람	신중하다 성실하다 헌신적이다 믿을 수 있다 미리 준비한다	겁이 많다 방어적이다 걱정을 한다 의심이 많다 권위에 의존한다
	7유형 = 즐거운 사람	낙천적이다 활동적이다 긍정적이다 재능이 많다 모험심이 있다	산만하다 자제력이 없다 고통을 피한다 쉽게 중독된다 공감력이 약하다

성격유형		성격적 강점	성격적 약점
감정형	2유형 = 베푸는 사람	자비롭다 봉사적이다 협력적이다 이타적이다 배려심이 많다	친절이 지나치다 소유욕이 강하다 희생했다고 느낀다 사랑받고 싶어 한다 거절을 하지 못한다
	3유형 = 유능한 사람	효율적이다 성취적이다 능력이 있다 인기가 많다 목표 지향적이다	술책을 쓴다 일 중독에 빠진다 결과에 집착한다 지나치게 경쟁한다 관계를 수단화한다
	4유형 = 특별한 사람	창조적이다 예술적이다 낭만적이다 심미감을 느낀다 감성이 풍부하다	자기중심적이다 자주 우울해한다 평가에 예민하다 감정기복이 심하다 독특함에 집착한다
행동형	8유형 = 강인한 사람	정열적이다 가식이 없다 에너지가 많다 자신감이 있다 추진력이 있다	거칠다 지배적이다 직설적이다 권위적이다 통제하려 한다
	9유형 = 평온한 사람	평화적이다 포용적이다 인내심이 많다 이해심이 넓다 중재를 잘한다	나태하다 무기력하다 고집이 세다 우유부단하다 반응이 느리다
	1유형 = 올바른 사람	세심하다 합리적이다 도덕적이다 원칙이 있다 책임감이 있다	엄격하다 독단적이다 비판적이다 잔소리가 많다 융통성이 없다

비전에니어그램교육연구소(2012). BASIC 과정 매뉴얼(이소희 개발).

보육교사 인성이야기

〈표 8-2〉의 9가지 에니어그램 성격유형별 강점과 약점을 보면, 나의 성격유형은 몇 유형인지 파악해 보자.[5)]

(5) 에니어그램 성격에서의 스트레스와 해피상황

거의 모든 사람들에게 "어떻게 살고 싶으세요?"라고 물으면 하나같이 "행복하게 살고 싶다"고 말한다. 이처럼 '행복'은 영원한 꿈이다. 그러므로 '스트레스'는 피하고 싶은 기피대상에서 우선 순위를 차지하고 있다.

그러나 최근 불편한 진실인 스트레스를 재조명하는 연구가 이루어져 주목받고 있다. 그것은 스트레스도 동전의 양면처럼, '생각하기 나름'이 적용될 수 있다. 다시 말하면 '스트레스'라는 끊임없는 자극을 통해 극적인 성장을 이룰 수 있는 반전의 힘을 가지고 있다는 것이다(겔코 맥고니걸, 2015).

에니어그램의 성격특성은 매우 역동적이며, 방향성을 지니고 있으며, 다른 성격유형과 다르게 한 사람의 성격적 강점과 약점 차원에서 그 특성을 파악할 수 있다. 이 강점과 약점에 해당하는 성격적 특성은 스트레스(stress)상황과 편안하고 행복(happy)한 상태와도 관련이 매우 깊다. 이는 에니어그램 성격을 통해 자신의 상태를 예견할 수 있다는 것을 의미하며, 따라서 스트레스를 '왕창' 받아 '무너지지' 않도록 미리 '손'을 쓸 수 있다는 것을 말해 준다, 그러므로 에니어그램 성격특성을 잘 이해하고 활용하면 성격적으로 안정되고 성숙한 상태로 나아가는 지혜를 얻을 수 있으며, 이를 통해 어린이집 사람들과도 더욱 행복한 관계를 맺을 수 있다.

---

5) 〈표 8-2〉를 보고 나의 중심 성격유형을 찾는 방법: 제시된 모든 약점과 강점 문항을 5점을 기준으로 작성한다. 그 결과, 세 가지 관점에서 계속 살펴 본다. 첫째, 강점이든 약점이든 일단 가장 점수가 높은 유형이 무엇인가를 본다. 둘째, 우선순위로 나타난 세 가지 중심유형을 보고 계속 살펴본다. 셋째, 그룹핑을 해 본다. 즉 앞서 살펴본 중심 에너지와 연관하여 우선순위에 해당되는 중심유형들을 보고, 다시 자신이 생각형, 감정형, 행동형 중에서 어느 중심 에너지에 가까운지를 보고, 또 본다. 나의 성격을 찾으려는 노력을 다른 방법으로도 지속한다. - 책읽기, 워크숍, 프로그램에 참여하기 등

① 스트레스 상황

스트레스는 발달적인 후퇴와 관련된다. 일반적으로 스트레스를 받으면, 에니어그램 성격유형의 특성 중, 자신의 중심유형에서 화살표로 나가서 만나는 성격유형이 지닌 약점 특성을 나타낸다(예: 5유형이 스트레스를 받으면 7유형이 지닌 약점 성격특성을 나타낸다(〈표 8-1〉, 〈표 8-2〉 참조).

중심유형	5	6	7	2	3	4	8	9	1
방향					↓				
성격유형	7	3	1	8	9	2	5	6	4

[그림 8-5] 에니어그램 각 성격유형에 따른 스트레스유형

② 해피 상황

해피한 상태는 발달적 성장과 관련된다. 일반적으로 행복하면, 자신의 중심유형으로 들어오는 화살표 성격유형이 지닌 강점 특성을 나타낸다(예: 2유형이 해피하면 4유형이 지닌 강점 성격특성을 나타낸다(〈표 8-1〉, 〈표 8-2〉 참조).

중심유형	5	6	7	2	3	4	8	9	1
방향					↑				
성격유형	8	9	5	4	6	1	2	3	7

[그림 8-6] 에니어그램 각 성격유형에 따른 행복유형

보육교사 인성이야기

? 〈표 8-2〉의 해피상황과 스트레스 상황에서의 성격적 특성을 볼 때, 나의 성격유형은 몇 유형인지 파악해 보자[6]

6) 예: 8유형이 강인한 교사가 스트레스를 받으면 5유형 현명한 교사의 약점 특성을 나타낸다. 대표적인 행동의 예로는 소위 말하는 '잠수'타는 것을 들 수 있다. 그러나 해피한 상태가 되면, 2유형 베푸는 교사의 강점 특성을 나타낸다. 그래서 자신이 가진 지식, 기술, 물품, 사랑 등을 아낌없이 주고자 한다.

이와 같이 에니어그램은 다양한 성격적 특성을 말해 주고 있다. 그러므로 보육교사는 자신과 함께 어린이집 사람들의 성격을 파악하고 지혜롭게 대응하는 노력을 경주할 필요가 크다.

해피한 성장발달의 상태에서 보육하면, 성격관리를 제대로 하는 것이므로 보육교사는 인성 좋은 사람으로 인정받게 된다.

3. 보육교사의 대표강점의 파악과 계발

집중과 몰입은 행복한 성공을 위해 취해야 할 중요한 심리적 용어이며, 이에 반해 주의산만과 분산은 거부해야 할 난감한 심리학적 용어이다.

보육교사도 한 인간이며, 추구하는 삶의 의미와 이루고자 하는 삶의 목표가 있다. 그리고 보육교사직은 자신이 심혈과 열정을 기울여야 할 직업이다. 그러므로 보육교사로서도 자신의 내적 자원을 최대한 발휘할 수 있는 지혜와 노력이 필요하다. 바로 강점자원을 계발하여 인간으로서의 풍요로운(flourish) 삶을 이룰 수 있어야 한다.

이미 살펴본 바와 같이 그 첫 번째는 타고난 성향이 높은 성격강점을 계발하는 것이며, 두 번째는 인성함양과 매우 관련이 높은 덕목강점을 계발하는 것이되, 그중에서도 대표덕목에 해당하는 강점자원을 계발하는 것이다.

대표강점(signature strength)은 긍정심리학을 창시한 미국의 마틴 셀리그만(Martin Seligman, 2006)에 의해 제시된 개념으로 진정한 행복을 이루는 데 있어서 강력한 접근방법으로 그 실질적인 성과가 인정되고 있다. 그리고 이 대표강점의 개념은 다른 강점연구에도 적용될 수 있을 만큼 간단하되, 강력하다. 예를 들어 도널드 클리프턴의 34가지 강점에 적용할 수 있다.

1) 대표강점의 뜻과 의의

'대표'의 사전적 뜻은 전체의 상태나 성질을 어느 하나로 잘 나타내는 것을 말한다. 그러므로 대표가 되는 것은 여러 사람 또는 여러 가지 중에서 하나를, 그것도 좋은 것을 선택-종합하여 지칭한 것이다. 그러므로 대표가 지니는 본질적인 의미는 좋은 것이며, 지향해야 할 바인 것이다. 이러한 관점에서 자주 사용하는 용어로 대표이사와 국가대표선수를 들 수 있다.

셀리그만은 인간은 행복하게 살고 싶어 하며, 이 행복은 생활하면서 부정적인 정서보다 더 많은 긍정적인 정서를 느낄 때 가능하다고 보았으며, 또 이 긍정적 정서는 강점의 계발과 밀접한 관계를 지닌다고 보았다. 다시 말하면 자신의 강점을 계발하지 않고 외적인 자극을 이용하여 순간적인 쾌락 수준의 긍정적인 정서를 경험하면 끝내는 공허감, 우울증, 불확실성에 빠지기 쉽지만, 강점을 계발하면 만족감, 충만함, 자신감 등의 긍정적인 정서를 경험하게 된다는 것이다. 이는 총체적인 행복감이라고 할 수 있으며, 고결함(nobleness)까지 느끼는 감정으로서 행복한 삶(eudaimonia)과 직결된다고 보았다.

강점의 정의와 종류에서 살펴본 바와 같이 마틴 셀리그만은 범문화권을 대상으로 한 대규모의 연구를 통해 수집-선별된 18,000개 단어 중에서 세 가지 근거를 중심으로 여섯 가지 미덕과 스물 네 가지 강점을 도출하였다. 그리고 이 중에서 자신의 강점이라고 보고 선택한 다섯 가지를 선택하여 대표강점으로 자신이 명명하도록 하였다.

〈선정의 세 가지 근거〉

- 대부분의 문화권에서 중요하게 여기는가?
- 목적을 위한 수단으로서가 아닌 그 자체로 가치가 있는가?
- 학습에 의해 변화할 가능성이 있는가?

사실 이 세상에 살고 있는 사람은 그 누구라도 자신만의 여러 강점들을 지니고 있으며, 그중에서 대표가 될 수 있는 강점을 재선정할 수 있다. 그러므로 대표강점은 어려울 때나 즐거울 때 힘이 되며, 다른 사람과의 '비교'와 '평가'에 얽매이지 않고 일, 사랑, 자녀양육, 여가활동 등의 주요한 삶의 영역에서 자긍심을 느끼고 만족스럽게 살아갈 수 있다. 얼마나 자유롭고, 멋진가! 다시 말하면 자신의 대표강점을 활용하여 생활하면 인생에서 성공하며, 진정한 행복(authentic happiness)을 누릴 수 있다는 데 대표강점의 활용의의가 있다.

- 진짜 나다운 것이라는 자신감이 생긴다.
- 발휘하는 순간 흥분의 도가니에 휩싸인다.
- 처음 습득한 이후부터 급속하게 발전한다.
- 강점을 활용하고자 이모저모로 궁리하게 된다.
- 강점을 발휘하는 동안 피곤하기는커녕 오히려 힘이 솟는다.
- 꾸준히 계발하기 위해 새로운 방법을 사용하고 싶은 생각이 많이 든다.

2) 대표강점의 파악과 계발

대표 강점은 하루 아침에 파악하기란 어렵다. 강점검사는 대표강점을 파악하는 첫 출발점에 해당한다. 강점의 파악은 계발을 위한 두 번째 행동을 이끌어낸다.

(1) 마틴 셀리그만의 VIA를 바탕으로 한 대표강점의 파악

마틴 셀리그만은 VIA(Values-In-Action)를 개발하였는데, 6가지 미덕영역과 24가지 강점으로 구성되어 있다. 이 VIA에서의 미덕은 인성과 유사한 개념이며, 덕목은 강점과 유사한 개념으로[7] 'V'는 value의 첫 글자를 딴 것이다. 즉 미덕과 강점을 매우 의미 있는 '가치'로 보고 있으며, 따라서 인성은 좋은 가치를 지향한다는 것을 알 수 있다. 이 24가지 강점 중에서 자신의 대표강점으로 볼 수 있는 다

7) Chapter 10 보육교사와 인성교육을 참조

섯 가지 강점을 선별해 보자.

〈표 8-3〉 마틴 셀리그만의 6가지 미덕영역과 24가지 인성강점

미덕	강점*
지혜와 지식	지식의 획득과 관련된 인지적 강점
	호기심, 학구열, 판단력, 창의성, 사회적 지능, 예견력
용기	내외부의 장애물에도 불구하고 목표를 달성하려는 의지와 관련된 정서적 강점
	호연지기, 끈기, 자조
사랑과 인간애	다른 사람을 보살피고 친밀해지는 것과 관련된 대인관계적 강점
	친절, 사랑
정의감	건강한 공동체 생활의 기저가 되는 사회적 강점
	시민정신, 공정성, 지도력
절제력	지나침으로부터 보호해 주는 강점
	자기통제력, 신중함, 겸손
영성과 초월성	넓은 우주와의 연결성을 추구하고 의미를 부여하는 강점
	감상력, 감사, 희망, 영성, 용서, 유머감각, 열정
*강점은 시공을 초월하여 계속 나타나는 긍정적인 심리적 특성	

보육교사 인성이야기

? 〈표 8-3〉을 보고, 나의 대표강점 다섯 가지를 선별해 보자. 또는 https://www.authentichappiness.sas.upenn.edu/testcenter에 접속하여 나의 강점검사를 받아보자. 그리고 마틴 셀리그만의 저서인 『긍정심리학-진정한 행복만들기(2006, 김인자 옮김, 물푸레.)』 제9장을 읽고, 분석하고 통찰해 보자.

(2) 도널드 클리프턴의 강점파인더를 바탕으로 한 대표강점의 파악

도널드 클리프턴과 톰 래스는 그들이 연구·선별한 34가지 강점을 강점파인더(Clifton StrengthsFinder)로 명명하였다.

〈표 8-4〉 도널드 클리프턴의 34가지 강점

1	개발	Developer	잠재력, 가능성에 초점, 남을 도움
2	개별화	Individualization	개인들 사이의 특수성과 고유성을 파악함
3	친화	Relator	친한 친구들에게서 많은 기쁨과 힘을 얻음
4	긍정성	Positivity	칭찬에 관대대함, 잘 웃으며, 항상 긍정적임
5	사교성	Woo	다른 사람들을 자기편으로 좋아하게 만듦
6	맥락	Context	시작과 진행과정에 관심이 많고, 구조파악에 능함
7	지휘	Command	주로 일을 지휘함, 대립을 두려워하지 않고 밀고 나감
8	미래지향	Futuristic	수평선 너머의 미래의 비전을 기대함
9	복구	Restorative	문제를 해결하고, 잘 회복시킴
10	분석	Analytical	논리적이고, 엄격하며 객관적이고 중립적임
11	지적 사고	Intellection	정신활동을 좋아하며 내성적임
12	성취	Achiever	끝없이 성취에 대한 필요를 느낌
13	신념	Belief	책임, 도덕성 등의 기본적 가치를 중요시함
14	신중함	Deliberative	자제력을 지닌 진지함
15	연결성	Connectedness	사려 깊고, 배려할 줄 알고, 수용적임
16	의사소통	Communication	설명, 묘사, 말하기, 글쓰기에 능함
17	자기확신	Self-Assurance	능력뿐만 아니라, 판단에도 믿음을 가짐
18	적응	Adaptability	상황에 맞는 유연한 대처능력을 가지고 있음
19	전략	Strategic	앞으로 나아갈 수 있는 최선의 길을 찾음
20	조정	Arranger	실용적인 유연성으로 조율함
21	화합	Harmony	의견표출을 자제하고 합의와 지지를 이끌어냄
22	존재감	Significance	가치 있고 인정받기를 원함
23	질서	Arranger	질서정연하고 계획적임
24	발상	Ideation	창조적인 것을 잘 찾고 즐김
25	책임	Responsibility	일이 제대로 끝날 때까지 의무감을 강하게 느낌
26	집중	Focus	구체적이고, 측정 가능한 목표를 설정함
27	공정성	Consistency	균형을 중요시하며 평등한 적용을 지킴
28	공감	Empathy	찬반을 떠나 상대방을 본능적으로 이해함
29	승부	Compettition	비교 대상이 필요하고, 이기는 것을 추구함
30	최상화	Maximizer	강점을 최상의 것으로 만들고자 함

31	탐구	research	수집-분석하여 유용성을 증대시킴
32	학습자	Learner	내용이나 결과보다도 과정을 중시함
33	포용성	Includer	모든 것이 연결됨을 믿고 수용함
34	행동주의자	Activator	실제 활동을 통해 평가받고자 함

보육교사 인성이야기

? 〈표 8-4〉를 보고, 나의 대표강점 다섯 가지를 선별해 보자. 또는 https://www.gallup-strengthscenter.com/home/en-us/strengthsfinder에 접속하여 나의 강점검사를 받아 보자. 그리고 도널드 클리프턴과 톰 래스의 저서인 『위대한 나의 발견 강점 혁명(2017, 갤럽 옮김, 청림출판)』 제1부를 읽고 분석하고 통찰해 보자.

(3) 사례를 통한 이해와 적용

"경험으로 사는 것은 값비싼 지혜"라고 로저 아샴은 말했다. 간접 경험도 경험이다. 그것은 경험이 지닌 가치를 믿기 때문이다. "경험이 최상의 증명이다. 나는 나의 길을 인도해 주는 유일한 램프를 가지고 있다. 그것은 경험이라는 램프다"라고 P 헨리는 말했다. 마틴 셀리그만의 수업에서 발표한 한 학생의 사례를 통해 대표강점을 파악해 보는 연습을 해 보자."

보육교사 인성이야기

어느 눈 오는 밤에 구세군 숙소에서 일을 마치고 집으로 돌아가는 때였어요. 어떤 할머니가 자기 집 앞 진입로에서 눈을 치우는 모습이 창밖으로 보였죠. 그때 한 남학생이 운전수에게 자신을 차에서 내려달라고 부탁하더군요. 그래서 전 그의 집으로 가는 지름길이 있는가 보다 하고 생각했어요. 그런데 그게 아니었어요. 나는 차창 너머로 그 학생이 삽을 들고 있는 것을 보았거든요. 아, 그때 내 목에서 어떤 뜨거운 것이 울컥 올라오면서 울기 시작했어요. 나는 이 이야기를 만나는 사람마다 꼭 들려주고 싶었어요. 그가 참 낭만적이고 아름답게 느껴졌으니까요.

가. 마틴 셀리그만이 제시한 여섯 가지 덕목에서 볼 때, 어떤 덕목이 강한지 세 가지만 우선순위대로 골라 써 본다면? (〈표 8-3〉 참조) 그리고 옆 동료와 이야기 나누어 본다면 그 결과는 어떨까?

① (　　) ② (　　) ③ (　　)

나. 도널드 클리프턴이 제시한 34가지 강점에서 볼 때, 어떤 강점이 강한지 세 가지만 우선순위대로 골라 써 본다면? (〈표 8-4〉 참조) 그리고 옆 동료와 이야기 나누어 본다면 그 결과는 어떨까?

① (　　　　) ② (　　　　) ③ (　　　　)

매일멋진보육교사의
더 깊고, 넓고, 높은 생각

SWOT분석

경영학도들은 SWOT 분석을 배운다.
예전의 어린이집은 '관리'만 잘해도 되었다.
오늘날 어린이집은 '경영'을 해야 한다.
평판이 좋은 어린이집은 늘 정원을 채울 뿐만 아니라, 대기 영유아가 있다.
현재 예비보육교사이므로 SWOT 메트릭스에서 나의 SW를 작성해 보자.
그 다음, 보육실습을 한 후, 그 어린이집의 SW를 작성해 보자,
나아가 계속 이 SWOT 구조를 염두에 두고 보육교사생활을 하도록 한다.

S: 강점(Strength) 한 개인, 제품 및 조직 그 자체가 지니고 있는 강점	W: 약점(Weakness) 한 개인, 제품 및 조직 그 자체가 지니고 있는 약점
O: 기회(Opportunity) 한 개인, 제품 및 조직 그 자체가 얻을 수 있는 기회	T: 위기(Threat) 한 개인, 제품 및 조직이 위치하고 있는 환경에서 받을 수 있는 위기

PART

4

보육교사의 인성론

Chapter 09

인성의 이해와 보육교사

산업기술의 발달에 따라 삶의 수준은 더욱 높아지고 풍요로워지는 것 같으나, 다른 한편으로는 급변하는 사회에서 생존하고 더욱 성장·발달하는 과정에서 개인-가족-집단이기주의가 심화되어 학대와 폭력과 점증하고 있어 더 이상 방치할 수 없는 상황에 이르렀다고 보고 있다. 단적인 대응조치의 예로 2007년 「인성교육진흥법」의 제정을 들 수 있다. 그리고 어린이집에서 학대가 점증하는 상황에서 보육교사의 자질에 대한 사회적 우려에 대한 대응으로 〈보육교사 인성론〉을 보육교사 자격취득을 위한 필수과목으로 명시한 것을 들 수 있다.

"인성은 운명이다"라고 한 헤라클레이토스(Heraclitus)의 말은 의미심장하다. 좋은 인성의 사람이 되어야 진정한 삶의 운명적 주인이 될 수 있다는 말이다. "세 살 버릇 여든까지 간다"는 속담이 지닌 의미와 그 맥을 같이 한다고 볼 수 있다. 특히 보육교사는 세 살 무렵의 영유아 인성교육을 책임지고 있다고 해도 과언이 아니다. 그러기에 인성의 모델이 되는 아주 소중하고도 중요한 사람이다. 따라서 보육교사는 인성에 대한 확실한 이해를 통해 자신의 인성도 도야할 뿐만 아니라, 우리 아이들을 좋은 인성의 사람으로 키우기 위해 운명처럼 저 높은 고지를 향해 나아가야 한다. 매일멋진보육교사가 되어야 한다.

1. 인성의 이해

사람은 만물의 영장이자 사회적 동물임을 고려할 때, 인성은 삶의 영위에서 매우 중요한 요소이다. 그러므로 "무릇 사람은 인성이 좋아야 한다"는 것은 누구나 동의하고 있으며, 건강하고 풍요로운 삶을 사는 데 기본이 되므로 인성에 대한 개인적 관심은 물론 학문적 차원에서의 연구노력 및 사회제도적인 조치도 함께 이루어져 왔다. 구체적으로 인성의 재개념화, 인성의 구성요인, 인성의 측정, 인성의 평가, 인성함양 프로그램의 개발과 실시 및 효과분석 등이다. 여기에서 인성의 재개념화는 그동안 윤리적이고 도덕적인 차원에서의 이루어져 왔던 인식강화의 차원을 넘어 실천지향적으로 구조화하는 것을 포함한다. 왜냐하면 인성은 구호나 선언이나 표방에 그치는 것이 아니라, 생활 속의 실천이기 때문이다. 그래야만 인성이 지닌 실질적인 힘을 발휘할 수 있는 것은 자명한 이치이다.

1) 인성의 뜻

문자적으로 보면, 인성(人性, Character)은 사람의 성질을 말한다.[1] 그리고 성품과 품성, 인품 등의 용어와 유사하게 사용되고 있으며, 뜻도 비슷비슷하다(이경민, 2010). 즉 교육은 인간다운 면모, 자질, 성질, 성품 혹은 품성을 형성하는 데 있다고 말하고 있다(정창우, 김란 외, 2016). 그러므로 인성의 의미를 보다 명료하게 파악하기 위해서는 이러한 각각의 용어가 쓰여지는 맥락을 고려하는 것이 적합성이 더 높다.

일반적인 인성의 사전적 정의는 인간의 성질, 사람의 성품 또는 각 개인이 가지는 사고와 태도 및 행동 특성을 말한다(네이버 지식백과, 2018). 최근에는 인성의 중요성과 함께 특정한 관점에서 벗어나 현대사회에서 요구하는 '바람직한

1) 미국 심리학계에서는 1920년대에 시작한 인성 연구에서 'character(성품)'와 'personality(인격, 성격 혹은 개성)'란 용어를 함께 사용해 오다가, 요즘은 주로 'personality'를 사용한다. 'character'가 도덕이나 윤리적 용어라면, 'personality'는 개성을 강조한 학문적 용어로 자리 잡았다(교육부, https://www.moe.go.kr. 국민참여민원). 그러나 이 책에서는 성격과 구분하기 위해 character로 표기한다.

성향'으로 포괄적으로 보기도 한다(엄은나, 전우경 외, 2016).

그러나 '바람직한 성향'이 지닌 인성의 정의가 다소 모호하기 때문에 실질적인 인성의 함양과 계발을 위해 인성의 개념과 구성요소를 구조-기능화하는 연구가 지속적으로 이루어지고 있다(계영애, 강정원, 2001; 구미향, 2017; 문용린, 최인수, 2006; 박영례, 이소희, 2017; 손경원, 2016; 인성교육진흥법, 2007; 최윤정, 2009). 그 결과, 연구자 및 사회에 따라 인성에 대한 표현 및 구성 요소에서 다소 차이가 나타나고 있으나, 각각의 정의가 지니는 특징적 의미를 고려하여 관련법과 각종 실천 프로그램에 반영되고 있다.

인성은 보편적으로 정의되지만, 보육교사의 경우에는 유치원교사를 포함한 '유아교사'의 입장에서 정의하고 있다.

- 한국교육학회(1998): 사람의 마음과 사람됨
- 계영애, 강정원(2001): 한 인간이 그가 속한 시대적·문화적 테두리 안에서 인간다움이 인정받도록 하는 성향
- 김경령, 서은희(2014): 인간의 가치성향과 도덕적 행동
- 손경원(2016): 인간의 마음에 구현해야 할 가치나 규범
- 이근철(1996): 도덕성을 바탕으로 한 인간의 본성
- 이윤옥(1998): 한 사람이 다른 사람에게 주는 전체적인 인상
- Berkowitz(2002): 인간을 도덕적으로 기능하게 하는 능력과 성향에 영향을 미치는 심리적 특성을 지닌 세트

그리고 유아교사의 입장에서 인성을 정의하고 있다.

- 변미옥, 도미향(2016): 스스로를 인식하고 수용함으로써 인간관계에서 배려하고 공감하는 능력이며 영유아를 지도하는 교사로서 필수적으로 지니고 있어야 할 직업윤리와 소명의식 등의 전문가로서의 신념과 태도
- 전재선(2011): 유아교사가 갖추어야 할 개인적 자질이자 전문성

아동의 입장에서도 다음과 같이 정의하고 있다.

- 인성교육진흥법(2007): 자신의 내면을 바르고 건전하게 가꾸고 타인·공동체·자연과 더불어 살아가는 데 필요한 인간다운 성품과 역량

이러한 맥락에서 볼 때, 인성은 사람이 사람답게 살 수 있도록 하는 특성이라고 정의할 수 있다.

2) 인성의 특성

이 세상에는 정말 다양한 사람이 살고 있다. 한마디로 각양각색(各樣各色)이다. 동시에 '천의 얼굴을 가진 사람'이라는 표현에서 보듯이 각각의 인간은 모두 다르다. 각인각색(各人各色)이다. 인성은 성격처럼 이 각양각색과 각인각색을 포함한다.

한편, 다양한 인성을 자세히 살펴보면, 몇 가지 공통된 특성으로 묶을 수 있으며, 문화적 보편성도 발견할 수 있다. 이러한 보편성의 이해는 사람들과 소통하고 이해하는 데 매우 필요하고도 효과적인 접근으로서 의의를 지니기 때문에 인성의 도야와 함양 등을 지혜와 효과적인 방법을 찾을 수 있으며, 대표적으로 인성교육 프로그램을 들 수 있다.

인성에 대한 연구결과, 서로 연관된 여러 가지 특성을 지닌다(마틴 셀리그만, 2004; 고연경·장석경 외, 2013; 한국영리더십센터, 2008).

- 언행으로 표출된다.
- 다양한 측면이 있다.
- 문화적 보편성이 있다.
- 도덕적이고 윤리적이다.
- 타고난 성격에 영향받는다.
- 교육과 훈련에 의해 변화한다.

- 빠르게, 쉽게 변화되지 않는다.
- 생활연령에 적합한 수준이 있다.
- 다양한 요인으로부터 영향받는다.

이러한 인성 특성을 요약하면 태어나면서 확정되는 것이 아니라, 전 생애에 걸쳐 발달하는 것이므로 대상과 상황에 따라 적절하게 활용하여야 한다. 빠르게 쉽게 변화되지 않지만, 한편으로는 사람은 주변 환경과 상호작용하는 존재이기 때문에 체계적으로 또 지속적으로 접근하면 변화할 수 있기 때문이다. 이는 코칭 또는 교육과 훈련이 지닌 힘이라고 할 수 있다. 예를 들면 보육교사가 되기 위해 심한 입시경쟁을 치러야 하며, 이 과정에서 인성이 피폐해질 가능성이 있으며, 시간이 경과할수록 '자기 자신'만 생각하는 이기주의자가 될 가능성도 있다.

보육교사 인성이야기

우리나라 고등학교 교실에 걸려있었던 급훈들

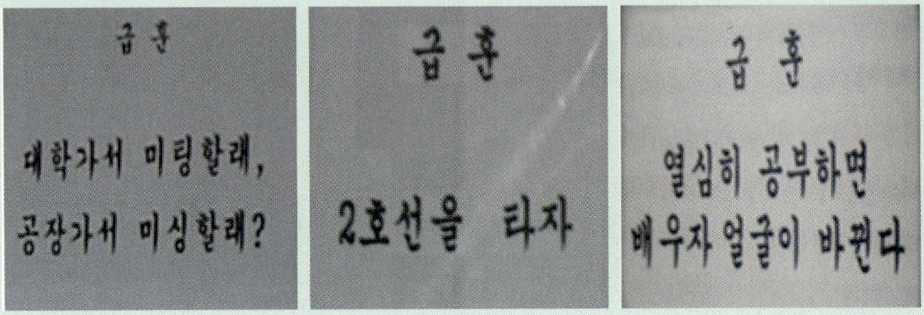

출처: 네이버지식in.

Q&A

예비보육교사의 입장에서 본 이러한 급훈들, 무엇을 시사 받을 수 있는가?

그러나 이러한 생각과 태도로는 영유아를 인성 좋은 글로벌 인재로 키우기 어렵다. "늦게 철이 든다"는 옛말처럼 어떤 계기에 의한 자각과 운명처럼 다가온 새로운 사건과 결심 및 지속적인 교육 등에 의해 사명을 지닌 인간으로 거듭날 수 있다.

또한 생활연령에 따른 적합한 수준이 있다는 것은 동일한 인성덕목이라고 하더라도 유아와 보육교사의 발달특성과 생활환경을 고려하여 적합한 방식으로 코칭 또는 교육 프로그램을 개발하여 접근하면 효과를 거둘 수 있다는 것을 말한다. 따라서 인성의 뜻과 특성의 이해는 보다 객관적인 시각에서 인성도야와 함양을 지지해 주는 힘을 지니게 된다.

3) 인성의 구성덕목

인성이 지니는 다면적 특성 때문에 여러 가지 덕목으로 구성된다. 덕(德)은 어진 행위, 곧 좋은 행동을 말한다. 이러한 '덕'은 본질적으로 인간이 지향해야 하는 것은 선(善)하고 긍정적인 것이기 때문에 '인성'이 추구하는 것과 합당하다고 보았기 때문일 것이다. 역으로 '덕'의 반대말이 악덕(惡德)이라는 것에서도 덕의 의미를 재확인할 수 있다, 그리고 '목(目)'은 덕과 같은 개념을 분류(classification)하는 단위를 말한다. 즉 덕목은 좋은 특성을 지닌 인성의 구성요소를 말하되, 각자 독립적인 특성을 지닌다.

이렇듯 인성이 지닌 중요성과 다면성에 따라 개인과 기관 및 조직과 나라에서는 나름대로 몇 가지 준거에 의해 인성의 덕목을 제시하고 있지만, 그 기준이 분명하지는 않다. 왜냐하면 그 덕목을 어떻게 정의하느냐에 따라 차이가 있을 수 있기 때문이다. 그 예로 '책임'이라는 덕목은 개인의 내적 차원에서 볼 수도 있고 외적인 사회적 차원으로 볼 수도 있으며, 절제도 자신에 관한 것이라면 내적인 개인적 절제가 되지만, 사회 공공의 자원을 아끼면 외적인 사회적 차원으로 볼 수 있기 때문이다(이소희, 2014b).

(1) 벤저민 프랭클린의 13가지 덕목

일찍이 한 개인으로서 인성의 함양을 위해 미국의 벤저민 프랭클린은 열세 가지 덕목(Virtues)을 설정하고, 지키려고 노력함으로써 후세에 이르기까지 모본이 되었다.[2)]

① 절제: 배부르도록 먹지 마라. 취하도록 마시지 마라.

② 침묵: 자타에 이익을 주는 말만을 하고, 하찮은 대화는 피하라.

③ 질서: 모든 물건은 제자리에 두고, 일은 모두 때를 정해서 하라.

④ 결단: 해야 할 일을 결심하며, 게으르지 말고 꼭 실행하라.

⑤ 절약: 자타에 이익을 주는 일에 돈을 사용하고, 낭비하지 마라.

⑥ 근면: 시간을 낭비하지 말고, 유익한 일에 종사하고 무용한 행위는 끊어버려라.

⑦ 진실: 사람을 속여 해치지 말고, 모든 언행은 공정하게 하라.

⑧ 정의: 남에게 피해를 주지 말고, 해로운 일을 하지 마라.

⑨ 중용: 극단을 피하고, 나에게 잘못이 있으면, 다른 사람의 비난을 참아라.

⑩ 청결: 신체, 의복, 주택을 깨끗이 하라.

⑪ 침착: 사소한 일, 보통 있는 일, 피할 수 없는 일에 침착함을 잃지 마라.

⑫ 순결: 건강과 자손을 위해서만 성생활을 하라. 둔하거나 허약해지지 마라.

⑬ 겸손: 예수와 소크라테스를 본받아라.

열세 가지 덕목을 보면, 한 개인으로서 깊이 숙고하고 실천할 덕목의 범위가 크다는 것을 단적으로 보여 준다. 유사하게 전재선(2011)은 유아교사에 초점을 맞추어 인간애, 긍정적 자아개념, 사회관계, 직무수행, 창의인성 등을 들었다.

이러한 차이점은 인성을 학문적 차원에서 연구하고 보급할 때, 보다 정교한 구

2) 벤저민 프랭클린은 미국 건국의 아버지라고 불리우며 정치 및 과학분야에서도 두각을 나타내었으며, 100달러 지폐에 인물사진을 올린 사람이다. 그는 열세 가지 덕목을 정하고 노트를 만든 다음, 매일은 못하지만 가능한 규칙적으로 실천하려고 노력하였다.

조가 필요함을 시사한다. 다시 말하면 각각의 덕목이 지니는 개인적 및 집단-사회적인 의미를 고려해 보아야 한다는 것이다.

(2) 그린나왈트(Greenawalt)의 3가지 유형과 9가지 덕목

그린나왈트는 인성을 자신, 타인, 사회의 3영역에서 요구되는 특징들로 각각 구분하여 제시하였다.

① 자신: 자아수용과 통제, 책임감, 직업윤리

② 타인: 정직, 존중, 이타주의

③ 사회: 애국심, 공정성, 정의

세 가지 구조로 구분한 것은 인성의 중요성과 함께 광범위한 영향력을 보여 준다. 그러므로 인성의 함양을 통한 긍정성은 비단 개인의 행복에 그치지 않고 개인 및 집단의 주도적이자 집단적인 리더십의 발휘로 이어지는 멋진 힘으로 작용한다(이소희, 2012).

(3) 마틴 셀리그만(Martin Seligman, 2004)의 24가지 강점 덕목

마틴 셀리그만이 제시한 VIA에서도 인성(Character)을 여섯 가지 미덕(virtue) 영역과 24가지 강점(strength)으로 개념·구조화하였다.[3] 여기에서 말하는 강점은 일반적인 인성에서 말하는 덕목에 해당되며, VIA 에서는 서로 반대되는 질문을 통해 강점을 파악할 수 있도록 체계화하였다.[4]

3) Chapter 8 보육교사의 강점계발 참조

4) a〉 한번 시작한 일은 끝까지 해 낸다 / b〉 일을 해야 할 때, 딴전을 피운다
(① 나와 매우 다르다 ② 나와 다르다 ③ 보통이다 ④ 나와 비슷하다 ⑤ 나와 매우 비슷하다)

〈표 9-1〉 마틴 셀리그만의 6가지 미덕과 24가지 강점

미덕	강점	
지혜와 지식	지식을 획득하고 기술을 사용하는 데 수반되는 인지적 미덕	
	호기심	다양한 경험에 대해 관심을 가짐
	학구열	새로운 지식과 기술을 습득하는 것을 좋아함
	판단력	자신과 타인에게 도움이 될 만한 정보를 객관적이고 이성적으로 선별함
	창의성	어떤 것을 하기 위해 새로운 사고와 생산적 방법을 활용함
	예견력	미래를 조망하고 지혜롭게 접근하고 도움을 제공함
용기	내·외부의 장애물에도 불구하고 목표를 달성하려는 의지와 관련된 정서적 미덕	
	호연지기	위험, 어려움, 고통을 감수하고 도전하며 당당하게 나아감
	끈기	어려움이 발생해도 시작한 것을 끝까지 마무리함
	진정성	타인과 자기 자신에게 진실함
	열정	활기 있게 정열적으로 살아감
사랑과 인간애	다른 사람을 보살피고 친밀해지는 것과 관련된 대인관계적 미덕	
	친절	다른 사람을 배려하고 편안하게 함
	사랑	다른 사람과의 친밀한 관계를 소중히 여김
	정서적 지능	자신과 타인의 동기와 감정에 대해 잘 지각하고 활용함
정의감	건강한 공동체의 생활을 추구하는 사회적 미덕	
	공동체 의식	집단과 조직의 사람들과 협력적으로 일함
	공정성	정의로운 생각과 태도로 다른 사람을 대함
	리더십	조직 내의 일을 살피고 지도함
절제력	과도함과 무리수를 두지 않는 개인내적 미덕	
	자기통제력	자신의 감정과 행동을 효과적으로 조절함
	신중함	주의 깊게 생각하고 선택함
	겸손	자신을 돋보이게 하거나 내세우지 않고 평정을 지킴
	용서	잘못한 사람을 이해하고 포용함

	의미 있고 영원한 것을 추구하는 영적인 미덕	
영성과 초월성	감상	미학적 감수성을 지님
	감사	자신에게 발생한 일을 기쁘고 고맙게 생각함
	희망	미래에 바라는 것을 성취하기 위해 부단히 노력함
	영성	인생의 목적과 의미에 관한 일관된 믿음을 가짐
	유머	특이한 언행으로 다른 사람에게 즐거움을 줌

이 VIA의 구조에서 파악할 수 있는 것은 다양한 인성덕목이 '강점'이 될 수 있음을 갈파한 학문적 통찰이다. 실제로 우리나라의 교육목표가 창의·인성을 겸비한 글로벌 인재육성임을 고려할 때(교육부, 2007), 인성의 함양과 계발은 핵심적인 교육목표이며, 그 효과적인 방법은 인성교육이다. 더구나 제4차 산업혁명이 더 심화될 미래를 생각하면, 창의와 인성을 겸비한 글로벌 리더의 육성은 시대적 과업이라고 할 수 있다.

(4) 인성교육진흥법의 6가지 핵심 덕목

인성은 그 속성상 도덕적이고, 윤리적임과 동시에 사회적이다. 따라서 사회제도적 차원에서 인성을 바라볼 필요가 있는데, 대표적인 사례로 우리나라의「인성교육진흥법」을 들 수 있다. 같은 법에서는 '핵심 가치·덕목'이라는 관점 및 인성교육의 목표라는 차원에서 예(禮), 효(孝), 정직, 책임, 존중, 배려, 소통, 협동을 제시하고 있다. 이러한 덕목은 우리나라의 사회문화적 배경을 반영한 것으로 보인다(예: 예, 효).

(5) 이소희의 황금원모델의 24가지 인성덕목

"약방의 감초"라는 말이 있다. 그만큼 다양한 곳에서 그 활용의의가 크다는 점이다. 이 말에서 감초의 역할에 해당되는 것이 바로 인성이라고 할 수 있는데, 이 인성은 삶의 곳곳에서 크고 작은 영향력을 발휘함으로써 행복한 삶과 의미 있는 삶을 살도록 견인하기 때문이다.

이러한 맥락에서 이소희(2012)는 인성을 창의성과 함께 리더십을 발휘하는 핵심요소로 보고 4가지 리더십, 여덟 가지 습관, 24가지 인성덕목으로 구조화하여 이 덕목을 '멋진 힘'으로 개념화하면서 '황금원모델'로 명명하였다.

① 긍정: 다른 사람의 생각과 행동에 대해 좋다고 생각하는 멋진 힘
② 신뢰: 다른 사람의 생각과 행동을 믿고 따라 할 수 있는 멋진 힘
③ 인내: 자신이 하기에 어려운 일도 포기하지 않고 지속하는 멋진 힘
④ 존경: 다른 사람의 성품과 능력을 인정하고 높여 주는 멋진 힘
⑤ 약속: 자신이 앞으로 하겠다고 결정한 것을 반드시 지키는 힘
⑥ 겸손: 자신이 잘한 행동에 대해서도 우쭐대지 않고 낮추는 멋진 힘
⑦ 상상: 현재는 없지만, 장래에 일어나기를 바라며 시도해 보려는 멋진 힘
⑧ 도전: 자신에게 어렵다고 생각되는 일에도 시도해 보려는 멋진 힘
⑨ 성실: 자신이 시작한 일을 한결같은 마음과 자세로 실천하는 멋진 힘
⑩ 정직: 자신이 한 행동의 잘잘못과 관계없이 그대로 인정하는 멋진 힘
⑪ 용기: 자신에게 손해가 나고 위험이 닥칠 수 있어도 시도해 보는 멋진 힘
⑫ 끈기: 자신이 계획한 일을 포기하지 않고 끝까지 해 보는 멋진 힘
⑬ 경청: 다른 사람의 이야기를 있는 그대로 온전히 듣는 멋진 힘
⑭ 공감: 다른 사람이 느낀 것처럼 같이 느끼고 받아들이는 멋진 힘
⑮ 용서: 다른 사람이 자신에게 한 잘못에 대해 관대하게 대하는 멋진 힘
⑯ 배려: 다른 사람이 편안할 수 있도록 보살피고 도와주는 멋진 힘
⑰ 나눔: 다른 사람에게 대가를 바라지 않고 자신이 가진 것을 주는 멋진 힘
⑱ 봉사: 다른 사람을 위해 대가를 바라지 않고 나의 강점을 쓰는 멋진 힘
⑲ 책임: 공동의 목표를 이루기 위해 자신이 해야 할 일을 완수하는 멋진 힘
⑳ 솔선: 공동의 목표를 이루기 위해 자신이 먼저 앞장서서 해나가는 멋진 힘
㉑ 협력: 공동의 목표를 이루기 위해 한 방향 정렬하여 노력하는 멋진 힘
㉒ 절제: 공동의 유익을 누리기 위해 자신의 욕구를 조절하는 멋진 힘

㉓ 질서: 공동의 유익을 누리기 위해 순서와 방법을 지키는 멋진 힘
㉔ 감사: 더 나은 세상을 변화시켰거나, 시키려는 사람에게 고마움을 전하는 멋진 힘

이는 우리나라가 지향하는 창의인성을 겸비한 글로벌 인재육성이라는 교육목표를 성취하도록 돕는다. 즉 이러한 인성덕목을 창의성의 각 요소와 주도면밀하게 통합할 때, 글로벌 영재로 육성하기가 더 용이하다고 볼 수 있으며,[5] 이는 보육교사를 포함한 유아교사가 창의인성을 발휘해야 한다는 연구와 그 맥을 같이 한다(김영실, 김연화, 2009; 박상희, 김경의 외, 2005; 손수연, 이진희, 2014). 김영옥(2007)은 기초적 인성(개인생활습관, 공동생활습관), 사회적 인성(자아개념, 대인관계, 주도성), 도덕적 인성(도덕적 동기, 도덕적 판단력, 도덕적 행동)으로 제시했으며, 장승희(2015)는 개성이 중심이 되는 주체적 자아와 도덕성이 중심이 되는 관계적 자아로 구분하였다. 그리고 Benninga(2006)는 자기중심적인 덕목으로 용기, 자기통제, 노력, 성실성을 그리고 관계적인 덕목으로 존중, 공정성, 겸손, 인내 등을 들고 있다.

이렇게 인성덕목의 범주와 요소가 다양하다는 것은 인성의 연구가 더 밀도 있게 이루어져야 함을 시사한다.

2. 보육교사의 인성

"가장 좋은 교사란 아이들과 함께 웃는 교사다. 가장 좋지 않은 교사란 아이들을 우습게 보는 교사다"라고 서머힐(Summer Hill)을 창설한 닐(Neill)이 말했다. 이 말은 교사의 인성에 대한 긍정과 부정의 측면을 단적으로 말해 준다.

5) 황금원모델에 기반하여 유아를 위한 〈매일멋진영리더〉 프로그램과 교사와 원장과 부모를 위한 〈매일멋진사람들〉 프로그램을 개발하였으며, 현장에 보급되어 효과를 인정받고 있다(김일부, 이소희; 2016; 신춘희, 이소희, 2014). 또한 유아의 인성리더십효과를 측정할 수 있는 척도도 개발되어 있다(박영례, 이소희, 2017).

우리나라 유아기의 교육은 「영유아보육법」에 의한 보건복지부 소관의 '보육교사'와 교육법에 의한 교육부 소관의 '유치원교사'가 담당하도록 이원화 구조를 취하면서도 상호·연계되어 있다. 이에 따라 영유아기 보육과 교육에서 교과서 기능을 하는 표준보육과정과 누리과정이 연속선상에서 연계되어 이루어지므로 보육교사와 유치원교사의 직무는 매우 유사하다.[6] 이러한 점을 고려하여 법적 용어는 아니지만, '유아교사' 및 '유아교육기관'으로 통칭하여 사용하고 있으며 두 유형의 교사와 기관이 포함되는 연구와 실천영역에서는 인성과 창의성의 연구가 지속적으로 이루어지고 있다. 또한 최근에는 인성을 측정하고 평가하기 위한 연구들과 함께 인성을 도야하고 함양할 수 있는 프로그램들도 개발·보급되고 있다.

보육교사로서 인성의 바른 이해는 보육교사들의 개인적 삶에도 직·간접적인 영향을 미친다. 즉 한 인간으로서의 아름다운 삶의 질 향상과 보육교사라는 직업인으로서의 유능성을 넘어 가족과 사회복지의 향상을 위한 공익에 기여하게 된다.

1) 보육교사 인성의 유형

무릇 교직에 종사하는 교사의 직업적 특성은 해당 교육분야에서의 전문성을 지니는 전문가라는 점이며, 상당한 정도의 전문성을 확보하기 위해서는 소정의 교육·훈련과정이 필요할 뿐만 아니라, 국가로부터 전문성을 인정받기 위해서는 법적으로 인정하는 자격이 필요하다. 그래서 교육전문가인 교사에게는 자신이 전문적으로 가르치는 '과목' 또는 '영역'이 있게 되는 것이다.

한편 영유아교사의 경우, 인성을 전문성의 맥락에서 보기도 한다(우남희, 2016), 이는 교사에게는 인성이 빠져서는 교육전문가라고 보기 어렵다는 의미를 강하게 함축하고 있다고 보아야 한다.

6) 이에 대한 구체적 내용은 Chapter 5의 111페이지에 있는 '3) 보육교직정체성의 발달'에서 '보육교직정체성'과 '전문성'에 대해 살펴보았다.

나아가 글로벌화사회에 따른 경쟁력이 심화되면서 우리나라는 교육목표를 '창의와 인성을 지닌 글로벌 인재육성'으로 설정하였다. 이러한 교육목표를 달성하기 위해서는 먼저 교사가 인성과 함께 창의성을 갖추어야 할 것이 요구된다. 이러한 맥락에서 교사가 지녀야 할 주요한 인성을 크게 교직인성과[7] 창의인성으로 구분하고 있다.[8]

(1) 교직인성

교직인성(敎職人性)은 교직과 인성의 합성어이다. 인성의 유형이 세분되어 교직인성의 개념으로 제시된 것은 1990년대에 들어서면서부터이다. 그 핵심은 전통적인 교사관의 변화에 따른 것으로 교사를 지나치게 도덕적인 인간에게 국한시키고, 정의적이고 감성적인 부분은 지나치게 도외시하였다는 점에 대한 반성적 사고에서 출발되었다(Cohen, 2006; Schussler et al., 2008).

실제로 우리 사회에서는 '법이 없어도 사는 사람'과 유사어로 '도덕군자(道德君子)'라는 말을 가끔 듣고 있다. 모름지기 교사는 도덕군자의 경지에까지 이르지는 못해도 적어도 '법이 없어도 사는 사람'의 수준은 되어야 한다고 보았던 측면이 강했다. 왜냐하면 교사는 이성적이고 합리적인 사고를 통해 도덕적 추론을 할 수 있으며, 이를 바탕으로 올곧게 행동할 수 있는 사람으로 본 것이다. 그래야 어린 학생들을 소위 '사람'으로 키울 수가 있다고 믿는 것이다. 이러한 맥락에서 보육교사를 포함한 모든 교사는 작은(little) 도덕군자를 지향해야 하는 거룩한 부담을 안고 교사생활을 하였으며, 이는 다소 '불편한 진실'이라고 해도 무리가 아닐 것이다.

그러나 교사도 살아있는 사람이기 때문에 지나치게 도덕성에만 초점을 맞추어 보는 것은 다소 지양해야 할 필요성이 대두되었으며, 이에 따라 교사의 인성

---

7) 교직인성과 유사하게 교직적·인성(敎職適·人性)으로 접근하는 전문연구자들이 있다. 교직이되 적성과 인성을 함께 파악하고자 한다.

8) 창의인성과 유사하게 창의적 인성으로 접근하는 전문연구자들이 있다.

을 다차원적이고 통합적인 측면에서 이해하고자 하였다. 즉 교사라는 직업을 가진 특수 상황에서의 인성을 파악하고자 한 것으로 교직인성(教職人性)이 개념화되기 시작한 것이다. 그렇다고 해서 교직인성은 보편적 인성을 결코 간과한 것이 아니라 초점을 맞추고 범주의 제한을 둔 것이다.[9)]

그럼에도 불구하고 교직·인성과 교직적·인성에 대한 연구결과에서 제시되고 있는 범주와 정의 및 하위요인은 다양하여 공통적 요인을 찾아내는 것이 쉽지는 않으며, 보편적 인성의 범주와 강도를 넘어서지는 못한다. 오히려 '교직'의 성격이 강조되어 보편성 인성이 더 강화된 점도 없지 않다. 이러한 점은 불편한 진실을 넘어 엄연한 현실이 되고 있다고 해야 할 것이다.

① 교직인성의 정의

- 김경령, 서은희(2014): 보편적 인성(자기조절, 도덕성, 사회성)과 교직인성(소명의식, 학생에 대한 열정, 교육적 신념)[10)]
- 홍기철(2006): 교사가 갖추어야 할 바람직한 성품과 태도

② 교직 적·인성의 범주와 정의 및 하위요인

- 황정규(1990): 교사 개인의 인지적 특성과 정의적 특성의 복합체
- 김호권(1991): 유아교사들에게 요구되는 제반 능력
- 김경령, 서은희(2017): 교사가 갖추어야 할 바람직한 성품과 태도를 말하며 자기조절, 사회성, 도덕성, 소명의식, 아동에 대한 열정, 교육적 신념을 포함
- 원혜경, 이소정(2015): 교사가 갖추어야 할 제반 능력과 자질
- 염시창, 임진영(2012): 문제해결력, 탐구력, 판단력, 독립성, 자주성, 창의·응용력, 심리적 안정성, 언어·사의소통능력, 지도성, 공감·포용력, 지식·

9) 특히 교육부에서는 2012년도부터 인성과 전문성을 겸비한 교원양성을 목적으로 교직·적성·인성 검사 표준안을 개발하고, 교원을 양성하는 전국의 모든 유아교육학과 및 사범계열학과에 재학하는 예비교사를 대상으로 교직 적·인성 검사를 실시하도록 규정하였다.

10) 사범대학 및 교직과정에 재학중인 학생대상이다.

정보력, 봉사·희생·협동성, 계획성, 성실·책임감, 소명감·교직관, 열정

③ 교직 적성의 범주와 정의 및 하위요인

- Anwar 등(2012): 가르치는 직업에 대한 특별한 능력, 잠재력, 흥미, 만족, 적합성
- Almerico 등(2011): 전문성, 긍정적인 태도, 열정적인 태도, 효과적인 의사소통기술, 효과적인 쓰기 기술, 다양성에 대한 공감, 학습준비, 동료와의 협력, 자기주도적인 학습, 정서지능, 자기학습반성, 동료와 스승에 대한 존중

교직 적성은 효율적인 교수방법을 통해 교사의 전문성을 개발하고 교사의 수행수준을 예측하고 평가하는 기능을 한다.

이와 같이 교직인성과 교직적성에 대해서는 학자와 전문가에 따라 표현상의 약간의 차이가 있으며, 상당히 광의적이고, 포괄적이어서 공통적 요소를 추출하기가 어렵다. 실제로 이러한 점은 교직인성 및 교직적성·인성척도를 이루는 요인수와 요인명(名)과 구체적 정의 등에서 차이가 있는 것에서 알 수 있다.

그러므로 교직인성 및 교직 적·인성을 함양하기 위한 준비와 도전에서 볼 때, 다양한 척도를 활용하여 다면적으로 분석해 볼 필요가 있다.

교직인성이 높은 교사는 자신이 지니고 있는 이성적 능력과 함께 감성적이고 정의적인 특성을 충분히 자각할 수 있을 뿐만 아니라 그것을 활용하고 조절할 수 있다고 본다(이승국, 2011; CASEL, 2003). 나아가 한 사회의 구성원으로서 교사는 '공동체적인 차원'에서 자신이 속해 있는 사회의 윤리적 가치를 준수하고 사회적 정의를 고민하는 동시에, 교육자로서의 책임의식을 갖고 행동할 수 있게 된다.

(2) 창의적 인성

'창의적 인성'은 인성에 창의성을 연계한 합성어로서, 최근 보육 및 교육분야에서 연구가 점증되고 있는 연구주제이다. 특히 창의인성은 시대적 변화를 고려하여 우리나라가 지향하는 새로운 교육목표인 '창의와 인성을 겸비한 글로벌 인재 육성'에서 비롯된 용어로 '목표'에서 시사받을 수 있듯이 글로벌한 인재가 되려면 '창의'와 '인성'을 '겸비'해야 한다는 것이다.

창의인성을 겸비한 인재양성을 위한 교육적 접근은 상당한 사회적 노력을 경주해야 하는 부분이라고 할 수 있으며, 이런 관점에서 '창의인성'이 교사의 인성 유형으로 거론되고 연구가 강화되고 있는 것은 고무적인 일이다.[11)]

일상적인 우리생활에서 창의성은 '약간 미쳐야' 발휘되는 속성을 지니고 있다고 보며, 인성은 '그야말로 사람 좋은 아저씨와 아줌마처럼'되는 것으로 간주하기 때문이다. 그럼에도 불구하고 이론은 현장에서 나오며, 현장은 이론을 창출한다는 관점에서 이 분야 학자들의 주장을 고려하여 창의와 인성을 연계한 교육의 필요성을 피력하였다(이소희, 2012). 하주현(2000)은 창의적 인성을 창의성의 정의적인 측면을 강조한 성질로 정의하면서 그 하위 요인으로 인내집착, 유머, 자기확신, 호기심, 상상, 자신감, 독자성, 모험심을 들었다. 박병기, 유경순(2000)은 어떠한 상황에서도 긍정적이며, 적극적으로 참여하는 개인적 특성으로 정의하면서 하위요인으로 독자성, 개방성, 집요성, 호기심을 들었으며, 박영태(2002)와 손수연과 이진희(2014)는 유사하게 학습되지 않은 상황에서 어떠한 상황에서도 긍정적으로 대처하면서 관련된 조건을 고려하여 새로운 아이디어를 생성하고 발전시키는 과정에서 보이는 성향이라고 하였다.

이렇듯 창의적 인성이 높은 교사는 유아와의 상호작용이 개방적이고, 수용적

---

11) 그러나 국가적 당위성에 의해 교육정책으로 입안되었다고 하더라도 창의성과 인성의 전통적인 개념에서는 충돌을 한다는 느낌을 상당히 받기 때문이며, 실제 지적하고 있다(정범모, 2010). 창의성과 인성을 동시에 계발하기 어렵다고 보는 교육자도 있다. 그러나 동기부여 및 교육방법에 따라 접근성과 효과성을 제고할 수 있을 것이다. 이러한 논의에 대해서는 최인수(2011)의 「창의성의 발견」에 언급되어 있으므로 참조한다.

이며, 독창적인 교수법을 사용하며, 열정과 몰입을 나타내며(박영태, 이경님 외, 2009), 교사효능감(김희정, 서정아, 2016)과 자아탄력성이 높다(민하련, 권기남, 2009; 이수련, 이정화, 2010). 그러므로 스트레스도 덜 받는 것으로 나타나고 있다(변은경, 장경오, 2015; 이정현, 안효진, 2012).

한편 통합적 인성이라는 용어를 사용하기도 하는데(김순환, 2015; 박부숙, 이수경, 2017; Lickona, 1968), 이는 바람직한 도덕적 가치들이 내면에서 작동함으로써 행동화로 이어진다고 보며, 인지적, 정의적, 실천적 통합을 의미한다. 또한 심신의 통합적 접근을 제시하기도 한다(장창우, 2016). 인성이 높은 교사는 스트레스를 받지 않고 보다 충만한 행복감을 느낀다고 보았다.

2) 보육교사 인성의 측정과 평가

사람들은 '과학' 및 '과학적'이라는 말을 신뢰하고 활용가치를 높인다. 광고에 '과학'이라는 용어가 들어가면 쉽게 구매욕구가 일어나고 매출이 증가하는 현상에서 파악할 수 있다.

이렇듯 오늘날은 '측정'할 수 있어야 과학이라고 보기 때문에 아무리 다양하고 복잡하고 모호한 현상이라고 하더라도 측정을 하는 연구가 밀도 있게 이루어지고 있으며, 인성도 예외가 아니다. 일단 측정을 하면, 뒤이어 분석을 하고 평가할 수 있기 때문이다.

이러한 맥락에서 교직인성, 교직적성, 창의인성 등의 측정이 주관 및 객관적 방법으로 이루어지고 있다(김정한, 남현우 외, 2012; 전재선, 최종옥, 2012; 한국보육진흥원, 2017).

매일멋진보육교사의
더 깊고, 넓고, 높은 생각

유아교사(보육교사+유치원교사)가 쓴 책의 제목

보육 교사의 글

유치원 교사의 글

책은 아주 특별한 능력을 지닌 사람만이 쓰는 것은 아니다.
현장경험이 있는 사람은 책을 쓰기가 더 쉽다.
"네가 할 수 있다면? 나도 할 수 있으며,
네가 쓸 수 있다면, 나도 쓸 수 있다고 생각하면 더 쉽게 쓸 수 있게 된다."

앞으로 내가 쓸 수 있는 책의 제목을 생각하여 적어보자.

예시: 어린이집 선생님이 말하는 '생얼' 아이들

책 이름:

Chapter 10

보육교사와 인성교육

"스승의 그림자도 밟지 않는다는 말은 옛말이 되었는가?"라고 할 수 있을 정도로 스승 내지 교사에 대한 사회적 존경심은 점점 낮아지고 있다. 동시에 "스승은커녕 도대체 선생인가?" 하는 우려의 목소리도 만만치 않게 터져 나오고 있을 정도이다. 이와 때를 같이하여 '이제는 인성만이 대안이다'라고 확언할 정도로 인성에 대한 사회적 관심은 그 어느 때보다 높아지고 있음을 피부로 느끼고 있다. 보육분야도 예외가 아니며, 특히 어린 영유아를 보육하는 보육교사의 경우는 그 정도가 더 강하다고 볼 수 있다. 그것은 입과 귀를 다 막고 싶을 정도로 회자되고 있는 어린이집에서 발생되는 영유아학대 때문이다.

"우리 세대의 가장 위대한 혁명은 내면의 정신세계를 바꿈으로서 외부 세계를 변화시킬 수 있다는 발견이다"라고 윌리엄 제임스(William James)는 갈파했다. 이 말은 교육을 통해 우리가 살고 있는 세상을 더 좋은 세상으로 바꿀 수 있다는 것이다. 일반적으로 볼 때, '교육'이 가장 접근하기 쉬운 방법이기 때문이다. 이에 따라 보육분야에서는 예비교사와 보육교직원을 대상으로 한 인성의 이해와 실제에 대한 교육은 물론, 영유아와 학부모에 이르기까지 인성교육의 대상범위를 확대해 나가고 있다. 이 과정을 통해 보육교사는 함께 행복한 매일멋진인성교사가 된다.

1. 인성교육의 이해

인성교육은 소위 인성의 함양 내지 도야를 위해 교육방식으로 접근하는 것을 말하며, 핵심 요소는 교육대상, 교육목적, 교육내용, 교육방법 등이다.

"지성은 충분하지 않다. 지성에 인성을 더한 것, 그것이 진정한 교육의 목표이다"라고 마틴 루터 킹 주니어(Martin Ruther King, Jr)는 말했다. 사실 지성은 복합적이고 다소 난해한 개념이지만, 대체로 지(知)에 대한 사랑과 지식과 기술과 태도를 포함한 개념으로 본다. 그러므로 '교사'인 보육교사는 이 말이 함축하고 있는 바를 직시해야 하는데, 그것은 그 어떤 교사라도 '지성인'이라고 완전히 단정할 수는 없지만, 대부분의 사회구성원들은 교사들이 지성적이라고 본다. 왜냐하면 거의 '교사'라고 하는 사람은 먼저 '지성'을 객관적으로 인정할 수 있는 '국가자격'을 취득하여 교사가 된 사람이기 때문이다. 이렇게 볼 때, 교사인 보육교사는 가능한 한 지성인(知性人)다운 면모를 지녀야 한다.[1] 보육교사를 위한 인성교육의 내용과 방법은 서로 연관되어 있으며, 교과과정과 비교과과정 모두에게 적용된다.

1) 인성교육의 개념

"그 사람은 사람이 아니다"라든지, "사람이 할 짓인가?" 하는 말을 가끔 듣는다. 이 말속에 내포된 의미는 '잘못된 인성'이며, 따라서 인성교육의 필요성을 시사한다. 그 예로 비행을 저지른 아동이나 폭력을 휘두른 성인에게 수강명령을 내리며, 그 명령에 인성에 관한 교육이 포함되어 있는 것을 들 수 있다. 이때 실시되는 인성교육은 그야말로 보편적 인성(김경령, 서은희, 2014)을 회복시키는 차원에서 진행된다.

1) 따라서 이러한 제한점을 극복하기 위해 교육부에서 인증하는 교사자격을 취득하려면 유치원교사를 포함하여 교직인성 검사를 2회 이상 받도록 규정되어 있으며, 그 결과는 무시험으로 반영되고 있지만, 보육교사의 경우는 그러하지 못하다. 이럴수록 보육교사는 인성의 함양에 매진하여야 한다.

주지하다시피 교육은 홍익인간의 이념 아래 모든 국민으로 하여금 인격을 도야 하고 자주적 생활능력과 민주시민으로서 필요한 자질을 갖추게 함으로써 인간다운 삶을 영위하게 하고 민주국가의 발전과 인류공영의 이상을 실현하는 데 이바지함을 목적으로 하고 있다(「교육기본법」 제2조). 그렇기 때문에 교육은 사회적인 약속이며, 교사는 이 약속에 대한 의무를 다하는 것이 된다.

보육교사 인성이야기

국민교육헌장(國民教育憲章, National Chart of Education)

우리는 민족 중흥의 역사적 사명을 띠고 이 땅에 태어났다. 조상의 빛난 얼을 오늘에 되살려, 안으로 자주독립의 자세를 확립하고, 밖으로 인류 공영에 이바지할 때다. 이에, 우리의 나아갈 바를 밝혀 교육의 지표로 삼는다.
성실한 마음과 튼튼한 몸으로, 학문과 기술을 배우고 익히며, 타고난 저마다의 소질을 계발하고, 우리의 처지를 약진의 발판으로 삼아, 창조의 힘과 개척의 정신을 기른다. 공익과 질서를 앞세우며 능률과 실질을 숭상하고, 경애와 신의에 뿌리박은 상부상조의 전통을 이어받아, 명랑하고 따뜻한 협동 정신을 북돋운다. 우리의 창의와 협력을 바탕으로 나라가 발전하며, 나라의 융성이 나의 발전의 근본임을 깨달아, 자유와 권리에 따르는 책임과 의무를 다하며, 스스로 국가 건설에 참여하고 봉사하는 국민정신을 드높인다.
반공 민주 정신에 투철한 애국 애족이 우리의 삶의 길이며, 자유세계의 이상을 실현하는 기반이다. 길이 후손에 물려줄 영광된 통일 조국의 앞날을 내다보며, 신념과 긍지를 지닌 근면한 국민으로서, 민족의 슬기를 모아 줄기찬 노력으로, 새 역사를 창조하자(1968. 12. 5.).

Q&A

국민교육헌장에 어떤 인성덕목들이 포함되어 있는지 단어를 찾아보면?

(1) 교육의 본질과 사조 및 인성

교육에서의 논점은 두 가지로 요약할 수 있다. 하나는 교육의 본질이며, 다른 하나는 교육사조(思潮, trend)이다. 본질은 변화하지 말아야 하는 어떤 것이나, 사조는 현존하는 시대상과 앞으로의 미래상을 고려하여 교육에서 강조하는 어떤 철학, 흐름, 방법이므로 일정기간 동안 변화에 대한 고려의 여지는 있다. 교육사조의 수용과 실시에서 매우 중요한 것은 반드시 피드백과 평가가 뒤따라야 하고 또한 재시도에서 반영되어야 한다는 것이다.

교육의 본질과 사조는 교사에게도 적용되는데, 그것은 교육의 본질처럼 사회가 교사에게 바라는 자질 및 역량의 핵심은 거의 변화하지 않는다는 것이며, 그 핵심은 교사의 전문성과 인성이다(전재선, 최종욱, 2012). 물론 이러한 논조는 당연히 '교사'인 보육교사에게도 적용된다. 그러므로 교사가 되기 위해서는 전문성을 갖추어야 하며, 동시에 인성을 갖추어야 하므로 '교직정체성'과 '교직인성' 및 '교직적성' 등에서 제시하고 있는 의미는 보육교사에게 생명이나 다를 바 없다.

(2) 인성교육의 뜻과 핵심역량

일반적인 인성교육의 사전적 의미는 사람이 사람답게 살도록 가르치는 것을 말한다. 한마디로 '인간됨됨이 교육'을 말한다. 독일의 교육철학자인 마르틴 부버(Martin Buber)는 그의 책, 『교육강연집』에서 "교육이라고 불릴만한 것은 분명 인성교육(Charavter Education)이라고 할 수 있다"고 한 바 있다. 이 말은 삶에서 인성교육이 지니는 큰 교육적 가치를 대변해 준다.

인성교육에 대한 전문가들은 다음과 같이 정의하고 있다.

- 교육부(2018): 도덕적 인격을 형성하는 내면적 성품, 성질 혹은 성격 및 강한 의지를 계발하고, 이를 외면적 착한 행실로 나타나게 하는 교육
- 윤영돈(2012): 좋은 인성을 지니기 위한 습관과 모델링과 같은 도덕적 사회화
- 인성교육진흥법(2007): 자신의 내면을 바르고 건전하게 가꾸고 타인 공동체 자연과 더불어 살아가는 데 필요한 인간다운 성품과 역량을 길러주는 것을 목적으로 하는 교육(「인성교육진흥법」 제2조)
- 삼성아동교육문화센터(2018): 인간성을 기르는 교육, 인격을 함양하는 교육, 사람을 사람답게 기르는 교육
- Milson(2001): 학습자들이 핵심적인 윤리가 부합되는 것을 이해하고 책임지고 행동하는 경향을 발달시키는 과정

2) 인성교육의 내용

모든 직업에서는 공통적으로 요구되는 직업기초능력외에 인성이 포함되고 있다. 그러므로 유아교사의 차원에서 예비교사와 현직교사를 대상으로 한 인성교육은 일반적인 인성교육론에서 논의되어 온 내용과 무관하지 않다. 다시 말하면 전통적인 인성교육은 인간의 도덕성을 키워 주는 것과 동일시되어 왔으며, '작은 인간'인 아동을 교육하는 교사는 당연히 '도덕적인 인간'이 되어야 한다고 보았던 것이다. 그러므로 훌륭한 인성을 가진 인간이자 교사는 곧, '도덕적 탁월성'을 가진 자로 기대하고 또 요구해 왔다. 앞서 살펴본 바와 같이 '교직인성(教職人性)'을 지닌 소유자가 되는 것이다(김경이, 박은실 외, 2001; 조난심, 이종태, 1997).

일반적으로 인성교육은 포괄적이고 심층적인 측면이 강하여 겉으로 드러나는 행동이나 언어, 태도만이 아니라 내면의 감정, 동기, 무의식과 내면적 상태 모두를 포함하게 된다. 정창우(2016)는 인성역량을 크게 개인적 차원과 관계적 차원으로 구분하면서 다시 다섯 가지 역량으로 세분하였다.

(1) 개인적 차원

- 자기관리역량: 자신에 대한 참된 이해를 바탕으로 바람직한 자아정체성을 형성하고, 자신의 행동과 정서를 조절하고 개발하는 능력
- 심미적·감성역량: 인간에 대한 공감적 이해와 문화적 감수성을 바탕으로 삶의 의미와 가치를 발견하고 향유할 수 있는 능력

(2) 관계적 차원

- 의사소통역량: 다른 사람의 입장을 경청 및 존중하고 그들과 합리적으로 소통하며 균형잡힌 관점과 이해를 공유할 수 있는 능력
- 갈등관리역량: 갈등을 예방하고, 갈등상황에 나타난 관계 문제를 평화적으로 풀어가는 능력

- 공동체역량: 지역, 국가, 세계공동체의 구성원에게 요구되는 가치와 태도를 가지고 공동체의 발전에 참여할 수 있는 능력

그리고 인성교육의 주요 내용은 크게 두 가지이다. 하나는 가장 일반적인 것으로서 소위 말하는 국가수준의 교육과정에서 제시되는 것과 일반 민간수준에서 특수한 목적으로 개발·제시되는 것이다.[2)] 그러므로 두 가지 유형에서 제시되는 인성교육의 내용은 차이가 있다. 그리고 시대에 따라 변화의 과정을 거친다.

보육교사 인성이야기

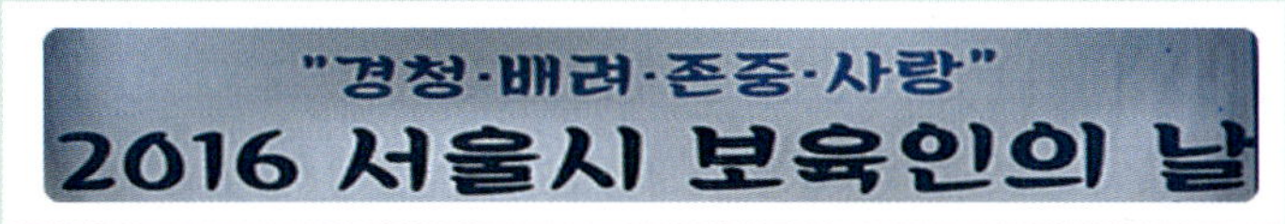

Q&A

보육인대회에서 인성덕목을 플래카드에 제시한 이유는 무엇일까?

최근에는 뇌발달을 기저로 한 인성교육도 대두되고 있다(최혜순, 이미현 외, 2016),

3) 인성교육의 방법

일반적으로 말하는 교육방법은 '교사'가 교육대상자를 '가르치는' 것을 말하며, 교육의 효과성을 제고하기 위해 다양한 방법이 활용된다.

오늘날 e교육이 활성화되고 있지만, 어린 영유아에게는 해당사항이 거의 없

2) 그 예로 개별 전문 연구자가 개발한 프로그램에 제시된 것으로 '첫 번째 교사(First Teacher)'를 들 수 있다(이소희, 2013).

고, 교사에 의한 직접적인 교육이 진행된다. 그것도 영유아와 보육교사의 비율이 낮을 것이 필요하고 또 요구된다.

이러한 직접교육의 중요성은 보육교사를 대상으로 한 교육에서도 결코 예외가 아니다. 왜냐하면 교육은 경험의 범위를 넘어서기가 어렵기 때문이다. 다시 말하면 직접적으로 교육을 받은 경험을 통해 얻은 지혜와 통찰을 자신이 교사가 되어 직접 교육할 때 활용하게 되는 것이기 때문이다. 이미 살펴본 바와 같이 최근 보육교사에 대한 대면교육이 더욱 강화되고, 해당과목이 지정된 조치는 교육방법의 중요성을 제고한다. 더구나 그 교육이 인성교육일 경우, 어떤 방법으로 교육하느냐 하는 것은 교육의 성패를 가름할 정도로 중요하다.

그렇다고 해서 교육방법이 교육의 본질과 방법을 우선할 수는 없으며 특히 인성교육에서는 더욱 그러하다. 보육교사를 대상으로 한 인성교육에서는 인성교육에서의 본질은 유지되어야 하며, 보육교사가 교직정체성을 지니고 동기화되어 있어야 한다. 이때, 상당한 수준의 내재적 영향력을 발휘하는 것은 사명 또는 소명으로 보고 있다(허서영, 2007). "누군가에게 직접적으로 무엇인가를 전달할 수 있기 위해 교육자는 생생히 살아 있는 사람이어야 한다"는 마르틴 부버(Martin Buber, 2007)의 말은 영유아를 대상으로 한 교육일수록 더욱 그러하다.

인성교육의 방법은 크게 교과과정을 통한 방법과 비교과과정을 통한 방법으로 접근하고 있으며, 이 모두의 접근에서 구체적인 다양한 방법이 활용되고 있다(김순환, 박선혜 외, 2014; 이병석, 2010).

- 이야기 나누기(story telling): 회고, 코칭, 상담
- 그림그리기: 이미지그리기, 포트폴리오
- 역할놀이: 역할극, 입장바꾸기
- 토론: 이슈해결, 딜레마 극복
- 글쓰기: 저널쓰기, 자서전쓰기
- 선언과 선포: 윤리강령, 헌장
- 현장학습: 실습, 견학, 봉사

- 강의: 정규, 초빙, e강의
- 경험: 여행, 탐험, 봉사
- 음악활동: 연주, 감상
- 게임
- 명상

특히 교과과정을 통한 인성교육에서 특수교육 관련 경험은 효과적인 것으로 나타나고 있다(최지혜, 2017). 그 이유는 약자를 통해 자신의 상황을 반성적으로 돌아봄으로써 인성함양에 도움이 되기 때문일 것이다.

보육교사 인성이야기

출처: 용인뉴스(2013. 09. 07.).

알림장

"나는 교사다. 교사는 누군가를 이끌어 주는 사람이다. 나는 물위를 걸을 수도 없으며, 바다를 가를 수도 없다. 다만 아이들을 사랑할 뿐이다." - 마바 콜린스(Marva Collins) -

(1) 교과과정을 통한 인성교육

교과(教科)란 각급의 교육기관에서 설정한 교육의 목적에 맞게 가르쳐야 할 내용을 계통적으로 구성해 놓은 것을 말한다. 보육교사의 경우, 최근 개정된 보육교사자격 취득과목으로 설정된 보육교사 인성론을 들 수 있다.[3]

(2) 비교과과정을 통한 인성교육

비교과(非教科)는 재학기간 중 정규 교육과정 이외의 차원에서 이루어지는 교육을 말하며, 대부분 프로그램 방식으로 이루어지고 있다. 대표적인 예로 한국보육진흥원에서 실시하고 있는 〈마음성장 프로젝트〉를 들 수 있다.

4) 인성교육제도

모든 좋은 것은 누구나, 언제나, 어디서나 노력에 의해 얻고, 누릴 수 있다. 사람의 인성도 마찬가지다. '만사형통'이라는 말은 '인사(人事)가 만사(萬事)다'라는 말과 동행하는 말이라고 할 수 있으며, 이렇게 되려면 개개인의 노력도 중요하지만, 사회 구성원 모두가 '나의 일'처럼 생각하고 행동해야 한다. 동시에 제도적 차원에서의 지원이 이루어지면 보다 효과적이다.

인성함양을 위한 사회적 지원제도로는 법과 행정조직 및 각종 지원프로그램을 들 수 있다.

(1) 인성 관련법

소크라테스는 "악법도 법이다"라고 하였지만, 강신영 변호사는 "악법은 법이 아니다"라고 하였다. 누구의 말이 맞는가? 두 사람 말이 다 맞다. 법이 추구하는 정신과 숭고한 목적을 염두에 둔다면, 악법과 같은 법은 제정되어서는 안 된다. 그래서 악법은 법이 아니라고 할 수 있다. 다른 한편, 당시, 제정된 법이 악법이

3) 영유아를 위한 보육과 교육분야에서는 표준보육과정과 누리과정을 들 수 있으나, 엄격하게 교과적 접근이라고 보기는 어렵다. 그렇지만 가능한 한 이에 준하도록 하고 있다.

라고 해서 지키지 않는다면 대혼란이 발생할 수 있다. 그러므로 만약 그 법이 악법이라면 당장 폐지하거나, 개정해야만 한다. 법은 만인의 행복을 위해 존재하기 때문이다.

법이라는 강제성을 동원하여 인성의 도야와 함양을 추구하기까지 해야 한다면 인성은 이루 말할 수 없을 만큼 중요하다. 특히 보육분야와 관련이 깊은 인성 관련법으로 「교육기본법」, 「영유아보육법」, 「유아교육법」, 「아동복지법」 등이 있다.[4] 그런데 이러한 법은 징계와 처벌을 위한 법이 아니라, 주로 교육을 통해 인성을 널리 하고자 한다.

① 인성교육진흥법

모든 법의 제정은 사회의 유지와 발전으로 요약되며, 이러한 대전제하에서 개별법은 제정배경에 따라 개별법 나름대로의 목적을 지닌다. 현재 인성관련법에서 대표적인 법은 「인성교육진흥법(2007)」이다.[5] 법명에서 보듯이 사회구성원으로 하여금 인성을 도야하여 사회를 안정적으로 진흥시키는 좋은 방법은 교육으로 보고 있다. 이 법의 주요 내용은 다음과 같다.

〈표 10-1〉 **인성교육진흥법의 주요 내용**

	「인성교육진흥법」
목적	이 법은 「대한민국헌법」에 따른 인간으로서의 존엄과 가치를 보장하고 「교육기본법」에 따른 교육이념을 바탕으로 건전하고 올바른 인성(人性)을 갖춘 국민을 육성하여 국가사회의 발전에 이바지함을 목적으로 한다.
인성 교육	'인성교육'이란 자신의 내면을 바르고 건전하게 가꾸고 타인·공동체·자연과 더불어 살아가는 데 필요한 인간다운 성품과 역량을 기르는 것을 목적으로 하는 교육을 말한다.

4) 인성교육에 관한 한 「인성교육진흥법」이 타 법에 우선한다.

5) 같은 법에 의하면 '학교'란 「유아교육법」 제2조 제2호에 따른 유치원, 「초·중등교육법」 제2조에 따른 학교, 「재외국민의 교육지원 등에 관한 법률」 제2조 제3호에 따른 한국학교를 말하며, 「영유아보육법」에 의한 어린이집은 제외되어 있다. 그러나 인성교육종합계획의 수립을 위해 대통령령으로 정하는 관계 중앙행정기관의 장은 기획재정부장관, 행정안전부장관, 문화체육관광부장관, 보건복지부장관, 여성가족부장관 중에 보육을 총괄하는 보건복지부장관이 포함되어 있다.

「인성교육진흥법」	
핵심 가치 · 핵심 역량	① 핵심 가치·덕목'이란 인성교육의 목표가 되는 것으로 예(禮), 효(孝), 정직, 책임, 존중, 배려, 소통, 협동 등의 마음가짐이나 사람됨과 관련되는 핵심적인 가치 또는 덕목을 말한다. ② 핵심 역량이란 핵심 가치·덕목을 적극적이고 능동적으로 실천 또는 실행하는 데 필요한 지식과 공감·소통하는 의사소통능력이나 갈등해결능력 등이 통합된 능력을 말한다.
국가 등의 책무	① 국가와 지방자치단체는 인성을 갖춘 국민을 육성하기 위하여 인성교육에 관한 장기적이고 체계적인 정책을 수립하여 시행하여야 한다. ② 국가와 지방자치단체는 학생의 발달 단계 및 단위 학교의 상황과 여건에 적합한 인성교육 진흥에 필요한 시책을 마련하여야 한다. ③ 국가와 지방자치단체는 학교를 중심으로 인성교육 활동을 전개하고, 인성 친화적인 교육환경을 조성할 수 있도록 가정과 지역사회의 유기적인 연계망을 구축하도록 노력하여야 한다. ④ 국가와 지방자치단체는 학교 인성교육의 진흥을 위하여 범국민적 참여의 필요성을 홍보하도록 노력하여야 한다. ⑤ 국민은 국가 및 지방자치단체가 추진하는 인성교육에 관한 정책에 적극적으로 협력하여야 한다.
인성 교육의 기본 방향	① 인성교육은 가정 및 학교와 사회에서 모두 장려되어야 한다. ② 인성교육은 인간의 전인적 발달을 고려하면서 장기적 차원에서 계획되고 실시되어야 한다. ③ 인성교육은 학교와 가정, 지역사회의 참여와 연대하에 다양한 사회적 기반을 활용하여 전국적으로 실시되어야 한다.

「인성교육진흥법」은 실제로 많은 기대와 논란 속에서 제정·실시되고 있지만 여전히 몇 가지 쟁점에 대한 논의가 필요하다고 보고 있다. 그것은 인성이 내면성이 강해 법적인 규제가 쉽지 않을 뿐만 아니라, 법에 의한 인성교육은 자칫 국가의 통제수단으로 전락할 수 있으며, 또한 인성교육의 진흥을 강조할 때에는 관련 기관 사이에서의 이해(利害)관계로 인해 소위 말하는 '밥그릇 싸움'으로 오도될 수 있기 때문이다(이소희, 2010; 장승희, 2015). 나아가 법규정 내용에서도 인성교육에서의 덕목의 정의 및 종류, 인성교육의 방법과 평가 등에서 면밀한 규정의 명시와 실시가 요구되기 때문이다. 이에 따라 인성교육은 교육권의 보장을 위해 모든 학생을 대상으로 실시되어야 하고, 교육과정의 일환으로 운영되어야 한다고 보고 있다(박혜경, 2015).

② 영유아보육법

인성에 관한 기본이 되는 법은「인성교육진흥법」이고, 보육분야를 관장하는 보건복지부는 관련법에 근거하여 지원행정을 펴게 된다. 즉 2016년「영유아보육법 시행규칙」을 개정하여 보육교사의 보수교육 내용 중에 인성함양부분을 포함시켰으며, 이에 따라 일반직무교육과 보수교육 및 승급교육에서 보육교사를 포함한 보육교직원의 인성함양을 위한 각종 교육이 실시되고 있다.

그리고 이러한 맥락에서 부모에게도 아동학대와 아동권리 등과 연계하여 부모교육을 실시하고 있다.

(2) 인성교육 관련행정조직

인성교육을 전담하는 주무행정부서는 교육부이며, 학교혁신지원실, 민주시민교육과에서 담당하고 있다. 보건복지부에서는 보육기반과에서 담당하고 있으며, 보건복지부의 산하기관인 한국보육진흥원에서 현장교육과 실시를 담당하고 있으며, 이에 중앙육아종합지원센터를 위시하여 전국 지방의 육아종합지원센터에서 협력하여 실시하고 있다. 특히 한국보육진흥원에서는 보육교직원을 대상으로 한 인성교육 프로그램인 〈마음성장 프로젝트〉를 개발하여 보급하고 있다. 그리고 국무총리 산하기구인 육아정책연구소에서는 인성교육과 관련된 여러 가지 연구를 진행하고 있다.

2. 보육교사의 인성교육

"훌륭한 가르침은 하나의 테크닉으로 격하되지 않는다. 훌륭한 가르침은 교사의 정체성과 성실성에서 나온다"는 파커 파머(Parker J. Palmer, 2001)의 말은 인성교육에서 교사의 입장과 태도를 분명하게 말해 주고 있다. 또한 "만약 당신이 아이들과 함께, 또는 그 주변에서 일한다면 당신은 인성교육자가 되지 않을 수 없을 것이다."라는 미국의 교육학자인 비코위츠(Benkawitz, 2002)의 말은 보육교사가 어떠한 인성의 사람이 되어야 한다는 것을 극명하게 말해 준다. 다시 말하면 교사가 좋은 인성의 사람이 된다는 것은 바로 '인성교육자'가 되어야 한다고 본 것인데, 이 말은 영유아기의 보육교사일수록 그 의미와 그 강도는 더욱 크다고 할 수 있다.

「인성교육진흥법」과 「영유아보육법」에 근거하여 실시되는 보육교직원 인성교육은 현직교사를 포함한 직원이 대상이 되지만, 보육교사를 양성하는 주 기관인 대학에서는 예비보육교사를 중심으로 한 인성교육이 이루어지고 있으며, 이는 예비교사의 인성에 관한 연구결과를 바탕으로 하고 있다(김춘경, 조민규, 2016; 김경령, 서은희, 2014; 박순정, 2013; 신동주, 임소영, 2017; 주윤하, 박영희 외, 2015).

1) 예비교사 인성교육

예비교사과정은 보육교사가 하나의 인격체로 갖추어야 할 인성적 자질과 교사로서 갖추어야 하는 전문적 자질을 양성하는 과정이다.

"꿈꾸며 준비해요"라는 말은 인성리더십교육을 받는 유아들이 명쾌하고도 힘차게 외치는 말이다.[6] 인성교육은 언제부터 본격적으로 이루어져야 하는가? "세 살 버릇 여든까지 간다"는 우리 속담대로 무릎학교 때부터이다.

전통시대의 대가족제도하에서는 이 무릎학교가 어머니와 할머니의 무릎이었다. 그러나 초고속정보시대의 초핵가족사회에서는 보육교사가 포함되었으며, 맞벌이가정의 경우, 오히려 보육교사의 무릎에서 배우는 시기가 빨라졌고, 또한 그 기간도 늘어났다.

그렇다면 보육교사는 언제부터 인성교육을 받아야 하는가?에 대한 질문을 던질 수 있다. 정상적이라면 보육교사 역시 무릎학교 때부터 받았어야 했다. 그런데 보육교사가 받아야 할 인성교육은 어린 시절과 뚜렷한 차이가 있다. 무릎학교

6) 습관형성 방식으로 이루어지는 유아대상의 인성리더십교육 프로그램의 세 번째 주제명이다(이소희, 한국영리더십센터, 2012).

에서 영유아들을 대상으로 인성교육을 해야 하는 입장에서 인성교육을 받는 것이다. 그러므로 현직교사가 되기 전, 보육교사에 대한 아름다운 꿈을 안고, 준비하는 과정에서 배우는 교육인 것이다. 그러므로 너무 소중하고 의미 있는 교육이라고 할 수 있다.

이러한 맥락에서 예비보육교사를 대상으로 한 인성교육에 관한 연구가 다수 이루어지고 있으며(김순환, 남옥선 외, 2014; 엄은나, 전우경 외, 2016; 이석순, 2014), 이를 기반하여 개발된 교육 프로그램으로 인성교육이 실시되고 있다.

2) 현직교사 인성교육

"고인 물은 썩는다"라는 속담이 있다. 달리 표현하면 "흐르는 물은 썩지 않는다"는 말이 된다. 이는 교육에도 그대로 적용된다. 변화하는 사회에서 미래사회를 조망하면서 의미 있게 살아가기 위해서는 배움 자체가 생활화되어야 하는 것이다.

인성의 특성에서 살펴본 바와 같이 인성은 쉽게 변하지 않으면서도 또한 쉽게 형성되기도 어려우며, 천성(天性)이라고 부르는 타고난 특성도 있다. 그러므로 생활 속에서 '가랑비에 솜옷 젖는다'라는 속담처럼 매일매일 꾸준히 지속하는 것이 중요하다.

현직교사는 초임교사와 경력교사로 대별되므로 보육경력에서 차이가 있다. 따라서 인성교육은 직무교육과 승급교육차원에서 이루어지며, 보육제도의 범주 내에서 거의 보육 관련 행정기관 주관으로 이루어진다. 대표적인 기관으로는 한국보육진흥원과 육아종합지원센터가 있다. 그렇기 때문에 일정한 체제를 가지고 있으며, 집합교육으로 이루어지며, 보육교사라면 일정한 기간 내에 이수해야 하는 강제성도 지니고 있다.

3) 보육교사 인성프로그램의 사례

보육교사를 위한 인성교육 프로그램은 국가, 기업, 개인 등에 의해 개발·보급되고 있다. 이러한 프로그램들은 각각의 개발목적에 따른 효과를 거두고 있으며, 평가되고 있다.

(1) 한국보육진흥원의 〈마음성장 프로젝트〉

〈마음성장 프로젝트〉는 인성교육 차원에서 보육교직원로서 스스로 느끼는 마음상태를 점검하고, 보육교직원이 내면에서 어렵게 느끼고 있는 부분에 도움을 주고자 시행하는 사업이다.

이 프로젝트는 자존감, 소명감, 정서능력, 대인관계의 네 가지 영역으로 구성되어 있으며, 40문항으로 구성된 자기 이해 테스트를 함께 실시하여 보육교사 스스로 자신을 객관적으로 이해할 수 있도록 돕고 있다.

자신감 넘치는 선생님(자존감)은

자기 자신에 대한 새로운 이해를 통해 자아존중감을 높이고, 디톡스와 힐링을 경험하면서 스트레스를 해소하는 방법을 체험해 볼 수 있는 수준 높은 내용들로 이루어져 있습니다. 또한 소그룹 활동, 워크시트 활용 등의 활동을 통해 영유아와의 효과적인 상호작용 방법도 배울 수 있는 매우 유용한 기회가 될 것입니다.

열정적인 선생님(소명감)은

보육교사로서의 열정을 확인할 수 있는 다양한 활동이 포함되어 있습니다. 보육교사가 가져야 할 윤리의식과 도덕성을 실천하고 있는지 반성적 사고를 통해 성찰하고, 누군가의 삶에 큰 역할을 하게 되는 보육교사라는 직업의 소명감에 대해 다시 한번 생각해 볼 수 있습니다. 또한 행복한 교사가 행복한 보육을 할 수 있고 궁극적으로 영유아 삶이 행복해질 것이기에, 보육교사의 심리적 안녕감 회복을 위해 마음으로 감정을 바꿀 수 있다는 최근의 뇌 연구 결과를 활용한 힐링 활동들을 경험하게 될 것입니다.

즐거운 선생님(정서능력)은
자신의 감정을 돌아보는 시간을 통해 정서적 힐링을 경험하고, 소그룹 활동, 워크시트 활용 등의 활동을 통해 부정적 감정이 나타나는 여러 가지 상황에서 대처하는 방법을 다루게 됩니다. 또한 영유아의 문제행동에 대한 이해를 바탕으로 문제해결능력을 향상시키는 기회를 가질 수 있습니다.

따뜻한 선생님(대인관계)은
자신에 대한 수용을 토대로 하여 다른 사람을 배려하고, 긍정적인 관계를 형성하며 갈등을 예방하고, 일에 대해 열정을 발휘할 수 있도록 자기동기화를 강화하는 과정으로 구성되어 있습니다. 또한 연극을 통하여 공감과 배려를 연습하고 실제 적용해 보는 흥미로운 기회를 가질 수 있습니다.

(2) 학술연구

인성의 중요성과 접근방법에서의 효과성 때문에 다수의 인성교육에 대한 연구가 이루어지고 있으며(김영은, 2016; 이경숙, 2016; 박순정, 2013; 변윤희 외, 2016 a, 2016b; 서경혜, 최진영 외, 2013; 유주연, 김순환, 2015; 최진원, 2015), 몇 연구는 효과검증이 이루어지고 있다. 그리고 창의성과 연계한 연구도 있다(이경민, 최윤정 외, 2013; 이경민, 최윤정 외, 2013).

지금까지 이루어진 연구를 볼 때, 통칭 '유아교사'라는 명칭을 사용하고 있는데, 이는 인성교육에 있어서는 보육교사와 유치원교사가 그 맥을 같이한다고 보았기 때문이다. 그럼에도 불구하고 아직 인성의 정의, 범주 및 구성요소에 대한 학문적 합의가 이루어지지 못함을 여실히 나타내 주고 있으며,[7] 다소 편의적인 연구가 이루어지고 있다고 볼 수 있다.

따라서 진정한 인성교육의 진흥을 위해서는 관련 학문 분야의 전문가가 참여한 대규모의 델파이 연구를 통해서 인성, 인성교육, 인성영역, 구성덕목 등을 체계화하여 지속적인 종단적 연구가 필요함을 알 수 있다.

7) 프로그램 개발연구에서 다루어지고 있는 인성 하위 요인들은 감성, 긍정적 자기인식(자아개념), 나눔, 대인관계, 문제해결, 배려, 사랑, 사회관계, 사회성, 성실, 소명감, 인간애, 자기조절, 자존감, 재치, 절제, 정서능력, 정직, 정의, 존중, 직무특성, 질서, 책임, 타인이해, 협력, 협동, 효 등이다(변미옥, 도미향, 2016 연구에서 발췌).

매일멋진보육교사의
더 깊고, 넓고, 높은 생각

나의 인성수준

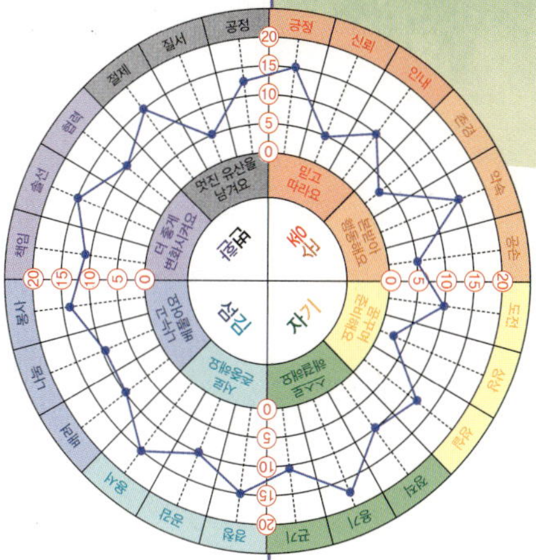

황금원 모델에서 제시하는 다이어그램처럼
예비보육교사로서 나의 인성수준을 점수화하여 점을 찍고,
선으로 이어보자.
그리고 생각을 정리해 보자.

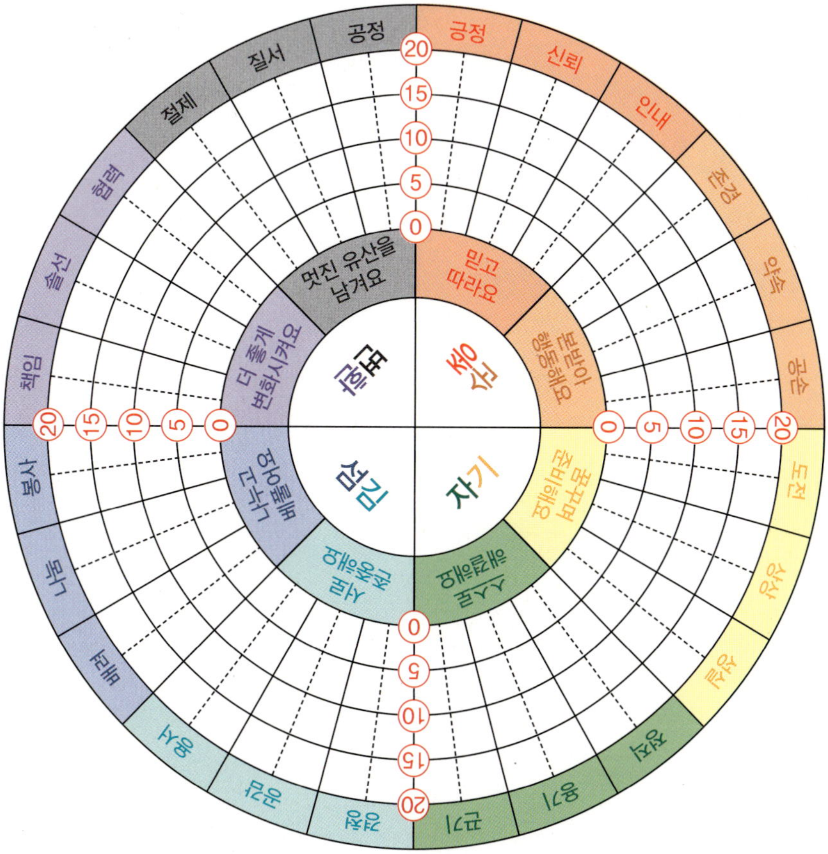

이소희(2009).

PART 5

보육교사의 인성리더십과 코칭론

Chapter 11

보육교사와 인성리더십

"사람들을 이끈다고 생각하나, 따르는 사람이 없다면, 그는 그냥 혼자서 걸어가고 있을 뿐이다"라고 에이브러햄 링컨은 말했다. 이 말은 리더십의 요체를 말한 것이다.

지도자를 일컬어 리더(leader)라고 부른다. 그렇다면 교사는 리더인가? 리더이다! 보육교사는 영유아를 거의 매일 만난다. 그리고 기본생활습관을 형성하고 생활화되도록 보육한다. 그러므로 이를 위해 보육교사가 추구해야 할 교직인성의 구체적인 목표는 매일멋진리더로서의 보육교사이며, 매일멋진코치로서의 보육교사이다. 이를 위해 리더십을 효과적으로 발휘하는 방법인 코칭을 적극 활용할 필요가 크다. 왜냐하면 인성을 함양시키는 방법이 간단하지 않기 때문이다.

리더십의 기초는 교육에 있으므로 리더십을 발휘해야 할 사람들은 사회변화에 따라 적극적으로 리더십교육을 받아야 한다. 리더십의 정의와 종류를 넘어 리더십교육에서 중요하게 다루어지고 있는 핵심개념에 대한 이해는 리더가 되기 위한 노력을 기울임에 있어서 매우 중요한 자원이 되며, 리더십실천에서의 지침이 된다.

1. 리더십의 이해

리더십은 시대에 따라 다르게 정의되어 왔으며, 조직의 목표와 구성원들의 특성에 따라 차이가 있다. 리더십(leadership)은 영어의 leader와 ship의 합성어로서 '리더십'으로 읽는다. leadership의 어원적 배경은 배(船)에 승선하여 목적지를 향해 항해하는 선원들의 역할 특성을 고려한 것이다.

기본적으로 선장은 최고책임자로서의 리더의 역할을 수행하며, 선원들은 따르는 팔로워(follower)의 역할을 수행하게 된다. 그러나 이러한 역할은 언제나 고정된 것이 아니며, 상황에 따라 역동적으로 수행될 수 있어야 한다.

1) 리더십의 뜻과 종류

일반적으로 리더십은 최고책임자가 발휘해야 할 덕목으로 알려져 있다. 그러나 최근의 리더십이론에 따르면 모든 조직의 구성원이 각자의 지위에 따른 역할 특성을 고려하여 적재적소에서 발휘해야 하는 영향력으로 보고 있다.

(1) 리더십의 뜻과 구성요인

특정 조직의 구성원이 리더십을 발휘하기 위해서는 리더십의 정의와 종류에 대한 기본 이해가 필요하다. 리더십의 개념도 관점에 따라 차이가 있을 뿐만 아니라, 시대적 변화와 함께 진화하고 있으며, 그 초점은 사회구성원들로 하여금 어제보다 오늘을, 그리고 오늘보다는 더 나은 내일을 더불어 함께 잘 사는 것에 맞추어지고 있다.

- 이소희(2009): 자신과 다른 사람의 마음을 모으고 움직이는 멋진 힘
- Bass(1990): 상황이나 집단 구성원들의 인식과 기대를 구조화 또는 재구조화하기 위한 구성원들 간의 교류 과정
- Jacobs와 Jaques(1990): 집합적 노력에 목적, 즉 의미 있는 방향을 부여하는

과정

- Northouse(2001): 비전 제시를 통해 추종자들의 자발적 몰입을 이끌어내고, 그들에게 활력을 주고, 조직을 혁신함으로써 한층 더 큰 잠재력을 갖는 새로운 조직형태로 변형시키는 과정
- Yukl(2004): 무엇을 해야 할 필요가 있을 때 어떻게 하면 효과적으로 할 수 있는지를 이해하고 합의하기 위해 타인에게 영향을 미치는 과정이며, 공유하는 목표를 달성하기 위해 개인의 노력과 집합적 노력을 촉진시키는 과정

이를 어린이집에 적용하면 다음과 같다.

- 좁은 정의: 어린이집 사람들의 마음을 모으고 움직이는 멋진 힘
- 넓은 정의: 어린이집 사람들뿐만 아니라, 보육 관련자들의 마음을 모으고 움직이는 멋진 힘

그리고 리더십에 포함되는 구성요인들도 여러 전문연구가들에 의해 제시되었는데, 인성의 구성요인만큼 다양하며, 일치된 요인을 구분하기 어렵다.

- 김미숙(2009): 대인관계능력, 타인배려, 존중, 창의성, 책임감, 자신감, 협동심, 도덕성, 도전, 문제해결력 등
- 김왕동(2011): 정직, 약속, 용서, 책임, 배려, 소유 등의 윤리적 덕목뿐만이 아니라 글로벌 시민이 되기 위해서 요구되는 리더십, 다양성, 평화의식 등
- Goleman(1995): 리더의 필수조건으로 자아 인식력, 자기 통제력, 동기부여, 감정이입, 사회적 기술 등
- Mitchell(1997): 리더가 갖추어야 할 일반적인 능력으로, 목적과 방향을 조직할 수 있는 능력, 의사소통 능력, 문제해결 능력, 동기화와 협력과 같은 대인관계 기술, 융통성, 개방성, 다양한 관점을 반응할 수 있는 태도와 성향.

(2) 리더십의 종류

전통적인 리더십이론에서는 리더십을 선천적인 자질로 인식하는 경향이 농후하였다. 그러나 최근에는 교육과 훈련에 의해 함양할 수 있다고 보고 있을 뿐만 아니라, 다양한 요인의 영향을 받아 리더십이 발달한다고 보고 있다. 이에 따라 리더십의 유형과 종류는 다양하게 제시되고 있다. 이러한 맥락에서 어린이집이라는 조직에서 효과적으로 사용할 수 있는 정의를 채택하는 것처럼, 리더십의 종류도 어린이집이라는 조직과 문화적 특성을 고려하여 선택적으로 사용하는 것이 효과적이다.

리더십의 종류는 전문가 및 학자에 따라 다르게 정의되고 있다. 이소희(2011)는 리더십을 4가지 종류로 나누었다. 즉 순종리더십, 자기리더십, 섬김리더십, 변환리더십이다. 이 4가지 리더십은 개념적으로도 순서적으로 제시함과 동시에 실제교육도 순종리더십 → 자기리더십 → 섬김리더십 → 변환리더십의 순서로 이루어지는 것이 좋다. 개념 이해가 된 후 어느 정도 순서적인 교육이 이루어져서 경험을 쌓게 되면 동시다발적으로 적재적소에 알맞은 4가지 리더십을 발휘할 수 있다.

(3) 4가지 리더십의 뜻

어린이집 조직이 추구하는 목표를 고려하여 그 구성원인 영유아, 보육교직원 및 부모들이 쉽게 이해하고 사용할 수 있도록 순종리더십은 따르는 리더십으로, 자기리더십은 스스로 리더십으로, 섬김리더십은 섬기는 리더십으로, 변환리더십은 바꾸는 리더십으로 재명명된다.[1)]

1) 4가지 리더십은 다시 8가지 습관으로 구분되고, 8가지 습관은 3가지의 인성덕목으로 구성된다(Chapter 9, 10 참조)

〈표 11-1〉 4가지 리더십의 뜻

리더십의 종류		리더십의 뜻
나 리더십	순종리더십 (따르는 리더십)	자신에게 의미 있는 사람을 따르기 위해 생각하고 행동하는 것을 말함. 따른다는 것은 자신의 행복한 성장발달에 미치는 의미 있는 사람의 긍정적인 의도를 믿고 따르며, 나아가 효과적으로 본받아 행동하는 것을 말함 예 어린이집의 영유아는 보육교직원을 믿고 따르며 순종함 어린이집의 보육교직원들은 원장을 믿고 따르며 순종함
	자기리더십 (스스로 리더십)	자신을 스스로 세우기 위해 생각하고 행동하는 것을 말함. 스스로를 세운다는 것은 자신의 행복한 꿈을 이루기 위해 자신이 가진 강점 자원을 최대한 계발할 뿐만 아니라, 다른 사람이 가진 자원까지도 지혜롭게 활용하여 준비하는 것을 말함. 나아가 이 과정에서 당면하게 되는 문제를 주도적으로 해결하는 것을 말함 예 어린이집의 영유아는 발달과업을 스스로 수행함 어린이집의 보육교직원은 맡은 업무를 스스로 수행함
우리 리더십	섬김리더십 (섬기는 리더십)	다른 사람을 귀하게 여기고 행동하는 것을 말함. 섬긴다는 것은 남녀노소, 빈부귀천, 지위고하, 인종종교를 막론하고 서로 존중하며, 나아가 함께 행복하게 살기 위해 자신이 가진 것을 나누고 베풀어서 시너지를 내는 것을 말함 예 보육교직원은 원장을 섬김 원장은 보육교직원들과 학부모를 섬김
	변환리더십 (바꾸는 리더십)	더 좋은 환경으로 변화시키기 위해 생각하고 행동하는 것을 말함. 더 좋게 바꾼다는 것은 어제보다는 오늘을, 오늘보다는 더 나은 내일을 함께 행복하게 살 수 있도록 한방향으로 정렬하여 사람과 환경을 창의적으로 변화시켜 멋진 유산을 남기는 것을 말함 예 원장은 질 높은 보육서비스를 제공하기 위해 시스템을 바꿈 보육교사는 질 높은 보육서비스를 제공하기 위해 교수법을 바꿈

출처: 한국영리더십센터(2009). 매일멋진사람들(이소희 개발).

4가지 리더십은 다시 두 가지 차원으로 구분된다. 즉 따르는 리더십과 스스로 리더십은 나 리더십으로, 섬기는 리더십과 바꾸는 리더십은 우리 리더십으로 재분류된다. 나 → 우리 리더십의 의미는 수신제가치국평천하(修身齊家治國平天下)라는 고사성어가 시사하는 바와 같이 자신이 바로 서야 다른 사람을 섬길 수 있고, 나아가 세상을 더 좋게 변화시킬 수 있다고 보기 때문이다.

보육교사 인성이야기

내가 젊고 자유로워서 상상력에 한계가 없을 때,
나는 세상을 변화시키겠다는 꿈을 가졌었다.
좀 더 나이가 들고 지혜를 얻었을 때,
나는 세상이 변하지 않으리라는 것을 알았다.
그래서 내 시야를 약간만 좁혀
내가 살고 있는 나라를 변화시키겠다고 결심했다.
그러나 그것 역시 불가능한 일이었다.
황혼의 나이가 되었을 때 나는 마지막 시도로
나와 가장 가까운 내 가족을 변화시키겠다고 마음을 정했다.
그러나 아무도 달라지지 않았다.
이제 죽음을 맞이하기 위해 누운 자리에서
나는 문득 깨닫는다.
만일 내가 내 자신을 먼저 변화시켰더라면
그것을 보고, 내 가족이 변화되었을 것을
또한 그것에 용기를 얻어
내 나라를 더 좋은 곳으로 바꿀 수 있었을 것을
그리고 누가 아는가 세상까지도 변화되었을지

출처: 영국의 웨스트민스터 대성당의 지하 묘지, 이름 없는 성공회 주교의 무덤의 비문.

알 림 장

"주도적인 사람은 '내면에서 외부'로 향한다." - 스티븐 코비 -

2) 리더십의 핵심 개념들

리더십의 기초는 교육에 있으므로 리더십을 발휘해야 할 사람들은 사회변화에 따라 적극적으로 리더십교육을 받아야 한다. 리더십의 정의와 종류를 넘어 리더십교육에서 중요하게 다루어지고 있는 핵심개념에 대한 이해는 리더가 되기 위한 노력을 기울임에 있어서 매우 중요한 자원이 되며, 리더십실천에서의 지침이 된다.

(1) 핵심가치(Core Value)

가치는 사람들이 바람직하게 여기고 행동하도록 이끄는 생각을 말한다. 실제로 다양한 구성원들로 이루어진 조직에서는 다양한 가치들이 존재하기 마련이다. 따라서 조직을 한방향으로 정렬시키기가 어려울 때가 있다. '사공이 많으면 배가 산으로 간다'는 속담은 핵심가치의 공유가 매우 필요하다는 것을 말해 준다.

어린이집에서 공유하는 핵심가치는 어린이집의 구성원들의 마음과 행동을 모으는 구심점의 역할을 하며, 책임경영의 가능성을 더욱 높힌다. 핵심가치(Core Value)는 종종 사명과 유사한 기능을 수행하게 되며, 그 핵심가치를 공유하기 위해 사명서(Mission Statement) 작성과 공유로 구체화된다.

(2) 패러다임(Paradigm)

패러다임은 한 시대나 한 사람을 지배하고 있는 생각을 말한다. 리더십교육과 코칭 등에서는 패러다임의 전환(shift)이라는 합성어로 자주 사용된다. 급변하는 사회에서 크고 작은 결정을 내려야 하는 현대인으로서는 적재적소에서 패러다임을 전환시켜야 조직문화의 혁신이 이루어지면서 책임경영의 실현을 효과적으로 달성할 수 있기 때문이다. 더구나 핵심가치를 지키면서 지속가능한 발전을 지속하기 위해서는 전략적인 패러다임 전환이 필요할 때가 자주 있다.

패러다임의 전환은 안경과 창틀에 비유되어 설명된다. 패러다임을 전환시키기 위해서는 자신의 시각으로 세상을 보는 고정된 안경을 벗는 용기가 필요하다. 또한 자신이 안주하는 조직 내에서 바깥 세상을 바라보는 창틀도 교체시킬 수 있는 도전도 필요하다.

(3) 한방형정렬(Aligning)

한방향정렬은 전체를 향하여 부분이 한방향으로 정렬하는 것을 말한다. 한방향으로 정렬하기 위해서는 먼저 구성원이 방향설정(pathfinding)을 해야 한다. 방향설정은 해 주고 싶은 것과 얻고 싶은 것이 가능하도록 연결하는 것을 말한다. 방향설정을 하려면 이해당사자들의 욕구를 고려하여 처방하기 전에 진단해야 한다. 왜냐하면 한방향정렬은 부분은 전체에 영향을 받고, 또 전체는 부분에 영향을 주기 때문에 미리 방향설정을 해야 하는 것이다(스티븐 코비, 2003). 이 방향설정은 조직에서 합의에 의해 작성한 공동사명서에서 가시화된다. 조직이 창출하는 성과는 조직의 구성원이 한방향으로 정렬되어 있는가의 여부에 달려 있다.

어린이집은 영유아의 생명을 보호하고 잠재적 가능성을 키우는 역할을 담당한다. 어린이집은 가족의 행복한 생활을 돕기 위해 일시적으로 부모의 역할을 수행하는 곳이다. 어린이집 구성원들이 한방향으로 정렬될 때, 영유아 및 가족의 기본생활을 보호할 뿐 아니라, 풍요로움도 약속하게 된다.

(4) 임파워링(Empowering)

임파워링은 조직의 구성원에게 권한과 책임을 부여하고 지지하는 것을 말한다. 임파워링을 받은 구성원들은 열정과 주인의식을 지니고 주도적으로 일할 수 있도록 지지함으로써 조직의 생산성을 제고시킨다. 특히 임파워링은 이해당사자들이 핵심가치를 공유하고 한방향으로 정렬되어 있을 때 더욱 효과적이다. 동시에 이론적 배경을 가지고 접근할 때 강한 설득력을 갖는다. 어린이집에서의 효과적인 임파워링은 하향구조만이 아니라 양방향으로 기능할 때 일어난다.

(5) 윈-윈 시너지 (Win-Win Synergy)

윈-윈 시너지는 서로에게 좋은 상태로 1+1=2가 아니라, 2를 넘은 효과를 내는 것을 말한다. 그러므로 공동의 목표에 따라 조직적으로 힘을 합하는 것은 탁월한 성과를 약속한다. 윈-윈 시너지는 부정적 태도가 아니라, 긍정적인 태도에서 비롯된다. 옛 속담에 비유하면 '누이좋고 매부도 좋다'는 윈-윈의 의미에 해당하는 속담이다. "백지장도 맞들면 낫다"는 시너지의 의미에 해당하는 속담이다. 윈윈 시너지는 다다익선(多多益善)을 구체적으로 실현하는 힘을 갖는다.

어린이집의 조직 구성원들이 공유하고 있는 핵심가치가 윈-윈 시너지에 그 바탕을 두고 있을 때, 어린이집에서의 책임경영을 위한 핵심과제인 조직의 안정화와 성과향상을 달성하기가 용이하다.

2. 어린이집의 조직문화와 리더십계발

흔히 인간은 사회적 동물이라고 말한다. 그리고 가정은 사회의 기초단위라고 말한다. 이러한 맥락에서 본다면, 대부분의 개인과 집단 또는 조직의 일원이다. 따라서 자연스럽게 조직의 문화가 형성되게 된다. 어린이집은 보육기능을 수행하기 위해 체계화된 조직이며, 자연스럽게 각각의 어린이집은 조직문화를 형성하게 된다.

"아는 것이 힘이다"라는 명언이 주는 힘은 크다. "구슬이 서 말이라도 꿰어야 보배다"라는 속담은 실천의 중요성을 말해 준다. 이와 같이 리더십은 지식이 아니라 행동으로 나타나야 영향력을 지니며, 성과로 이어진다.

건강하고 행복한 생활을 위해서는 개인도 개인으로서의 리더십을 발휘하여야 하며, 동시에 구성원으로서도 리더십을 발휘해야 연결된 강한 조직이 되기 쉽다.

이렇듯 리더십의 중요성 때문에 리더십을 계발하고 발휘해야 하며, 최근 교육과 함께 멘토링과 코칭접근이 주목받고 있다.

1) 어린이집의 조직문화

조직문화는 조직과 문화의 합성어이다. 먼저 일반적인 조직의 사전적 정의는 특정한 목적을 달성하기 위하여 여러 개체를 모아 이룬 집합체를 말한다. 그리고 조직문화의 정의는 조직구성원이 지니고 있는 공동의 가치 및 생활방식을 말한다. 이 문화는 한 사회의 개인이나 인간 집단이 자연을 변화시켜 온 물질적이고 정신적 과정의 산물이다. 이렇게 조직과 문화를 통합하면 조직 구성원들로 하여금 다양한 상황에 대한 해석과 행위를 불러일으키는 조직 내에 공유된 정신적인 가치가 된다. 이렇게 볼 때, 조직 문화는 조직 구성원들이 환경을 해석하는 방식을 학습하는 데 필요한 '렌즈'의 역할을 하며, 또한 조직구성원들이 공유하고 있는 '세상에 대한 관점(view of the world)'을 제공한다. 그래서 궁극적으로는 조직의 성공 여부에도 영향을 준다(심리학용어사전, 2014).

한편 조직이 추구하는 목적을 실현하는 과정에서 조직문화가 점점 형성되며, 일단 어느 정도 형성되면 쉽게 변하지 않는 특성을 지니고 있다. 따라서 리더가 발휘하는 리더십은 조직의 문화를 새롭게 정비하고 목표를 효과적으로 달성하도록 이끄는 힘을 지니고 있다. 그러므로 어린이집의 보육교직원들이 발휘하는 리더십의 수준에 따라 어린이집 조직의 형태와 조직문화가 달라지며, 따라서 어린이집 조직의 안정화는 물론 성과향상에도 분명한 차이가 난다.

그러나 변화하는 사회에서 조직의 설립목적을 달성하면서 지속적으로 성장하기 위해 조직 문화의 변화에도 주목하여야 한다. 루 거스너(2013)는 "문화는 승부를 결정짓는 요소 중 하나가 아니라 그 자체가 승부이므로 의지를 가지고 지속적으로 문화의 변화를 강조하는 것이 매우 중요한 성공요인이다"라고 하였다. 보육교사를 포함한 모든 어린이집 사람들은 시대부응적인 어린이집 조직문화의 발달에 관심을 기울이며 협력하여야 한다.

(1) 리더십이 발휘되는 조직: 연결이 강한 조직

조직의 구성원인 어린이집 사람들이 리더십을 발휘하게 되면, 긍정적인 성과를 창출하며, 그 성과는 원장은 물론, 대부분의 어린이집 조직 내·외의 보육 관련자들을 행복하게 만든다. 널리 알려진 우화인 '황금알을 낳는 거위'에 비유할 수 있다.

(2) 리더십이 발휘되지 못하는 조직: 연결이 약한 조직

조직의 구성원인 어린이집 사람들이 리더십을 발휘하지 못하면 부정적인 결과를 낳으며, 불안정한 조직이 된다. 따라서 원장은 물론, 대부분의 어린이집 조직 내·외의 보육 관련자들은 스트레스와 갈등을 경험하고 소진하게 된다.

무릇 성장하는 조직은 핵심가치를 지니면서도 문화적응력이 강하다. 다시 말하면 해당 조직의 생존과 유지는 물론, 발전과 도약 등의 특정한 목적을 위해 핵심가치를 준수하는 가운데 시의성이 높은 의미 있는 문화를 창출하기도 한다.[2] 그 예로 최근 어린이집에서는 「영유아보육법」에 규정된 목적을 달성하고자 공공성, 전문성, 투명성(서울여성가족재단, 2018)을 제고하기 위해 노력해야 한다.

보육교사 인성이야기

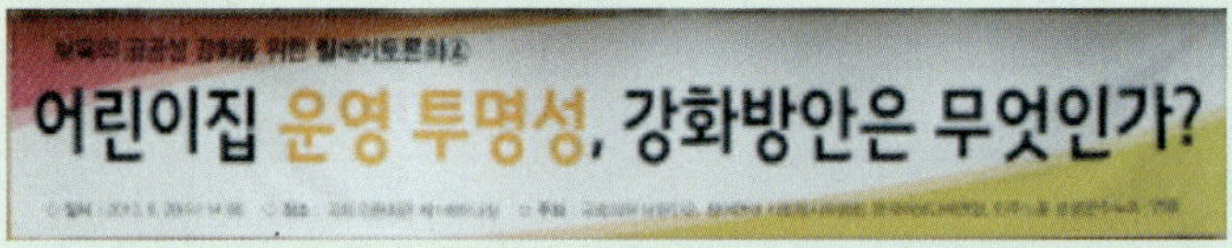

"보육계 내부에서는 최소한의 소양과 직업윤리를 가진 교사에 대한 취업제한용 블랙리스트는 없다고 말할 수 있다. 다만 교사채용 시 원장들끼리 전 근무지에서 근무태도와 인성에 대한 평판조회는 있을 수 있다고 본다. 이것은 모든 업종, 모든 고용주가 그렇게 하는 것으로서 당연하다고 본다."

출처: 베이비뉴스(2013. 6. 27.).

Q&A

"내가 교사를 채용하는 원장의 입장이라면?"
"내가 만약 채용서류를 낸 보육교사의 입장이라면?"

---

2) 예를 들면, 오늘날은 사회사상가이자 미래학자였던 엘빈 토플러(Alvin Toffler, 1980)가 갈파했던 제3의 물결을 탄 이후, 세계경제포럼(World Economic Forum)에서 클라우스 슈밥(Klaus Schwab, 2016)이 주장한 바의 제4차 산업혁명시대에 살고 있다. 그리고 이 극변의 시대에 효과적으로 대응하고, 보다 번영된 내일의 삶을 위해 우리나라도 이 혁명적 변화에 적극적으로 대응하고 있으며, 그 출발점은 교육으로 삼고 있다. 대표적인 예가 STEAM교육이며(김진수, 2012; 한국과학창의재단, 2017), 최근에는 초·중고등학교에 이어 유아기까지 진로교육이 모색되고 있는데(김인옥, 2017), 이는 미래지향적인 교육은 일찍부터 유아동의 발달특성을 고려하여 준비되어야 한다는 것을 말해 준다.

동시에 창의와 인성을 겸비한 글로벌 인재육성이라는 국가교육목표에 부응하고자 하는 창의보육 및 최근 직면하고 있는 안전사고와 영유아학대를 방지하고 안심할 수 있는 어린이집환경조성을 위한 '안심보육'을 지향하는 것을 들 수 있다. 즉 창의와 안심에 대한 보육교직원의 의식수준(arouse level)을 높여서 안정적인 어린이집을 유지·발전시키는 것이다.

2) 리더십의 계발과 발휘

궁극적으로 리더십을 발휘하기 위해서는 보육교사를 포함한 보육교직원들이 나름대로의 삶의 철학을 견지함과 동시에 시대적 사명감 내지 소명감을 지녀야 한다. 어린이집의 구성원인 경우, 어린이집의 공동사명과 연결되면 더욱 높은 성과를 창출할 수 있다.

어린이집 공동사명은 보육교직원들이 궁극적으로 추구하는 가치로서 공동사명서(Co- Mission Statement)로 구체화된다. 전통적인 원훈(院訓)은 원아를 주 대상으로 설정된 것에 반하여 공동사명은 보육교직원 전원을 그 대상으로 하고 있다. 따라서 어린이집의 긍정적인 성과에 직·간접적인 영향을 미친다.

(1) 리더십 교육

리더십은 타고나는 것이라는 믿음이 한동안 존재했었다. 아주 틀린 말은 아니다. 그러나 리더십은 교육에 의해 길러질 수 있다(한홍, 2007).

이러한 관점에서 리더십 교육은 대학, 기업, 연구소 등에서 다양한 관점으로 개발·보급되고 있으며, 최근에는 유아교육기관의 원장과 교사를 대상으로 다수의 교육 프로그램이 개발되어 있다(이소희, 2011; 도미향 외, 2013). 리더십 교육은 강의방식의 오프라인 및 온라인 교육이 가능하나 워크숍 방식이 효과적이다(스티븐 코비, 2003; 한국리더십센터, 1998; 한국영리더십센터, 2009). 리더십 교육에서 지향하는 교육 목표는 습관화를 통해 리더십을 체화시키는 데 두고 있다.

(2) 리더십 멘토링

전형적인 교육의 기능은 해당 영역에 필요한 지식의 전달과 기술의 훈련이다. 따라서 이러한 기능은 이미 그 영역에서 경험을 쌓은 사람에 의해서 가능하다. 이렇게 볼 때, 멘토링은 효과적인 교육방법의 하나이다. 멘토링의 활용 역사는 깊고, 효과성도 높다. 멘토링의 어원적 배경은 그리스 신화인 호머(Homer)의 〈오디세이, The Odyssey〉에서 유래된 것으로 멘토(mentor)가 (mentee)의 성품과 능력계발을 지원해 주는 제반 활동이다(김동순, 2010).

어린이집에서 멘토링은 원장↔원장, 원장↔원감, 원장↔교사, 원장↔부모사이에 이루어지며, 멘토링이 이루어지는 영역은 개인생활과 함께 어린이집 경영전반을 포함한다(보건복지부, 중앙육아종합지원센터, 2014). 최근 주목받는 '새로운 멘토링'은 개인 사이의 멘토링을 넘어 네트워킹화한 멘토링을 말한다(대한경영학회, 2011). 어린이집 원장이 새로운 멘토링 방법을 활용하게 되면, 리더십 영향력의 원은 더욱 커진다.

(3) 리더십 코칭

리더십을 계발하고 발휘할 수 있는 강력한 접근방법으로 코칭은 주목받고 있으며,[3] 매일멋진코치로서의 보육교사는 역시 어린이집을 둘러싼 모든 시공간에서 어린이집 사람들에게 코칭접근법을 활용할 필요가 크다. 특히 최근 우리나라가 설정한 교육목표가 창의와 인성을 겸비한 글로벌 인재육성임을 고려할 때, 보육교사는 먼저 창의적인 인성코치가 되도록 노력해야 한다.

코칭(coaching)은 리더십을 실현시킬 수 있는 탁월한 방법으로서 그 효과성이 입증되고 있다(한국코칭학회, 2015). 코칭은 '지금 여기'의 현재 상태에서 욕구와 문제를 해결하기 위해 기대목표를 가지고 원하는 '거기'로 가도록 이끄는 방법이기 때문이다. 코칭은 체계적인 언어 및 비언어적 상호작용을 통해 개인과 조직이 설정한 목표를 용이하게 달성하도록 돕는다.

3) 이런 맥락에서 이소희는 '질문' 앞에 '깨닫는'이라는 수식어를 붙였다(Chapter 12 참조).

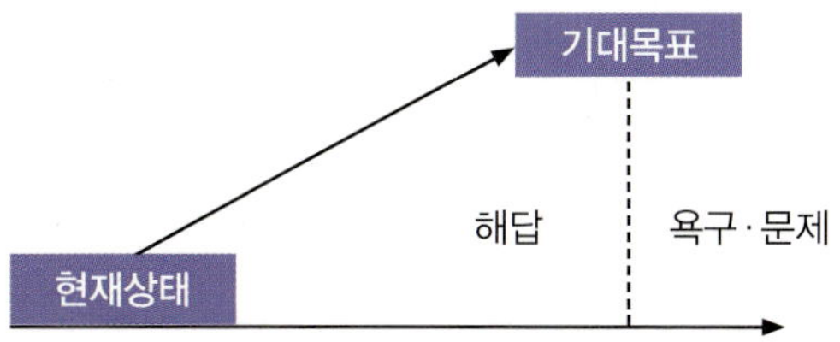

[그림 11-1] 코칭의 구조

3. 보육교사와 인성리더십의 실제

리더십을 계발하고 발휘하는 것은 쉬운 일이 아니다. 부단한 노력이 경주되어야 하는데, 주요 접근방법으로 리더십교육, 리더십멘토링, 리더십코칭을 제시하였다. 이 세 가지 주요 방법은 보육교사의 철학, 소명 및 사명감, 어린이집 환경 등을 고려하여 적절히 활용하여야 한다.[4)]

1) 리더와 관리자로서의 특성 확인

리더십이론에서 리더는 두 가지로 구분된다. 자신을 이끄는 리더와 조직을 이끄는 리더가 그것이다. 그리고 이 두 가지 유형의 리더의 특성을 고려할 때, 자신을 잘 이끄는 리더가 조직도 잘 이끌 리더가 될 가능성이 높다고 보지만, 타고난 성격 및 조직문화와 다를 수 있다.

또한 어린이집 환경을 고려할 때, 보육하고 있는 영유아를 위해서는 이끄는 리더십이 더 필요할 수 있지만, 어린이집 경영과 관리의 영역에서는 원장님과 중간관리자를 따르는 리더십이 더 필요할 수도 있다. 뿐만 아니라, 보육의 기능과 가치를 실현시키기 위해서는 리더십과 함께 관리능력도 매우 중요하다. 교육은 물론이려니와 특히 영유아의 건강, 안전, 영양을 고려할 때는 더욱 그러하다. 예전에는 이러한 맥락에서 관리자를 거의 리더로 간주해 왔으나, 오늘날은 주어진 상

4) 이 책에서는 리더십코칭에 초점을 맞추며, Chapter 12를 학습하게 된다. 왜냐하면 보육교사의 상황을 고려할 때, 리더십교육과 리더십멘토링보다는 코칭의 경우 비교적 자기주도적 학습이 용이하기 때문이다.

황에서 단순히 관리를 잘하는 것만으로는 리더가 되기 어렵다고 보고 있다. 다시 말하면 무한 경쟁이 요구되는 오늘날의 글로벌 사회에서는 관리를 넘어 시대적 통찰과 예견을 가지고 창조적인 미래 경영을 실현함과 동시에, 더불어 함께 성장할 수 있도록 사회공헌의 섬김경영을 주도할 수 있어야 한다고 보는 것이다. 그리고 바로 이런 리더들은 블루오션을 창출하는 멋진 리더라는 것이다.

이러한 관점에서 자신의 리더로서의 소양과 관리자적 자질을 검사를 통해 확인해 본다.

〈표 11-2〉 **리더와 관리자**

A: 리더	B: 관리자
· 옳은 일을 한다. · 실질적인 성과에 관심이 있다. · 개발-창조 성향이 높다= 혁신가 · 사람에 중점을 둔다. · 신뢰에 기반한다. · 방향을 가지고 사람들을 연합시킨다. · 중장기 과업을 디자인한다. · 주로'무엇과 왜'라고 묻는다. · 미래에 중점을 둔다. · 비전과 전략을 개발한다. · 변화를 추구한다. · 위험을 감수한다. · 사람들이 변화하도록 고무시킨다. · 솔선수범하며 주도한다.	· 일을 옳게 되도록 한다. · 능률에 관심이 있다. · 유지-보수 성향이 높다 = 행정가 · 시스템과 구조에 중점을 둔다. · 통제에 기반한다. · 조직하고 배치한다. · 단기 과업에 집중한다. · 주로'어떻게, 언제'내고 묻는다. · 현재에 중점을 둔다. · 세부적인 계획과 시간표를 개발한다. · 질서를 추구한다. · 위험을 회피한다. · 기준에 따르도록 사람을 독려한다. · 안주한다.
• 각 문항을 5점 기준으로 수치화해 본다. • 나는 현재 리더형인지? 관리형인지? 파악해 본다.	

출처: 이소희, 강경자, 김주아(2007).

이 검사는 리더와 관리자 중 누가 더 좋은가를 가름하는 것이 아니라는 점에 유의해야 한다.

2) 이직에 대한 생각

어린이집의 생활에서 행복하기 위해서는 미래 발생할 수 있는 상황을 예측해 보고, 미리 대비해 보는 것은 의미가 있다. 〈표 11-3〉을 통해 어린이집에서의 이직에 대한 생각을 한번 정리해 보자.

〈표 11-3〉 이직 의도의 파악

문항 내용	점수
원장에 대한 믿음과 신뢰가 깨져버렸을 때는 이직한다.	
일의 양은 많아도 상관없지만 일이 비효율적이고 체계적이지 못해서 정신적 스트레스로 소진될 때는 이직한다.	
기관이나 원장의 운영방침, 교육철학이 나와 맞지 않을 때 이직한다.	
기관이나 원장이 윤리, 도덕성, 원칙에서 벗어날 때 이직한다.	
내 기준으로 납득할 수 없는 지적과 비판을 계속 받았을 때는 불합리하다고 생각하며 이직한다.	
동료교사들과의 관계에서 갈등이 생겨 개선하려고 아무리 노력해도 관계가 회복되지 않을 때 이직하고 싶다.	
다른 사람을 위해서가 아니라 다른 사람 신경 쓰지 않고 오직 나를 위한 재충전의 시간이 절실히 필요하다고 느낄 때 이직하고 싶다.	
최선을 다해서 일하고 있는데도 원장으로부터 칭찬과 인정을 받지 못하는 일이 반복될 때 이직하고 싶다.	
나에 대한 부정적인 평가를 다른 사람을 통해 듣게 되었을 때 이직하고 싶다.	
나와 관계가 좋지 않은 교사 앞에서 창피를 당하거나 무시를 당해서 수치심을 느끼게 될 때 이직한다.	
나는 일중독이라고 할 만큼 열심히 일해서 다른 교사들보다 조금 더 인정(성과급, 보상 등)받고 싶은데 만족할 만큼 인정받지 못했을 때는 이직하고 싶다.	
일에 대한 욕심이 생겨 열심히 일했지만 건강악화로 더 이상 일할 수 없게 되었을 때 이직한다.	
발전하고자 하는 기회(학업, 승진 등)가 제공되지 않을 때는 이직한다.	
윗사람에게 성취하고 노력한 부분에 대한 인정(물질적, 정신적)을 받지 못했을 때는 이직한다.	
새로운 발전 가능한 목표가 생겼기 때문에 이직을 결정한다.	
동료교사와의 관계가 불편하고 마음을 깊이 나눌 수 있는 동료교사가 없을 때 이직하고 싶다.	
기분이 다운되어 에너지가 소진되었을 때 아이들에게 최선을 다하지 못했다는 미안한 마음이 들면 이직하고 싶다.	
친한 다른 동료교사가 이직할 때 나만의 다른 이유를 들어서 이직하고 싶다.	
원에서 내가 하고 싶은 대로 마음껏 하지 못하고 틀에 박힌 반복과 지루함을 느낄 때는 이직하고 싶다.	
원 안에서 나만의 시간과 공간이 확보되지 않은 상태로 계속 근무해야 할 때는 이직하고 싶다.	
정체감, 발전되지 않고 성장에 더 이상 도움이 안 된다고 생각하면 자존심이 허락하지 않아서 스스로 그만둔다.	
원장의 운영방침과 교육적 가치관이 객관적인 사회기여 가치에서 벗어날 때는 나의 신념이 중요하기 때문에 어떠한 좋은 제안도 거절하며 이직을 결정한다.	
지식을 쌓기 위해 학업을 통해 채우고 싶을 때나 일과 학업을 병행할 수 없는 상황이 생길 때는 학업을 선택한다.	

문항 내용	점수
나는 계획과 생각 없이 몸이 바쁘게 일하는 것을 싫어하며 불필요한 전시적 행정을 좋아하지 않기 때문에 이를 강요받을 때에는 이직을 결정한다.	
새로운 도전을 시도하는데 외압을 받아 독립적으로 일할 수 있는 자율권을 잃어버릴 때 이직을 결정한다.	
환경이 불안하고 나로 인해 크고 작은 사고가 빈번히 일어날 때 불안감을 느끼며 이직하고 싶어진다.	
원에 내가 필요한 존재라고 느낄 때는 책임감을 갖고 행동하며 이직을 고민하지 않는다.	
새로운 원에서 적응하는 것(환경, 인간관계, 업무 등)에 두려움을 느끼기 때문에 가급적이면 이직을 생각하지 않는다.	
끊임없이 벅차고 쫓기는 업무로 인해서 나의 존재감을 느끼지 못할 때 상실감을 느끼며 이직하고 싶어진다.	
원에서 내가 이용당한다는 느낌이 들고, 그로 인해 인간적으로 원을 믿고 따를 수 없을 때 이직하고 싶다.	
다른 기관의 새로운 환경과 프로그램에 호기심이 생기고 다른 환경에 도전하고 싶을 때 이직한다.	
나의 흥미와 의도에 상관없는 많은 일의 책임이 주어지고 주도적으로 일할 수 없을 때 이직하고 싶다.	
변화가 없는 일상적인 생활이 반복되어 열정이 사라지고, 슬럼프를 극복하고 싶을 때 새로운 환경으로 이직을 고민한다.	
교사가 아닌 전혀 새로운 다른 직업에 흥미나 호기심이 생기고 그 직업이 현재보다 다면적으로 더 좋다고 느껴질 때 이직하고 싶다.	
원에 얽매어 개인적인 생활(운동, 취미)을 즐길 자유가 없다고 느낄 때 이직하고 싶다.	
규모가 크며 나의 체면을 세워 줄 수 있고 이력으로 쌓이는 부분이 있는 발전가능성이 있는 곳이 있다면 이직한다.	
나는 사회적 지위로써 인정이 되는 곳을 선택하기 때문에 쉽게 이직하지 않는다.	
억울한 일을 당하거나 배신감을 느꼈을 때는 당장 그만두고 싶지만 이직보다는 강력하게 정당성을 주장하고 개선할 여지가 없을 때는 이직한다.	
원장이 교사 이야기를 믿지 못하고 보호해 주지 못하며 우유부단하고 추진력과 결단력이 없을 때는 이직한다.	
원장과의 신뢰가 떨어져서 나에게 믿음을 주지 않았을 때 이직한다.	
체력적으로 지쳐서 휴식, 여유에 대한 욕구가 많지만 이직을 쉽게 결정하지는 않는다.	
원구성원의 의견이 나누어져 대립되어 불편한 관계 속에서 지속적으로 결정이 힘들어질 때는 이직하고 싶다.	
평온하고 익숙한 환경이 좋아서 오래 근무하는 편이지만 너무 과한 책임감이 주어질 때 이직한다.	
이직해야겠다고 한번 결정했을 때는 내면의 이유를 솔직하게 말하지 않고 정당한 이유를 말하고 이직한다.	
기관 내 관계에서 갈등이 생겨 그때그때 해소하지 못하고 계속 쌓일 때 이직한다.	

출처: 김혜경(2015).

매일멋진보육교사의
더 깊고, 넓고, 높은 생각

끝 그리고 시작

빨간고무공의 법칙

- 나의 삶에서 추구하는 '빨간 고무공'은 무엇인가?
- 어떻게 달려가고 있는가?

출처: 케빈캐롤(2006). Rules of the Red Eubber Ball.

Chapter 12

보육교사와 인성코칭

'코치(coach)'는 너무 익숙한 말이다. 체육이 건강생활을 넘어 문화와 예술의 독특한 분야로 그 지경을 넓혀 가고 있는 오늘날, 다양한 삶의 영역에서 '코치'로서의 꿈을 펼쳐 가는 사람들이 늘어나고 있다. 코칭은 코치가 하는 행위로서 국내·외적으로 대단한 전문성을 인증받고 있으며, 그 적용 및 활용영역도 매우 광범위해졌다. 정치·경제·교육·복지·의료·과학 등 삶의 분야를 포괄한다고 해도 과언이 아니다.

보육분야에서는 보육교직원의 자기계발과 리더십 향상을 위해 도입된 이후, 상호작용코칭 방식으로 영유아에 이르기까지 다양한 접근이 이루어지고 있다. 특히 코칭은 상담 및 치료와는 다르게 예방적 차원에서 출발하였으므로 보육교사의 경우, 그 접근성이 매우 높다고 할 수 있다. 원래 보육교사의 중요한 기능은 영유아들이 지닌 무한한 가능성을 끌어내고, 키워 주는 것이며, 그 주된 방법이 상호작용임을 고려할 때, 코치로서의 보육교사의 적합성은 매우 높다. 이 코칭의 의의는 레오 바스카글리아의 말 속에서 그 진가를 확인할 수 있다. 즉 "우리가 너무나 자주 과소평가하는 것이 있다. 한 번의 손길, 한 번의 미소, 친절한 말 한마디, 한 번 귀 기울여 주는 일, 정직한 칭찬 한마디, 상대를 보살피는 아주 작은 행동 등이다. 이 모두가 삶을 전환시킬 수 있는 잠재력을 가진 요소다"라는 것이다.

따라서 코칭을 활용할 수 있는 교사는 매일매일 멋진보육교사로서의 행복한 삶을 영위할 수 있게 된다. 정말 멋진 일이다!

1. 코칭의 이해

"서로에게 더 살기 좋은 세상은 만드는 것이 아니라면 우리는 왜 사는가?"라고 조지 엘리엇은 물었다. 이 질문에 혼자만 잘 살고 싶다고 답하는 사람은 없을 것이다. "그러면 어떻게 하면 서로에게 더 좋은 삶을 살 수 있을까요?"라는 질문에 코치들은 답한다. "파트너십을 이루어 이 코칭접근을 하면 됩니다."

코칭은 최근 학문으로서의 체계를 점점 갖추어 가고 있는 신생학문이다. 나아가 코칭 자체가 지닌 성격적 특징으로 인하여 다양한 분야에서의 학문 및 실천적 결과를 최대한 활용하여 성장하고 있는 비전 있는 분야이기도 하다.

코칭의 이해에서 핵심이 되는 개념은 코칭철학, 코칭환경, 코칭모델, 코칭기술이며, 이 모두를 코칭을 받는 사람인 코치이의 발달적 특성과 생활환경 및 코칭주제를 통합적으로 고려하여 코칭하게 된다.

최근에는 보육교사의 인성이 중요한 사회적 이슈로 부각됨에 따라 인성코칭이 주목받고 있다.

1) 코칭의 철학과 개념적 성격

철학은 어떤 사물과 현상에서 전제가 되는 생각을 말한다. 그러므로 철학은 모든 삶과 학문의 기반이 된다. 그렇기 때문에 상당히 오랫동안 그리고 자주, 너나 할 것 없이 끊임없이 제기해 온 질문은 "네 삶의 철학이 무엇이냐?"이다. 이러한 사색적 질문은 두말할 나위 없이 더 잘 살기 위해서 어제와 오늘과 내일을 성찰하는 매우 소중한 질문이라고 할 수 있다. 코칭도 이러한 맥락에서 개념화되고, 정의된다.

(1) 코칭의 철학

철학(philosophy)은 그리스어의 필로소피아(philosophia)에서 유래하였으며, 필로는 '사랑하다'는 뜻의 접두사이며, 소피아는 '지혜'라는 뜻이다. 따라서 철학은 지(知)를 사랑하는 즉, '애지(愛知)의 학문'을 말한다.

코칭의 철학은 코칭의 정의와 관계가 깊으며, 코칭과 관련된 기관이나 코칭프로그램에 따라 표현상에서 약간의 차이가 있을 뿐, 기본적인 관점은 거의 유사하며, 거의 세 가지를 제시하고 있다.

① 이소희(2010)

- 제1철학: 모든 사람은 무한 능력을 개발하여 참 행복한 삶을 살 수 있다.
- 제2철학: 무한 능력으로 무한 성취를 이루는 해답은 자기 자신에게 있다.
- 제3철학: 무한 성취를 이루기 위한 무한 도전에는 코치의 지지가 필요하다.

② 히데다케(2008)

- 제1철학: 모든 사람에게는 무한한 가능성이 있다.
- 제2철학: 그 사람에게 필요한 해답은 모두 그 사람에게 있다.
- 제3철학: 해답을 찾기 위해서는 파트너가 필요하다.

③ 한국코치협회(2018)

- 모든 사람은 창의적이다.
- 모든 사람은 완전성을 추구하는 욕구가 있다.
- 모든 사람은 누구나 내면에 자신의 문제를 스스로 해결할 수 있는 자원을 가지고 있다.

이러한 코칭철학에 내재된 공통점은 인간의 능력, 삶에 있어서의 인간 자신의 역할, 그 삶에 있어서 함께 하는 응원자의 역할이다.

(2) 코칭의 개념과 정의

코칭의 개념은 코칭철학과 인간관계에서 다루어지는 여러 가지 개념과의 비교를 통해서 더 명료하게 이해할 수 있다.

실제적으로 코칭은 교육이나 상담처럼 전문가와 전문기관에서 이루어지므로 코칭도 학자와 코칭실무 전문가 및 코칭전문기관에서 각 기관의 설립취지와 코칭의 철학을 바탕으로 코칭에 대한 정의를 내리고 있다(이소희, 2009).[1)]

- 게리 콜린스: 한 개인이나 집단을 현재 있는 시점에서 그들이 바라는 더 유능하고 만족스러운 시점까지 나아가도록 인도하는 행위이자 기술이다.
- 박정영: 고객의 개인적, 전문적 가능성을 극대화시키기 위하여 영감을 불어넣을 수 있고, 사고를 자극할 수 있는 창의적인 과정 안에서 고객과 파트너가 관계를 맺는 것이다.
- 에노모토 히데다케: 개인의 자아실현을 지지하는 시스템이다.
- 이소희: 행복한 성공을 실현하는 사랑과 지혜의 대화시스템이다.
- 한국코치협회: 개인과 조직이 잠재력을 극대화하여 최상의 가치를 실현할 수 있도록 돕는 수평적 파트너십이다.
- 한국코칭센터: 개인과 조직의 잠재능력을 개발시켜 성공을 위한 자아실현과 나아가 조직의 성과를 한층 더 높일 수 있도록 도와주는 지속적인 파트너십이다.
- CCU: 코치와 함께 발전하려고 하는 의지가 있는 개인이 잠재능력을 최대한 계발하고, 발견과정을 통해 목표설정, 전략적 행동과 매우 뛰어난 결과의 성취를 가능케 해 주는 강력하면서도 협력적인 관계이다.

이러한 코칭정의에 내재된 공통점은 최상의 결과와 파트너십 및 시스템이다.

2) 코칭의 개념적 성격과 코칭영역

코칭은 인간을 변화시키는 과학이라고 말한다. 이러한 변화는 잘 준비된 환경에서 체계적으로 접근할 때 보다 효과적으로 이룰 수 있다.

1) 코칭이 주로 언어를 통해 접근하므로 코칭을 상담기술과 같은 입장에서 코칭기술이라고 사용하기도 하는데, 이는 코칭이 활용되는 맥락에서 이해할 필요가 있다.

또한 코칭의 성격은 여러 커뮤니케이션 또는 의사소통 접근수준과 비교해 보면 분명히 파악할 수 있으며, 이러한 코칭의 성격을 고려하여 코칭이 효과적으로 활용되는 분야를 세분하고 있다.

(1) 코칭의 개념적 성격과 정의

인간관계의 향상과 개선을 위해 여러 가지 커뮤니케이션기술이 사용되며, 이러한 기술들은 연속선상에 놓을 수 있다. 코칭의 성격은 [그림 12-1]과 같은 스펙트럼에서 더 잘 이해할 수 있다. 하나는 전문가로서 나의 지식과 기술 및 관점을 상대방에 전달하는 것에 더 초점을 두는 경우와 다른 하나는 상대방이 바라는 점에 초점을 맞추어 그 바라는 것이 이루어질 수 있도록 지원해 주는 경우로 대별된다.

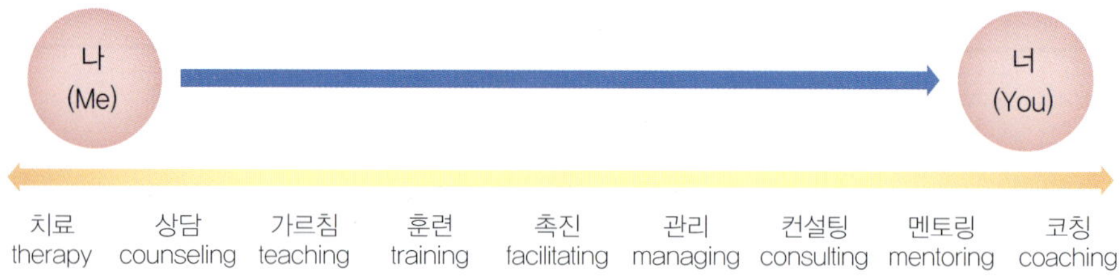

[그림 12-1] 코칭의 위치

출처: CCP(Corporate Coach Program), CCUI

코칭은 그 어느 커뮤니케이션 기술보다도 '나'의 전문적인 지식과 기술을 활용하여 '너'를 치료하고, 상담하고 가르치기보다는 '너'의 욕구와 상황을 고려하여 '너'가 바라는 것이 '나'의 코칭을 통해 효과적으로 이루어질 수 있도록 도와주는 것을 지향하는 입장을 취하고 있다.[2)]

2) 놀이치료를 실시할 경우, 아동중심주의 접근을 취하는 학파가 있다. 이 경우는 치료라는 방식을 통해 아동을 치료할 수 밖에 없는 상황이기는 하지만, 아동인 '너'의 입장을 고려하여 코칭하듯이 치료하기도 한다. 이러한 접근을 놀이코칭이라고 한다.

(2) 코칭의 영역

모든 학문은 대영역과 소영역으로 구분될 수 있으며, 이는 학회의 설립과 구성에서 보면 잘 이해할 수 있다. 그 예로 교육학 분야에서 '교육학'이라는 대영역에서는 유아교육학, 초등교육학 등으로 세분하고, 사회복지학 영역에서는 아동복지학, 청소년복지학, 가족복지학 등으로 세분하는 것을 들 수 있다.

이러한 관점에서 코칭은 다시 라이프(life)코칭, 커리어(career)코칭, 비즈니스(business)코칭으로 세분된다.

① 라이프(life)코칭

삶의 전반에 걸쳐 인간다운 삶을 실현하기 위해 생리적 및 문화적 욕구를 충족시키고, 현재 직면하고 있거나 앞으로 발생할 수 있는 일을 예방하기 위해 코칭접근법을 활용하는 영역

② 비즈니스(business)코칭

기업 조직 내 인간관계 향상과 성과 향상 및 개선을 위해 코칭접근법을 활용하는 영역

③ 커리어(career)코칭

경력관리와 창출을 위해 코칭접근법을 활용하는 영역

사실 이러한 코칭영역은 대부분의 사람들이 활용할 수 있으며, 보육교사의 관점에서 보면, 거의 라이프코칭과 커리어코칭영역을 우선으로 코칭접근법을 활용할 수 있다.

3) 코칭환경과 구성요소

인간은 환경의 영향을 받고, 또 환경에 영향을 주는 역동적인 존재다. 이러한

관점에서 인간을 돕기 위한 여러 학문이 발달되어 있는데, 코칭도 이러한 인간과 환경과의 관계를 중시하여 이루어지는 인간과학의 한 분야이다.

코칭환경은 코칭철학을 바탕으로 코칭의 준비 및 진행 과정에서 기본적으로 고려해야 할 내용으로 구성한 환경을 말하는데, 신뢰를 가운데 두고 코치이와 코치가 목표를 달성하기 위해 코칭언어를 역동적으로 사용하는 환경을 말한다.

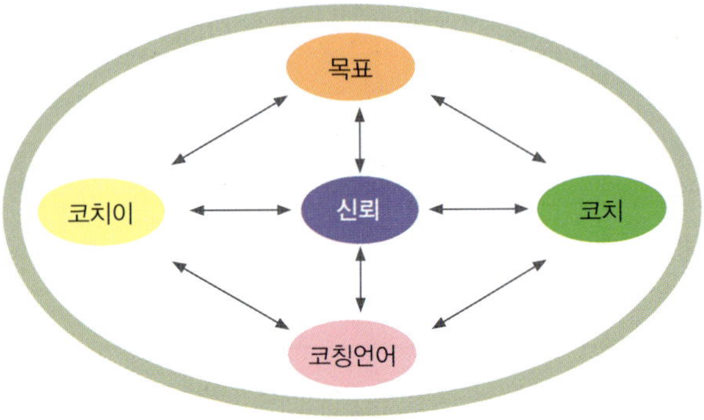

[그림 12-2] 코칭환경과 구성요소

(1) 코치와 코치이

코칭현장에서 코칭을 하는 사람은 코치(coach), 그리고 코칭을 받는 사람은 코치이(coachee)라고 부른다. 예를 들어 보육교사가 유아를 코칭하면 보육교사=코치, 영유아=코치이가 되며, 원장이 보육교사와 부모를 코칭하면 원장=코치, 보육교사와 부모=코치이가 된다.

① 코치이의 정의와 특성

코치로부터 코칭을 받는 사람을 말한다. 코칭에서 코치이는 현재 특별하게 개선해야 할 문제가 있어서가 아니라, 향후, 보다 더 나은 삶을 살기를 원하는 욕구가 강한 사람들이다.

② 코치의 정의와 자격

코치이를 대상으로 코칭을 하는 사람을 말한다. 개인과 조직의 성장에 지대한 관심을 지니고 있으며, 전문적인 코칭 교육과 훈련을 받은 사람이다.

이러한 코치와 코치이와의 관계를 보육분야의 평가인증에 적용하면 다음과 같다. 즉 평가인증을 위한 상호작용코칭에서 코치이는 영유아가 되며, 코치는 보육교사가 된다. 그리고 원장과 보육교사가 코칭접근(coaching approach)으로 상호작용을 하는 경우, 원장은 코치가 되고 보육교사가 코치이가 된다. 또한 교사들이 평가인증을 받기 위한 서로 목표와 방법을 추구하면서 코칭을 할 때, 교사들은 서로서로가 코치이 또는 코치의 입장에 서게 된다.

(2) 목표

코칭을 하는 목적은 코치이가 현재보다도 더 나은 삶을 살고자 하는 욕구에서 비롯되므로 주요 관심은 미래의 성과와 성취에 두게 된다. 따라서 '목표'를 설정하는 것은 코칭 과정에서 매우 중요한 실천과제가 된다. 그러므로 이때 코칭의 핵심은 현재 상태와 미래의 기대목표 사이에서 존재하는 갭을 메꾸게 된다. 이렇게 볼 때, 코칭의 근간을 이루는 것은 코치이가 원하는 목표를 찾고 이루는 답은 코치이의 내부에 있으며, 단지 코치는 그 해답을 잘 찾을 수 있도록 코치가 지지해 주는 맥락인 것이다.

일반적으로 코칭의 목표는 수치로 표현되는 경우가 많은데, 이는 수치로 표현될수록 손바닥에 쓰인 글씨를 보고 '자성예언'하는 것처럼 가시화된 효과 때문에 동기가 잘 유발되고, 실행의지를 높여서 그야말로 가시적인 성취 효과를 볼 수 있기 때문이다.

코칭에서 목표의 예를 보육분야에서의 '평가인증'에 적용하면, 보육교사가 평가인증을 통과하기 위한 것이 목표가 된다. 이를 위해 원장과 경력교사인 중간관리자로부터 멘토코칭을 받을 수 있으며, 보육교사 상호 간에는 동료코칭을 할 수 있다.

한편 보육시설 평가인증에서 영유아와의 상호작용은 큰 비중을 차지한다. 그렇지만 영유아의 경우는 평가인증이 자신이 바라는 발달상의 욕구도 아닐 뿐만 아니라, 언어발달의 미숙으로 “코칭해 주세요”라고 요청할 수는 없다. 따라서 영유아들과의 상호작용을 촉진시키기 위해서는 보육교사가 ‘코칭하기’보다는 ‘코칭접근법 활용하기’의 방법으로 접근하면 된다.

특히 인성의 특성을 고려할 때, 코칭철학과 이를 고려한 코칭모델과 기술을 활용한 코칭접근은 상당히 매력적인 접근이라고 할 수 있다(한국코칭학회, 2016).

보육교사 인성이야기

출처: 한국코칭학회(2016. 4. 30.).

알림장

“나를 감격시켜라.” - 오재은 -

(3) 신뢰

신뢰는 코칭에서 가장 핵심적인 요소이며, 코치에 대한 신뢰는 코치의 성품과 코칭 역량에 대한 신뢰를 말한다.

보육교사의 인성코칭에서 보육교사 스스로가 셀프코칭을 한다면, 자신이 코치이자 코치이가 되므로 자신을 신뢰해야 하며, 동료교사를 포함한 다른 보육교직원이라고 하면 그 동료교사와 보육교직원이 인간 직업인으로서 지닌 잠재적 역량과 삶의 의미를 신뢰해야 한다. 영유아인 경우도 마찬가지이다. 다시 말하면 코치이에 대한 신뢰는 코치이가 지닌 잠재능력과 창조적인 계발의 가능성에 대한 신뢰를 말한다.

(4) 코칭언어

코칭은 언어로 진행된다. 이 언어를 코칭에서는 커뮤니케이션 기술 또는 상호작용기술과 멋진 대화 등으로 표현하고 있다. 그리고 '말'로 하는 언어만이 아니라, 비언어도 비중높게 포함이 되는데, 비언어는 어조, 억양, 말의 높낮이, 말의 속도, 제스처 등을 말한다. 나아가 코칭에서 비언어가 미치는 영향이 매우 크기 때문에 언어의 사용에서도 중립적 언어를 사용할 것을 매우 권장하고 있다.

중립적 언어(neutral language)는 한마디로 코치가 즉 자기 중심성을 버리고(ego-less), 사실에 입각하되, 코치의 가치와 판단이 배제된 언어를 말한다(박정영, 2015). 예를 들어 섣부른 해석과 판단, 불평, 충고, 비난, 가정, 제언하지 않는 언어를 들 수 있다.

한편 이러한 코칭환경에서 신뢰를 제외한 다른 구성요소는 적용분야에 따라 적용의 비중과 강도는 차이가 있을 수 있다. 다시 말하면 코칭이 어떤 환경에서 이루어지며, 코치이와 코치가 누구이며, 이들이 사용하는 언어의 이해와 숙달의 정도가 어떠하냐에 따라 다를 수는 있지만, 이 구성요소는 변함없이 중요한 요소가 된다는 것이다.

한편 어린이집의 영유아들에 대한 코칭은 소위 말하는 코칭접근법을 활용하여 습관코칭 및 놀이코칭 방식으로 이루어지고 있다. 이 경우, 코칭에 대한 이해가 높고 교육 및 훈련경험이 있는 경우, 보육교사의 지지로 유아가 놀이목표를 세우고 언어 및 비언어를 다양하게 사용하면서 코칭을 주도하는 위치에 서게 할 수 있다.

반면에 보육교사는 성인이기 때문에 셀프코칭은 물론 동료코칭과 멘토코칭 등등이 모두 가능하다. 그러므로 보육교사의 인성을 도야하기 위한 접근방법으로 활용할 수가 있으며, 실제 효과를 보고 있다(한국코칭학회, 2016, 2017). 나아가 원장을 포함한 보육교직원들은 물론, 부모와 가족을 포함한 어린이집 사람들은 코칭을 적재적소에 활용할 수가 있으며, 역시 효과성을 인정받고 있다(김경미, 박현정, 이소희, 2016; 양승연, 도미향, 2016).

이렇듯 코칭환경은 일단 코치와 코치이가 기대하는 코칭의 목적을 효과적으로 달성하도록 돕는 데 선한 영향력을 미친다.

4) 코칭접근방법과 형태

"할 수 있고, 할 수 있게 될 것이라고 판단되면 그 방법은 찾을 수 있다"는 유명한 미국의 대통령 에이브러햄 링컨이 한 말이다. 중요한 것은 '할 수 있다'는 생각을 먼저 하는 것이다. 자신의 삶에 부여하는 의미의 강도가 강하면 강할수록 효과적인 방법을 더 열심히 찾게 되기 때문이다.

이러한 과정에서 코칭은 효과적인 접근 방법이 된다. 그것은 이미 코칭철학과 코칭의 개념적 정의에서 살펴본 바와 같이 코칭의 핵심키워드는 인간의 잠재능력의 계발을 통한 행복한 성공이다. 따라서 중요한 것은 삶에 있어서의 자신의 주도적인 역할이며, 이때 전문코치의 지원을 받으면 원하는 바를 성취하기가 용이하다고 본다.

(1) 코칭접근방법

코칭은 코치이에 따라, 상황에 따라 다르며, 적재적소에서 효과적인 방법으로 접근할 수 있으며, 두 가지 접근방법으로 대별된다.

① 코칭접근법 활용하기

코칭접근법 활용하기는 코칭역량을 갖춘 전문코치가 코칭의 철학에 기반하여 코치이를 대상으로 다양한 코칭기술을 사용하여 코칭하는 것을 말한다. 이때, 특정모델을 염두에 두면서 코칭할 수도 있고, 후술할 코칭모델에서 구체적으로 살펴보겠지만 코칭모델을 사용하지 않을 수도 있다. 소위 코칭에서 말하는 철학과 기술을 염두에 두면서 구조적이되 자연스럽게 접근하는 데 있다.

보육교사 인성이야기

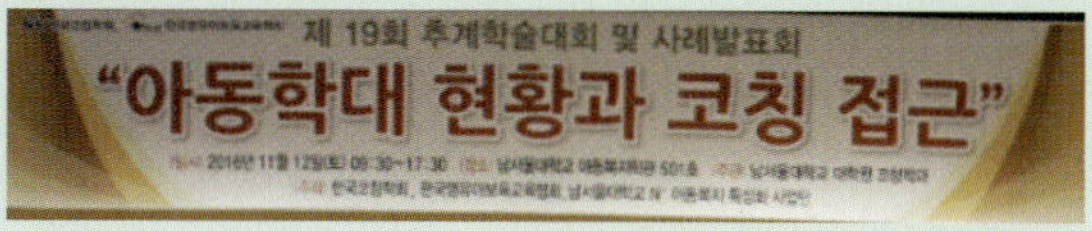

출처: 한국코칭학회(2016. 11. 12.).

알 림 장

“모든 생명은 그 나름대로의 욕구를 지니고 있다.” - 칼레비 콜 -
“모든 행동에는 긍정적 의도가 있다.” - NLP이론의 전제 -

최근 코칭접근법은 예방적 차원에서 언어적 학대를 예방하기 위한 방법으로도 주목받고 있다(박현정, 2016). 이러한 접근은 전문적인 코치 과정을 이수하지 않아도 대학의 교양과정 및 학회차원에서 체계적으로 실시되는 중·단기 코칭워크숍을 통해서도 습득할 수 있기 때문이다(숙명아동연구소, 2016; 한국코칭학회, 2017).

② 코칭하기

코칭하기는 코칭역량을 갖춘 전문코치가 계약에 의거하여 전형적인 코칭방식으로 코칭하는 것을 말하며, 거의 특정한 코칭모델을 사용하여 일정 시간동안 코칭을 하게 된다. 물론 코칭하기 방법을 사용하면서도 코칭접근법 활용하기를 함께 혼용할 수도 있으며. 무료로 진행할 수도 있다.

(2) 코칭의 형태

코칭접근법 활용하기와 코칭하기는 대상과 상황에 따라 세 가지 방법으로 이루어지는데, 코칭하기에서 주로 활용된다. 셀프코칭, 피어코칭, 멘토코칭 세 가지 형태로 나눌 수 있다.

① 셀프코칭(self coaching)

셀프코칭은 스스로 하는 코칭을 말한다. 스스로 코치-코치이가 되어 코칭하는 형태를 말한다.[3] 스스로 코칭하기 위해서는 스스로가 스스로를 볼 수 있어야 한다. 표면적으로 쉽게 보는 방법은 거울을 보는 것이다. 다른 한편 내면을 보기 위해서는 거울만으로는 역부족이며, 질문을 해야 한다. 이런 맥락에서 '질문'의 효과는 역사적이라고 할 수 있다.[4] 물론 다른 사람의 내면을 볼 때도 마찬가지이다. 그렇기 때문에 코칭에서는 질문을 코칭의 꽃이라고 부른다. 그것은 질문이 깨달음을 주고, 그 깨달음에 따라 지혜롭게 행동하는 힘을 주기 때문이다.[5]

보육교사 인성이야기

마차에 올라 탄 고객에게 마부가 물었습니다.
"어디로 모실까요?"
"아무데나 가 주세요"
"아무데라니요?"
"어디로 가야 할지 잘 몰라서 그러는 것입니다"
"당신은 누구세요?"

출처: 이소희(2008). 멋진응원코칭.

알 림 장

"너 자신을 알면 너의 길도 알게 될 것이요. 너의 길을 알면 힘을 얻게 될 것이요. 힘을 알면 영혼을 보게 될 것이요. 영혼을 보면 사람을 보게 될 것이요." - 류시화 -

3) 코칭과 리더십에서는 영어표기를 선호하는 경향이다.
4) 일찍이 지혜의 최고봉이라고 불리우는 소크라테스의 문답법을 들 수 있다.
5) 이러한 맥락에서 이소희는 COACH 모델에서 '깨닫는 질문'이라는 명명하였다. 그것은 질문의 기능을 강조하기 위해서이다(이소희, 2012).

② 피어코칭(peer coaching)

두 사람이 코치-코치이가 되어 코칭하는 방식을 말하되, 유사한 코칭역량을 지닌 사람이 준비와 훈련의 의미를 두고 코칭하는 형태를 말한다.

보육교사 인성이야기

두 동료 보육교사가 코칭테이블에 앉았다.
"어떻게 하면 어제보다 더 나은 오늘을 보낼 수 있을까? "

출처: 이소희(2018). NLPia 선생님코칭.

알 림 장

"아침에 눈을 뜨면 무엇보다도 먼저 '오늘은 한 사람에게라도 기쁨을 주겠다'는 생각으로 시작하라." - 벤저민 프랭클린 -

③ 멘토코칭(mentor coaching)

멘토코칭은 특정영역의 전문가인 멘토가 멘토코칭해 주기를 바라는 코치이에게 '코칭방식'으로 자신이 그동안 쌓은 전문적인 지식과 기술로 지원하는 것을 말한다. 여기에서 코칭방식이란 코칭철학을 바탕으로 한 코칭체계에 따라 코칭하는 것을 말한다.[6)]

6) 전형적인 멘토링과 멘토코칭의 분명한 차이는 방식과 성격에 있다. 멘토링은 멘토와 멘티의 관계이며, 멘티의 요청이 없어도 멘토가 자발적으로 멘티를 위해 자신의 전문적인 지식과 기술을 전수해 준다. 이에 반해 멘토코칭은 기본적으로는 멘토가 멘티 또는 코치이의 요청으로 시작되며, 멘토링과 코칭의 방식을 적절히 활용하여 멘티 또는 코치이가 원하는 길을 찾도록 지원하는 것이다. 구체적으로 멘토코칭과 코칭의 차이는 '특정 영역에서의 전문성의 유무'에 있다. 다시 말하면 멘토코칭은 특정영역에서의 전형적인 멘토링 전문가가 자신과 동일한 영역의 멘티 또는 코치이를 지원하지만, 코칭은 특정영역의 전문가가 아닌 코치라도 특정영역의 코치이를 위해 코칭할 수 있다는 것이다. 다시 말하면 전형적인 코칭은 코치이 스스로가 자신이 지닌 잠재력 및 문제해결력을 가지고 원하는 결과를 성취할 수 있도록 코칭방식으로 지지하는 것이지 전문적인 지식과 기술을 가르치거나 전달하는 것이 아니라는 점이다.

보육교사 인성이야기

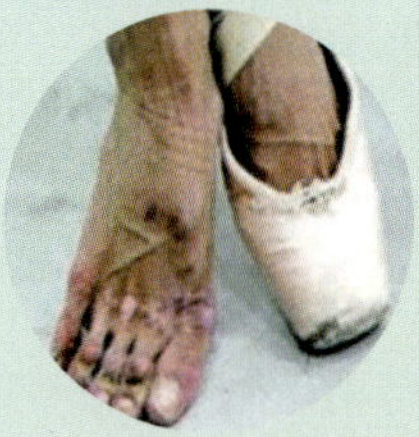

발레리나 강수진의 발

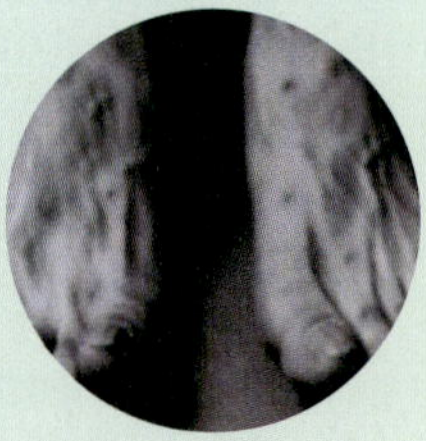

축구선수 박지성의 발

출처: 네이버블로그(해일의 시대).

Q&A

예비발레리나와 축구선수가 물었다.
"행복한 성공을 이룬 비법은 무엇인가요?"
발레리나와 축구선수가 다시 질문하였다.
"저희들 발을 보면 어떤 생각이 드나요?"

5) 코칭모델

코칭모델은 코칭을 효과적으로 할 수 있도록 구조화한 틀을 말하며, 대체로 특정단어와 그 단어에 구성된 알파벳을 단계로 활용한다.[7] 코칭모델은 전문코치와 전문코칭기관에 따라 다양하게 개발되어 활용되고 있다.[8]

코칭이 다른 대화기술과 다른 점은 소위 '코칭모델'을 사용하는 것이 특징이다. 따라서 어떤 코칭모델을 개발하여 사용하는가의 여부는 성공적인 코칭에 직접적인 영향을 미친다.

코칭모델의 기능은 코칭 목표를 효과적으로 달성하는데 있다. 코칭을 여행에 비유할 때, 지도 또는 내비게이션 같은 안내의 역할을 한다. 다시 말하면 새로운 여행에서 목적지를 향해 나아갈 때, 지도와 이정표는 최종 목적지를 향해 안심하

7) 우리의 일상에서 구구단을 한번 외우면 평생 동안 잊어버리지 않는 효과가 있듯이 이니셜로 된 모델은 마치 구구단처럼 외우고 나면 쉽게 적용하는 데 효과가 크다. 그래서 코칭분야에서는 '모델'을 코칭공식이라고 별명을 붙여 활용하기도 한다.

8) NLP이론에 기반한 ANCHOR 모델, Enneagram에 기반한 MASIC 및 MOSAIC 모델 등이 있다.

고 나아가는 기능을 하듯이 코칭모델도 그러하다.

그러나 코칭모델에서 제시하고 있는 단계대로 꼭 코칭을 해야 하는 것은 아니지만, 가능한 한 이 단계를 거치는 것이 효과적이다. 코칭역량이 키워지면 융통성을 발휘할 수 있다.

(1) COACH 모델

COACH 모델은 이소희(2009)가 개발한 코칭모델로 COACH의 다섯 가지 이니셜로 구성된 수레바퀴 이미지를 하고 있다. 이는 삶의 여정에서 자신의 목표를 향해 자신의 속도로 꾸준히 나아가는 의미를 내포하고 있다.

COACH는 C(주제 찾기), O(가능성 열기), A(목표 정하기), C(해결책 찾기), H(응원하기!)의 의미로 구성되어 있다.

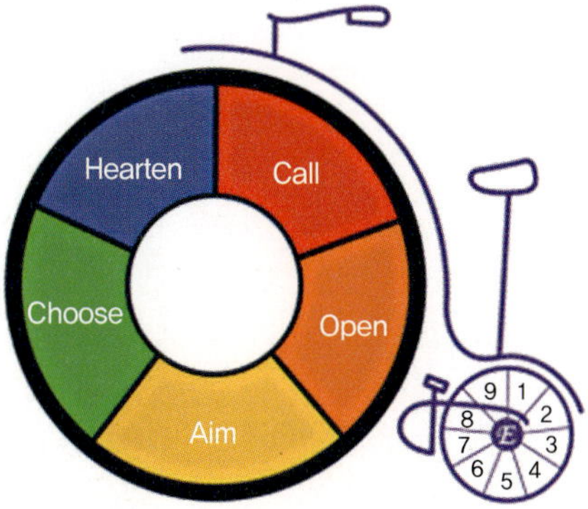

(2) TREASURE 모델

TREASURE 모델은 이소희(2012)가 개발한 코칭모델이다. 보물은 대부분의 사람들이 귀히 여기는 물건으로 TREASURE 모델은 보물처럼 사용자에게 의미 있는 가치를 준다는 차원에서 명명된 것이다.

'TREASURE' 모델은 긍정심리학에 기반을 두고 있으며, 8개의 이니셜인 T-R-E-A-S-U-R-E로 구성된다.

〈표 12-1〉 TREASURE 모델

카테고리	의미	코딩규칙
T (Tracking)	아이의 행동에 최대관심을 가지고 따라가기	아이와 함께하겠다는 의도로 다가가기
		아이가 움직이는 대로 온몸을 따라가기
		아이가 행동하는 모습을 그대로 말로 묘사하기
R (Reflecting)	아이가 한 말을 거울 보듯 반영하며 공감하기	아이가 하는 말에 고개를 끄덕이기
		아이가 하는 말에 인정하는 추임새 넣기
		아이가 하는 말을 그대로 따라 말하기
E (Encouraging)	아이가 한 언행을 구체적으로 격려하기	아이가 한 언행에 내재된 긍정적 의도를 읽어 주기
		아이가 한 언행에 대해 구체적인 말로 칭찬하기
		아이가 한 언행에 대해 구체적인 행동으로 지지하기
A (Asking)	아이가 넓고 깊은 생각을 키우도록 질문하기	What?을 사용하여 질문하기
		Where?을 사용하여 질문하기
		When?을 사용하여 질문하기
		Who?를 사용하여 질문하기
		How?를 사용하여 질문하기
		If ?를 사용하여 질문하기
S (Say-nothing)	아이가 대답할 때까지 무한존중하며 기다리기	아이를 부드럽게 응시하기
		입술만 움직이며 self talking하기
		손가락으로 약 3~5초간 1, 2, 3을 세면서 아이의 대답을 기다리기
U (Understanding)	아이의 어떠한 대답에도 절대긍정으로 이해하기	아이가 대답한 것을 그대로 인정하고 수용하기
		아이가 대답한 것을 요약하고 명료화하기
		아이에게 추가적인 정보제공하기
R (Reminding)	아이가 완전 몰입한 상황을 기억하고 표현하기	아이가 기억나는 것을 말하도록 해 보기
		아이에게 기억나는 것을 말해 주기
		성인인 내 마음 표현하기
E (Enjoying)	아이와 함께한 시간을 축하하며 즐기기	아이에게 구체적인 언행으로 축하하기
		아이에게 구체적으로 보상하기
		아이에게 포트폴리오를 만들도록 제안하기

출처: 이소희(2017). TREASURE Talk 상호작용연구소

TREASURE 코칭모델은 다른 코칭모델과 다른 특징을 지니고 있다. 그것은 긍정의 TREASURE 모델과는 다르게 부정의 CCTV 모델이 있다. 알다시피 'CCTV'

는 문제의 발생을 예방하기 위해 감시하는 장치임을 고려할 때, CCTV에서 제시한 말은 사용하지 말아야 하는 것을 강하게 시사한다. 다시 말하면 보물대화로 긍정의 상호작용이 이루어지지 않으면 부정의 대화가 되므로 감시의 대상이 된다는 것이다. 그러나 이 CCTV 모델을 코칭모델이라고는 하지 않는데, 그것은 코칭의 철학이 내재되어 있지 않기 때문이며, 단지 바람직한 상호작용이 이루어지도록 하기 위한 전략적 접근인 것이다.

〈표 12-2〉 CCTV모델의 개념적 구조

<table>
<tr><th>이니셜</th><th>카테고리</th><th>정의</th><th>세부내용</th></tr>
<tr><td rowspan="2">C
Com-
mand)</td><td rowspan="2">명령
하기</td><td rowspan="2">성인이 아이의 욕구와 요구를 거부하고 부정적인 언행으로 강제적으로 금지하거나 시키는 것</td><td>하고 싶은 것을 하지 못하도록 금지하기</td></tr>
<tr><td>하기 싫은 것을 하도록 시키기</td></tr>
<tr><td rowspan="2">C
(Criticize)</td><td rowspan="2">비난
하기</td><td rowspan="2">성인이 아이의 발달수준과 상황을 무시하고 부정적으로 평가하는 것</td><td>높은 기준을 적용하여 비하하기</td></tr>
<tr><td>개인차를 무시하고 비교하기</td></tr>
<tr><td rowspan="3">T
(Tag)</td><td rowspan="3">꼬리표
달기</td><td rowspan="3">성인이 아이의 특성과 행동 및 결과물에 대하여 부정적으로 명명하는 것</td><td>신체적 특징을 단정지어 부정적으로 명명하기</td></tr>
<tr><td>행동적 특징을 단정지어 부정적으로 명명하기</td></tr>
<tr><td>정서적 특징을 단정지어 부정적으로 명명하기</td></tr>
<tr><td rowspan="3">V
(Vex)</td><td rowspan="3">잔소리
하기</td><td rowspan="3">성인이 아이의 의도와 계획에 상관없이 습관적으로 부정적인 말을 반복-지속하면서 개입하는 것</td><td>행동하기 전에 미리 잔소리하기</td></tr>
<tr><td>행동하는 동안에 계속 잔소리하기</td></tr>
<tr><td>행동한 후에 결과를 보면서 잔소리하기</td></tr>
</table>

출처: 이소희(2017). TREASURE Talk

TREASURE 코칭모델은 CCTV 모델과 함께 어린이집 현장에서 〈Oh No CCTV, Oh Yes TREASURE〉라는 선언으로 시작하여 활용되고 있다.

6) 코칭기술

코칭대화기술은 코칭 과정에서 사용하는 언어 및 비언어적 방법을 말하며, 전문가 및 전문적인 코칭영역에 따라 다양하게 사용되고 있다. 이 코칭대화기술은 코칭대화모델의 특성을 고려하여 함께 사용하면 효과가 크다. 이 기술은 코칭모델과 함께 활용할 수도 있으며, 일반 보육상황에서 보편적으로 활용할 수 있다. 활용도가 높은 코칭대화기술은 중립언어기술, 온전한 경청기술, 깨닫는 질문기술, 진정한 동기부여기술, 분명한 목표성취기술, 유익한 피드백기술, 따뜻한 인정축하기술 등이 있다.

〈표 12-3〉 코칭대화기술

중립 언어기술		중립언어기술은 코치의 가치와 판단이 배제된, 즉 좌로나 우로나 치우치지 않도록 중립적인 언어를 사용하는 기술을 말한다. 따라서 이 기술은 코치이로 하여금 긍정의 정서에서 자신의 욕구와 과제를 객관적으로 돌아볼 수 있도록 지지하는 힘이 있다. 구체적으로 명령, 비난, 비판, 충고, 무시와 같은 언어를 사용하지 않는다.
온전한 경청기술		온전한 경청기술은 코치이가 표현하는 내용과 숨겨진 의도를 온전히 다 들을 수 있도록 공감하는 코칭기술을 말한다. 따라서 이 기술은 코치이로 하여금 편안한 상황에서 마음을 열고 자신의 생각과 느낌을 잘 표현할 수 있도록 지지하는 힘이 있다. 구체적으로 추임새 넣기, 그대로 따라 하기, 바꾸어 말하기, 요약하기 등을 사용한다.
깨닫는 질문기술		깨닫는 질문기술은 코치이가 진정으로 원하는 것을 깨달아 효과적인 방법으로 달성할 수 있도록 깊고 넓게 질문하는 코칭기술을 말한다. 따라서 이 기술은 코치이로 하여금 패러다임의 전환을 통해 의미 있는 결과를 얻도록 지지하는 힘이 있다. 구체적으로 긍정질문, 열린질문, 미래질문을 사용한다. 그러나 상황에 따라 부정질문, 닫힌질문, 과거질문을 사용하기도 한다.
진정한 동기부여기술		진정한 동기부여기술은 코치이의 진정한 욕구와 의도를 고려하여 창의적 역량을 발휘하면서 매진할 수 있도록 격려하는 코칭기술을 말한다. 따라서 이 기술은 코치이로 하여금 자신감을 지니고 주도적으로 나아가도록 지지하는 힘이 있다.

분명한 목표성취기술		분명한 목표성취기술은 코치이로 하여금 실천 가능한 분명한 목표와 실행계획을 세워서 원하는 성과를 달성할 수 있도록 돕는 코칭기술을 말한다. 따라서 이 기술은 코치이로 하여금 확신을 가지고 실행력을 높이도록 지지하는 힘이 있다.
유익한 피드백 기술		유익한 피드백 기술은 코치이가 이룬 결과를 되돌아봄으로써 향후 더 발전적인 성과를 내는 데 유익한 경험이 될 수 있도록 평가하는 기술을 말한다. 따라서 이 기술은 코치이로 하여금 "실패는 없다. 단지 '피드백'이 있을 뿐이다"는 관점에서 새롭게 출발하여 이전보다 더 좋은 성과를 낳도록 지지하는 힘이 있다. 피드백 기술은 모델처럼 이니셜을 사용하기도 한다(예: FIT).
따뜻한 인정축하기술		따뜻한 인정축하기술은 코치이가 참여한 과정 및 나타난 결과에 함축된 의미를 수용하고 기뻐할 수 있도록 에너지를 부여하는 코칭기술을 말한다. 따라서 이 기술은 코치이로 하여금 매사에 희망을 가지고 최선을 다할 수 있도록 지지하는 힘이 있다.

출처: 이소희, 도미향 외(2014). 코칭학개론.

2. 보육교사와 인성코칭의 실제

코칭은 특정한 모델과 다양한 기술에 의해 체계적으로 진행된다. 그렇다고 해서 이러한 구조에 의존하기만 하면 코칭이 저절로 되는 것은 아니다. 부단한 연습이 필요하다. 따라서 코치의 자격을 취득하기 위해서는 급수에 따라 요구하는 실습시간을 반드시 거쳐야 한다.

이러한 관점에서 코칭분야에서는 코칭학습이 시작될 때, 연습(ptactice), 연습, 연습을 구호처럼 외치곤 한다.

인성코칭의 실제에서는 보육교사, 영유아, 부모의 측면에서 코칭모델에 의한 사례를 제시한다.

1) 보육교사 자신을 위한 코칭

보육교사를 위한 코칭은 대체로 원장님, 경력교사(중간관리자) 및 동료교사 사이에서 이루어지며, 특별한 경우, 전문코치로부터 코칭을 받을 수 있다.

모든 코칭은 코치이가 제시한 특정 주제로 시작된다. 코칭연습을 위해 네 가지 주제를 제시한다.[9] 이러한 방식으로 자신이 주제를 선정하여 진행할 수 있다.

(1) COACH 모델을 활용한 예시 스크립트

이니셜	코치 - 원장	코치이 - 보육교사
Call 주제 찾기	오늘 저와 어떤 이야기를 나누고 싶으세요?	비중립언어를 줄이고 중립언어를 더 사용하는 매일멋진보육교사가 되고 싶습니다.
Open 가능성 열기	어머! 매일멋진보육교사가 되기 위해 언어의 사용에 변화를 주고 싶군요. 원장으로서 너무 감사한 일이네요. 고마워요! 김선생님이 말한 것을 요약해 보면 지금보다도 중립언어를 더 많이 사용하고 싶은 거군요. 그러면 지금까지 김선생님은 어떤 중립언어를 사용하였고, 그 느낌이 좋았나요?	네. 주로, 그리고 조금이지만요(*웃음)"그랬구나"를 사용했어요. 소위 말하는 '구나타령'이요. 그렇지만 사실은 비중립언어를 더 많이 사용했어요. 이를테면 "네 짝꿍은 안 그러는데 너는 왜 그래?", "그래 가지고 어쩌려고 그러니", "제발 시키는 대로 좀 해 봐" 등등을 아주 많이 사용했어요. 아이들한테 좀 미안하지요.
Aim 목표 정하기	그렇다면 어떤 중립언어를 더 많이 사용하고 싶은 건가요? 그 언어의 사용이 오늘 코칭의 목적이 되겠어요.	네. 사실적인 언어예요. 그러니까 있는 그대로의 사실(fact)를 말하고 싶어요. 그러면 아이들은 저를 믿고 따르며, 저를 더 좋아할 것 같아요. 누구나 비난받는 것은 싫어하잖아요? 긍정적으로 말하면 아이들이 저를 좋아할 것 같아요. 저를 믿고 따르는 영리더십을 발휘할 것 같아요.
Choose 해결책 찾기	중립언어에 대해 잘 알고 있군요. 그러면 그 사실적인 언어를 언제 사용하면 좋을까요? 또 어떻게 사용하면 좋을까요?	원장님, 그게 너무 힘들어요. 아이들이 제 마음에 들지 않는 행동을 할 때, 비난하거나 비판하지 않고 그냥 있는 그대로 말해 주면 될 것 같아요. 예를 들면 "왜 컵에 손가락을 집어넣고 장난질이니? 손가락 빼"라고 빨리 말하지 않고, 숨을 들이쉰 다음, "손가락이 물컵 안에 있네"라고 사실 그대로를 말해 주는 거예요.
Harten! 응원하기	김선생님이 사실적인 언어를 사용해서 느낌이 좋았다는 것을 어떻게 알 수 있을까요? 언제 스스로 칭찬할 수 있을까요?	아, 네, 원장님 그것은 아이의 표정을 보면 금방 알 수 있어요. 원장님 제 얼굴 좀 보세요. 지금의 제 얼굴이 아이얼굴처럼 밝죠! 오늘의 코칭경험을 생각하고 더 잘해 보고 싶어요.

9) 제시되는 코칭시트는 이소희(2009)의『멋진 응원, 코칭』에서 발췌함

2) 영유아를 위한 코칭

영유아기는 전 인간발달단계에서 결정적 시기라고 부를 만큼 중요한 시기이다. 특히 상호작용이 없이는 보육이 성립되지 않는다고 말할 수 있을 정도로 보육의 전 과정에서 역동적인 힘을 발휘하는 중심요소이다. 또한 상호작용은 '현재, 이곳'에서 이루어지므로 영유아의 발달과 복지에 직접적이고도 즉각적인 영향을 미친다. 나아가 기초성, 적기성, 누적성, 불가역성의 발달 원리를 고려할 때, 영유아기 이후의 발달에도 중·장기적인 영향을 미치는 핵심 요소가 되기 때문에 상호작용 평가는 매우 중요하다.

특히 상호작용 평가에서는 보육교사가 영유아의 개별적인 발달적 차이를 근간으로 이에 적합한 경험을 어떠한 상호작용을 통해 얼마나 지속적으로 제공하느냐에 초점을 맞추고 있다. 따라서 보육교사가 전 일과상황에서 개별 영유아의 발달 상황을 고려하여 민감하게 반응할 필요가 매우 큰 것이다.

이러한 일련의 과정을 통해 어린이집은 안정적이고도 지속적인 성장을 도모하게 되며, 나아가 영유아와 가족의 삶의 질을 향상시키는 데도 크게 기여하게 된다.

주지하다시피 영유아는 언어발달이 미숙하여 자신의 생존과 성장에 필요한 욕구나 요구를 적절하게 표현하기 어렵다. 역으로 보육교사의 입장에서는 영유아기의 급성장과 발달적인 편차 및 하루 종일 수행해야 하는 역할부담 등으로 긍정적인 관점에서 민감한 상호작용을 지속하기가 쉽지 않다. 따라서 일과상황마다 통합적이되, 유연하게 대처해야 할 수 있는 상호작용시스템이 매우 필요하다. 이러한 맥락에서 효과적인 상호작용을 위한 이정표와 지도의 기능을 할 수 있는 코칭의 적극적 활용은 어린이집에서의 상호작용의 평가에서 인증의 길로 가는 지름길이 될 것이다.

(1) TREASURE 코칭모델과 CCTV를 활용한 예시: 스크립트 영유아용

상황 구분	세부상황	Oh, No! CCTV		Oh, Yes! TREASURE	
등원	보호자와 헤어질 때	아이	(현관 문 앞에서 엄마가 내려놓고 가신다.) 아~앙! 안 갈래~ 엄마 가지마!		
		교사명령	(아이를 향해 눈을 크게 뜨며) 이리와! 얼른! 들어가야지! 네가 떼를 써도 소용없어. 봐라~ 엄마 거기 안 계시지.	교사	(아이를 보듬어 안으며) 하린이는 엄마가 많이 보고 싶은 거구나! 친구들과 재미있게 놀이하고 있으면 엄마는 회사 다녀 오실거야. 선생님과 무엇을 하며 놀이할까?
실내놀이	서로 엄마역할 하려고 다툼이 일어날 때	아이	(큰 목소리로 친구에게) 얘들아! 오늘은 내가 치마 입었으니까 엄마 할 거야.		
		교사꼬리표	(곱지 않은 시선으로) 너 지금 뭐라고 했어? 치마 입으면 엄마역할 한다고 누가 그러니. 언제 네 맘대로 정하라고 했어? 네가 역할놀이 대장이냐고. 그러니까 너는 '제멋대로 대장' 이구나.	교사	(아이의 긍정적 의도를 읽어주며) 혜원이가 치마를 입고 온 이유는 엄마역할이 하고 싶었던 거였구나. 혜원아! 친구들과 오늘 역할놀이에서 엄마를 누구로 정할지를 먼저 이야기해 보는 것은 어떨까? 혜원이가 친구들에게 오늘은 내가 하고, 내일은 다른 친구했으면 좋겠다고 말해도 좋을 것 같은데.
점심	식사시간	아이	(늦게 까지 먹으며 친구들 노는 것을 바라보는 아이)		
		교사비난	(답답해 죽겠다는 표정으로) 그냥 빨리 먹자. 뭐가 그렇게 오래 걸리니. 옷에 다 묻히고, 넌 그래가지고 언제 다 먹겠어. 치워야 하는데…	교사	(아이의 행동을 묘사하며) 예준가 혼자 오른손으로 숟가락을 들고 밥을 떠서 입으로 쏘옥 먹고 있네. 마지막 반찬까지 먹으면 스스로 끝까지 해결하는 예은이를 선생님이 칭찬해 줄게!
화장실	화장실에서 양치질을 오랫동안 하고 있을 때	아이	(칫솔을 물고 거울을 쳐다보며 가만히 서 있는 아이)		
		교사잔소리	(아이를 인상 쓰고 바라보며) 뭐하고 있니. 친구들 기다리는데. 어서, 양치질 해야지! 칫솔 물고만 있지 말고, 위아래 움직여야지! 빨리 빨리 해! 시간 없어, 셋까지 숫자 센다… 하나! 둘! 셋!	교사	(최대의 관심을 가지고 따라가며) 채원이가 양치질하는 동안 옆에 있을게. 윗니 아랫니 구석구석 깨끗이 양치질 하는 것이구나. 채원이가 다 할 때까지 선생님이 기다려 줄게! 얼마나 더 기다려야 할까?

<table>
<tr><th>상황
구분</th><th>세부상황</th><th colspan="2">Oh, No! CCTV</th><th colspan="2">Oh, Yes! TREASURE</th></tr>
<tr><td rowspan="5">실외놀이</td><td rowspan="5">놀이터에서 서로 시소에 올라타려고 할 때</td><td>아이</td><td colspan="3">(시소를 두 손으로 가로막으면서)
선생님! 내가 타려고 했는데 친구가 밀고 왔어요.</td></tr>
<tr><td rowspan="4">교사명령</td><td rowspan="4">(단호한 목소리로)
시소에 네 것이라고 어디 이름이 쓰여 있니?
여기 있는 놀이기구는 친구들이 함께 타는 거야.
그러니까 고집부리지 말고 순서를 지켜서 타란 말이야!
빨리 줄 서도록 하세요!</td><td>교사</td><td>(선웅이에게 넓고 깊은 생각을 키우는 질문을 하며)
선웅이가 지금 시소를 타고 싶은 모양이구나.
시소는 어떻게 타는 거지?</td></tr>
<tr><td>아이</td><td>두 명이서 올라갔다 내려갔다 하면 돼요.</td></tr>
<tr><td>교사</td><td>그러면 시소를 타려면 누가 필요할까?</td></tr>
<tr><td>아이</td><td>아~ 친구랑 같이 타면 돼요.
현채야! 우리 같이 타자.</td></tr>
<tr><td rowspan="2">하원</td><td rowspan="2">엄마가 데리러 늦게 올 때</td><td>아이</td><td colspan="3">(친구들 귀가 하는 것을 쳐다보며 훌쩍거리는 아이)
나도 빨리 집에 가고 싶어요!</td></tr>
<tr><td>교사꼬리표</td><td>(손으로 아이를 가리키며)
선생님도 너의 엄마가 오시면 좋겠다. 보채지 말고 기다려야 엄마가 오시지. 왜 그렇게 징징거리니. 조용히 놀이하면 되잖아. 그러니까 너를 ‘징징이’, ‘울보’라고 하는 거야.</td><td>교사</td><td>(아이를 부드럽게 바라보며)
찬희는 엄마가 데리러 와주시기를 바라고 있구나.
찬희 엄마가 회사에서 오시려면 조금 더 기다려야 한다고 연락이 왔었단다. 우리 무얼 하면서 기다리면 좋을까? 생각해 보기로 하자.</td></tr>
<tr><td rowspan="4">견학</td><td rowspan="4">견학하며 줄서서 이동할 때</td><td>아이</td><td colspan="3">(여기 저기 두리번거리며 구경하는 아이) 와! 정말 신기한 게 많네.</td></tr>
<tr><td rowspan="3">교사비난</td><td rowspan="3">(다그치는듯한 큰 소리로)
태경아!
앞에 보면서 걸으라고 했지.
너 그렇게 혼자 다니면 여기다 두고 갈 거야. 그러면 엄마, 아빠도 못 만나고 어떻게 할래? 줄도 제대로 서지 못하고 할 줄 아는 게 뭐니?</td><td>교사</td><td>(아이의 손을 살포시 잡으며)
태경이의 손을 선생님과 함께 잡고 걸어보면 어떨까?</td></tr>
<tr><td>아이</td><td>음, 좋아요.</td></tr>
<tr><td>교사</td><td>천천히 선생님과 발맞추어 걸어보자. 그래야 뒤에 따라오는 친구들과 함께 재미있는 구경을 할 수 있을 것 같구나.</td></tr>
</table>

상황구분	세부상황	Oh, No! CCTV		Oh, Yes! TREASURE	
안전	복도에서 뛰다가 넘어져서 무릎에 상처가 났을 때	아이	(실외놀이 후 복도에서 뛰어가는 아이) 빨리 손 씻으러 가야지~ (꽈당 하고 넘어진다.)		
		교사잔소리	(팔장을 끼고 아이를 쳐다보며) 저것 봐! 민호는 선생님이 몇 번을 말해야 알아듣는 거니. 실외놀이 한 다음에 복도에서는 한 줄로 서서 조용조용 걸어가야 한다고 했지. 그리고 화장실 가서 손 씻고, 교실로 들어와서 조용히 다른 놀이하라고 했잖아! 그런데 그렇게 뛰니까 넘어져서 무릎이 다치지.	교사	민호가 뛰다가 그만 넘어졌구나. 많이 다치지 않았는지 어디 한 번 살펴보자. 민호야! 복도에서 어떻게 다녀야 멋진 모습일까?
				아이	네. 걸어 다녀야 해요.
				교사	네가 잘 알고 있네. 다음부터는 복도에서 걸어 다니는 멋진 민호의 모습을 기대할게.

자료 출처: TREASURE Talk 상호작용 연구소(2014).

(2) TREASURE 코칭모델과 CCTV를 활용한 예시: 요약문 부모용

이니셜		뜻과 목적	세부 활동
T	따라가며 관찰하기	부모는 아이가 노는 모습을 계속 따라가며 관찰함과 동시에 그 모습을 언어 및 비언어적으로 그대로 묘사해 줌으로써 아이가 부모로부터 긍정적인 관심을 받고 있다는 것을 알게 한다.	· 아이의 노는 모습을 부드럽게 응시하기 · 아이가 노는 대로 따라가기 - 눈을 따라가기 - 손을 따라가기 - 발을 따라가기 - 온 몸을 따라가기 · 아이의 노는 모습을 그대로 말로 묘사하기
R	거울보듯 반영하기	부모는 아이가 놀면서 하는 말에 대해 언어적 및 비언어적으로 인정하는 추임새를 넣음과 동시에 그 말을 그대로 뒤따라 말해 줌으로써 아이가 부모로부터 전폭적으로(전폭적인) 수용(지지) 받고 있다는 것을 알게 한다.	· 아이가 놀면서 하는 말에 인정의 추임새 넣기(응, 좋아, 우와, 대단해, 그렇구나) · 아이가 놀면서 하는 말을 그대로 말해 주기 · 아이가 노는 모습을 그대로 모방하기

이니셜		뜻과 목적	세부 활동
E	칭찬하며 즐기기	부모는 아이의 놀이에 내재된 긍정적 의도와 놀이특성을 찾아내어 구체적으로 칭찬함으로써 아이와 부모는 서로 칭찬을 주고받는 즐거움을 함께 누림으로써 (이후의) 놀이가 더 풍성할 수 있도록 동기를 부여한다.	· 아이에게 구체적인 몸짓으로 칭찬하기 (쓰다듬기, 손뼉치기, 하이파이브, thumbs-up, 껴안기) · 아이에게 구체적인 말로 칭찬하기 · 아이의 긍정적 의도를 찾아내어 격려하기
A	키우는 질문하기	부모는 아이가 놀 때, 놀이특성을 고려한 정서적, 인지적, 창의적인 질문을 함으로써 아이가 놀이를 통해 자신의 감정(정서)을 표현하고, 더 깊고 넓고 새로운 생각을 하도록 북돋아 준다.	· 아이의 정서적 느낌에 대한 질문하기(*오감질문) · 아이의 인지적(논리적) 사고를 키우는 질문하기(*5W1H) 질문 · 아이의 창의성을 키우는 질문하기(If 무궁무진과 창의성 6요인과 창의성 기법=스캠퍼=SCAMPER)
S	말없이 (바라보며) 기다리기	부모는 아이에게 빨리 답하도록 재촉하지 않고 말없이 바라보고 기다림으로써(기다려줌으로써) 아이가 편안한 가운데 더 잘(민감하게) 느끼고 (다양하게)생각할 수 있도록 배려한다.	· 아이에게 미소를 지으며 바라보기 · 부모 스스로 입술로 Self Talking하기 · 손가락으로 하나둘셋 세며 기다리기
U	이해하고 더 나누기	부모는 질문에 따른 아이의 모든 언어적 및 비언어적 대답을 수용(허용)함과 동시에 추가적인(확장할 수 있는) 정보를 제공함으로써 아이가 풍부한 정서적 경험과 지식의 폭을 넓히도록 지지한다.	· 아이의 대답을 인정하고 수용하기 · 아이가 대답한 것을 요약하고 확인하기 · 아이에게 추가적인(필요한)(관련된) 정보를 제공하기
R	(몰입) 그 순간 떠올리기	부모는 아이의 전 놀이과정을 통해 기억에 남는 그 순간의 느낌과 생각을 말함으로써 아이가 자신의 놀이과정을 긍정적으로(창의적으로) 피드백해 볼 수 있도록 한다.	· 아이에게 기억나는 것 질문하기 · 아이에게 기억나는 것 말해 주기 · 아이에게 부모인 내 마음 표현하기
E	축하하며 즐기기	부모는 아이가 전 놀이과정을 통해 나타낸 태도와 성취에 대해(구체적으로) 축하하고 함께 즐거워함과 동시에 아이가 놀이(한) 경험을 다양한 방법으로 표현할 수 있도록 제안도 함으로써 마무리 놀이를 통한 재창조의 기회를 가질 수 있도록 (응원)한다.	· 아이에게 구체적인 몸짓으로 축하하기(쓰다듬기, 손뼉치기, 하이파이브, thumbs-up, 껴안기) · 아이에게 구체적인 말로 축하하기 · 아이에게 구체적인 보상하기(카드와 같은 상징물 제공, 선물, 기회 제공) · 아이에게 포트폴리오를 구성하도록 제안하기

자료 출처: TREASURE Talk 상호작용 연구소(2014).

매일멋진보육교사의
더 깊고, 넓고, 높은 생각

코칭의 꽃은 '질문'있다고 말한다.
노벨문학상을 수상한 파블로 네루다는 그의 시집 〈질문의 책〉에서 시의 제목이 숫자인 시를 썼다.

31

~ 누구한테 물어볼 수 있지?
이 세상에 무슨 일이 일어나게 하려고 태어났을까?
~

44

~ 나였던 그 아이는 어디에 있을까
아직 내 속에 있을까 아니면 사라졌을까?
~

64

~ 우리는 친절을 배우나
아니면 친절의 탈을 배우나?

이 시를 읽고 나에게 코칭질문을 해 보자.

- 나는 이 세상에 무슨 일이 일어나게 하려고 태어났을까?
- 내 속에 아직 '아이'같은 그 무엇이 남아 있는가?
- 나는 '인성' 공부를 어떻게 하고 있나?

Chapter 13

매일멋진인성리더십 워크숍

인물이 없다고 탓하지 말고
네가 그 인물이 되라
- 도산 안창호 선생님 -

인성의 함양과 계발은 하루아침에 이루어지는 것은 아니다.
인성 관련 독서와 학습만으로는 2% 부족하다.
더구나 혼자서 명상하며, 수양하는 것만으로도 역부족이다.
서로 함께 보고, 듣고, 말하고, 행동할 때, 더욱 효과적이다.

생각날 때마다, 간헐적으로 하는 것을 넘어서야 한다.
일정한 기간 동안, 목적을 지닌 프로그램으로 교육받는 것이 좋다.
일반적으로 교육프로그램은 8회기 동안 진행된다.
매일멋진 보육교사워크숍에서도 여덟 가지 주제를 제시한다.
*친구들과 조를 구성하고, 주제를 나누어 보다 심도있게 접근할 수도 있다.

〈여덟 가지 주제〉

- 멋진 Wish List
- 멋진 Bucklist
- 멋진 사명서
- 멋진 이력서
- 멋진 자기소개서
- 멋진 추천서
- 멋진 인터뷰
- 멋진 표창장

주제 1 멋진 Wish List

'보육교사 인성론과 리더십'을 배우는 현재를 기준으로 내가 이루고 싶은 Wish List를 써 보자
(*생각나는 대로, 또는 우선순위를 매겨 20개 정도)

- 보육교사의 인성과 관련된 '무엇인가'도 리스트에 포함되어 있는지에 대해 함께 수강하는 친구에게 이야기해 보자.
- 친구들이 작성한 Wish List의 내용이 잘 이루어질 수 있도록 축원해 주자.

주제 2 멋진 Bucket List

<Bucket List>는 죽기 전에 하고 싶은 것을 말한다.
'보육교사 인성론과 리더십'을 배우는 현재를 기준으로 나의 Bucket List를 써 보자
(*생각나는 대로, 또는 우선순위를 매겨 20개 정도)

- 보육교사의 인성과 관련된 '무엇인가'도 리스트에 포함되어 있는지에 대해 함께 수강하는 친구에게 이야기해 보자.
- 친구들이 작성한 Bucket List의 내용이 잘 이루어질 수 있도록 축원해 주자.

주제 3 멋진 사명서(Mission Statement)

내가 어린이집 원장이라면, 우리 어린이집의 사명을 어떻게 설정하겠는지 숙고해 보고, 사명서를 작성해 보자.

- 함께 수강하는 친구들이 작성한 사명서의 배경과 의미에 대해서도 나누어 보자.
- 사명서가 얼마나 멋이 있는지! 그 친구에게 인정과 축하의 말을 전하자.

주제 4 멋진 이력서

보육교사양성과정을 수료하고, 어린이집에 취업하기 위해 제출할 이력서를 작성해 보자.

- 이력서를 작성한 다음, 어떠한 이력을 더 추가하고 싶은지 생각을 정리해 보자.
- 그 이력을 추가하기 위해 어떻게 해야 할 것인지에 대한 계획도 점차 세워 보자.

주제 5 멋진 자기소개서

보육교사양성과정을 수료하고, 어린이집에 취업하기 위해 제출할 나의 소개서를 작성해 보자.

- 소개서를 작성한 다음, 내가 생각하는 만족도를 10점을 기준으로 점수화해 보자.
- 부족한 부분을 어떻게 보완할 것인지에 대해서도 생각을 정리해 보자.

주제 6 멋진 추천서

어린이집에 취업하기 위해 추천서를 첨부한다고 할 때, 받을 그 추천서에 대해 생각을 정리해 보자.

- 어느 분에게 추천서를 부탁할 것인가?
- 그 분께서 기꺼이 써 주실 것 같은가?
- 어떤 내용으로 쓰실 것 같은가?

주제 7 멋진 인터뷰

어린이집에 취업을 위한 인터뷰가 시작되었다고 가정하고,
다음의 질문에 대해 답해 보자.

- 원장님을 비롯한 보육교직원들이 할 질문을 세 가지 정도 예상하고 답해 보자.
- 함께 수강하는 친구들과 함께 모의 인터뷰를 실시해 보자.

주제 8 멋진 표창장

어린이집 보육교사들은 여러 기관에서 여러 가지 성격의 표창장을 수여 받고 있다.
매일멋진보육교사인 나에게 수여하는 표창장의 문구를 작성하고, 칭찬해 보자.

표창장

매일멋진보육교사___________

년 월 일

〈참고문헌〉

〈국내문헌〉

강순미(2007). 초임 유아교사의 멘토링 경험과 언어적 상호작용 유형간의 관계 분석. 한국보육학회지, 7(2).

겔코 맥고니걸(2015). 스트레스의 힘. 신예경 옮김. 21세기 북스.

계영애, 강정원(2001). 유아 인성 교육을 위한 인성적 덕목과 교수 전략에 대한 교사들의 인식연구. 유아교육학논집, 5(1).

고동섭(2001). 유아교육과 신입생의 특성. 이화여자대학교 대학원 석사학위청구논문.

고미경(2007). 유아의 부적절한 행동에 대한 유아교사의 지도방법과 어려움. 한국유아교육·보육복지연구, 11.

고연경, 장석경, 이정아(2013). 예비 유아교사의 효능감과 인성 및 행복감 간의 관계 연구. 복지상담교육연구, 2(1).

교육부(2007). 유치원교육과정 개정 시안. 교육부.

교육학용어사전(2015). 서울대학교 교육연구소 편. 하우.

구미향(2017). 유아교사가 갖추어야 할 인성은 무엇인가?. 한국유아교육 · 보육복지연구, 21(2).

구은미, 정혜영(2016). 보육교사와 유치원교사의 교사권리에 대한 개념도 분석연구. 한국영유아보육학, 96.

구자헌(1969). 한국사회복지사. 홍익제.

권미경(2005). 학령기 아동이 지각하는 어머니의 양육태도와 아동의 문제행동. 아동간호학회지, 11(1).

권석만(2011). 인간의 강점발견하기. 학지사.

권정숙, 최석란(2003). 반성적 사고경험에 나타난 유아교사의 반성적 사고과정. 열린유아교육연구, 8(2).

권혜진(2018). 미용대체요법이 스트레스 완화에 미치는 복합적 영향. 한국융합학회논문지, 9(12).

김경령, 서은희(2014). 예비교사의 교직인성 자기점검도구 개발 연구. 한국교원교육연구, 31(1).

김경령, 서은희(2017). 완벽주의와 지연행동의 관계에 대한 메타 분석: Hewitt과 Flett의 다차원적 완벽주의 척도를 중심으로. 교육학연구, 55(4).

이소희, 김경미, 박현정(2016). TREASURE Talk 코칭모델을 활용한 유아기 교사-어머니의 상호작용 교육·훈련 효과. 코칭연구, 9(2).

김경이, 박은실(2001). 교직의 이해. 문음사.

김경철, 정아림, 신설아(2015). 예비 유아교사들이 인식하는 좋은 유아교사의 특성 탐색. 열린유아교육연구, 20(5).

김기태, 조병호(2006). 미래지향적 교사론. 교육과학사.

김기현(2000). 취업모의 양육스트레스에 영향을 미치는 생태학적 변인 탐색. 한국생활과학학회지, 9(1).

김길숙(2016). 유치원·어린이집에서의 신체활동 실시상의 어려움에 대한 원장(원감) 및 교사의 인식 연구. 육아정책연구, 11(3).

김길숙, 문무경(2015). 유치원·어린이집 교사 권익보호 실태 및 증진 방안. 육아정책연구소.

김나림(2009). 보육실습을 통한 예비유아교사의 불안과 적응과정 연구, 영유아교육연구, 12.

김동순(2010). 경영과 리더십을 말하다. 휴스텐컨설팅그룹.

김소향(2015). 유아교사론. 학지사.

김보영(2011). 보육교사의 권리와 의무에 관한 인식조사 연구. 한국유아교육 · 보육복지연구, 15(2).

김봉수(1990). 교사와 초등교육. 형설출판사.

김미숙(2009). 보육기관 3세 영아의 친구 관계의 복합성. 한국영유아보육학, 59.

김경이, 박은실, 오은경, 채선희, 한유경, 김미영(2001). 교직의 이해. 문음사.

김수진(2015). 인성교육의 주요 접근. 교육과정연구, 33(2).

김수진, 장혜성(2004). 장애아 보육프로그램 실태조사 및 개선방안에 관한 연구. 특수교육, 3(1).

김수현(2004). 영유아자녀를 가진 종합병원 근무 간호사의 양육스트레스 관련 요인연구. 인하대학교 석사학위청구논문.

김순환. 고진아(2015). 인성교육에 대한 유·초등 교사의 신념. 한국교원교육연구, 32(1).

김순환, 박선혜, 남옥선(2014). 예비유아교사를 위한 교직인성 프로그램 개발 및 적용. 유아교육학논집, 18(2).

김승옥(2007). 교사자질에 대한 예비유아교사들의 자기평가 및 동료평가에 관한 인식. 변형영유아교육연구, 1(1).

김승옥, 황윤세(2006). 유아교사(예비, 현직)의 자기평가와 교사 전문성 인식 간의 관계. 아동교육, 15(4).

김왕동(2011). 창의적 융합인재 양성을 위한 과제: 과학기술과 예술융합(STEAM). 과학기술정책연구원 STEPI Insight, 67.

김연희(2011). 예비유아교사 신입생들의 아동관 및 교직관에 대한 조사연구. 아동교육, 20(3).

김영만(2004). 교사발달단계와 교사의 직무능력 및 직무만족 간의 관계 연구. 인하대학교 대학원 박사학위논문.

김영실, 김연화, 한세영(2009). 교사의 창의적 인성과 자기효능감이 유아의 창의성 증진을 위한 교사 역할에 미치는 영향. 한국생활과학회지, 18(3).

김영옥(2007). 21C 변화에 적합한 영유아 인성교육프로그램. 다음세대.

김영은(2014). 어린이집 조직문화가 보육교사의 행복감 및 셀프리더십에 미치는 영향. 한국유아교육 · 보육복지연구, 18(4).

김영은(2016). 유아교사의 인성 자기평가와 아동학대 인식 간의 관계 연구. 인지발달중재학회지, 7(3).

김영주(2005). 어린이집에서의 아버지 참여. 한국가정관리학회 학술발표대회 자료집, 87~97.

김인숙(2009). 공학교육행정: 대학 내 공학교육인증 관련 직무 전담 조직구성원의 직무만족 및 조직몰입 영향 요인에 관한 연구. 공학교육연구, 12(2).

김의향, 서문희, 임양미(2010). 보육종사자 보수교육 운영현황 및 개선방안 연구. 유아교육학논집, 14(6).
김은설, 박수진(2010). 보육시설장·교사 윤리강령 개발연구. 육아정책연구소 수탁연구보고서.
김은설, 안재진, 최윤경, 김의향, 양성은(2009). 보육종사자의 전문성 제고방안 연구. 보건복지부. 육아정책연구소.
김은설, 윤재석, 윤지연(2015). 농어촌 지역 영유아교육보육실태 및 개선방안. 육아정책연구소.
김은설, 황미영(2011). 보육교직원의 효율적 보수교육 추진체계 구축방안 연구. 육아정책연구소.
김은주, 서영희(2007). 조부모의 손자녀 양육실제에 관한 질적 연구. 아동학회지, 28(2).
김은희, 홍가람(2017). 행복의 과학적 탐구. 동아대학교출판부.
김인숙(2009). 공학교육행정: 대학 내 공학교육인증 관련 직무 전담 조직구성원의 직무만족 및 조직몰입 영향 요인에 관한 연구. 공학교육연구. 12(2).
김인옥(2017). 부모-교사 진로코칭을 위한 유아 진로준비 측정도구 개발. 숙명여자대학교 박사학위논문.
김일부, 이소희(2016). 멘토코칭 방식에 의한 유아기 부모의 상호작용훈련 효과: TREASURE Talk 코칭모델의 활용. 한국가족복지학, 21(3).
김정환, 남현우, 염시창, 임진영(2012). 교직 적성·인성 검사도구 개발연구. 교육과학기술부.
김정효, 허서영(2007). 인성개발 효능감과 교직헌신도와의 관계: 초등교사를 중심으로. 초등도덕교육, 25.
김주환(2011). 회복탄력성-시련을 행운으로 바꾸는 유쾌한 비밀, 위즈덤하우스.
김지은, 안선희(2009). 영아교사의 전문성 인식에 영향을 미치는 관련 변인 연구. 열린유아교육연구, 14(2).
김진수(2012). STEAM 교육론. 양서원.
김태길(1998). 공자사상과 현대사회. 철학과 현실사.
김춘경, 조민규(2016). 예비영유아교사의 애착유형별 공감능력이 인성문제에 미치는 영향. 한국영유아보육학, 97.
김현미(2016). 성격의 대표강점과 안녕감과의 관계 및 대표강점의 활용에 기반한 안녕감 증진 프로그램의 효과. 이화여자대학교 박사학위논문.
김현미, 권귀염(2016). 돌봄과 유아 교사 전문성. 아동교육, 25(3).
김현진, 정효정(2015). 보육교직원의 전문직업적 정체성 관련 요인 연구. 한국보육학회 춘계학술대회자료집, 213~214.
김혜경(2015). 에니어그램 성격유형별 유아교사의 이직의도 탐색연구. 숙명여자대학교 대학원 석사학위논문.
김혜윤, 김길숙(2016). 보육실습에 대한 예비유아교사들의 인식:은유분석을 바탕으로. 예술인문사회융합멀티미디어논문지, 6(11).
김혜진, 손유진(2016). 언어네트워크 분석을 통한 부모의 유아교사 역할 및 자질에 대한 인식 연구. 유아교육연구, 36(4).
김호권(1991). 교직 적·인성검사의 허실. 대학교육, 51.

김호현, 장희선(2017). 영유아교사의 영유아 권리침해 인식의 모호성과 그 근거에 관한 혼합연구. 유아교육학회지, 21(2).

김희연(2004). 놀이의 기쁨: 정서표현과 그 맥락적 특성. 아동학회지, 25(5).

김희정, 서현아(2016). 유아교사의 교수효능감과 교수수행의 관계에서 창의적 인성의 매개효과. 유아교육연구, 36(1).

김희진(2013). 장애아동부모의 양육경험과 사회복지서비스 관계에 대한 연구. 성신여자대학교 석사논문.

김희진, 박선미(2016). 정부 개발 부모교육 자료의 시대적 분석. 육아지원연구, 11(3).

나석희, 이현진(2012). 어린이집 교사들이 보육경험과정에서 겪는 인간관계의 어려움과 해결방안. 유아교육학논집, 16(1).

노길영(2000). 경력 유치원 교사를 통해 본 교사 발달의 제요인 및 유형. 이화여자대학교 석사학위논문.

노은호(2013). 예비 유아교사의 교직 적·인성과 핵심 역량 비교 분석 연구. 한국보육학회지, 13(3).

도널드 클리프턴, 톰 래스(2017). 위대한 나의 발견 강점 혁명. 청림출판.

도미향, 변미옥, 김병은, 장자경(2013). 영유아를 위한 놀이 코칭 프로그램의 적용. 코칭연구, 6(2).

루 거스너(2003). 코끼리를 춤추게 하라. 이무열 옮김. 북앳북스.

류지한(2007). 에우다이모니즘에서 지·덕·복의 관계. 윤리교육연구, 14.

류태호(2000). 체육교사 임용준비생의 생활과 정체성 한국스포츠교육학회지, 7(1).

류혜숙, 조형숙(2008). 유아교육과 신입생의 대학 입문 경험에 관한 연구. 열린유아교육연구, 13(3).

마미정(2006). 성공적인 보육시설 평가인증 준비과정을 위한 질적 접근. 미래유아교육학회지, 13(3).

마틴 셀리그만(2004). 완전한 행복. 곽명단 옮김. 물푸레.

마틴 셀리그만(2006). 긍정심리학. 김인자 옮김. 물푸레.

문수경, 이무영(2008). 아동의 행복감에 영향을 미치는 변인. 아동복지연구, 6(3).

문용린, 최인수(2006). 창의·인성교육의 총론. 인하대학교 교육연구소 심포지움.

문혁준, 안효진, 김경회, 김영심, 김정희(2014). 보육교사론. 창지사.

민하영, 권기남(2009). 유아교육기관 교사의 사회적 정서 지지와 자아탄력성 및 역할갈등간 관계. 한국가정관리학회지, 27(5).

박경실(2006). 이름있는 학원들의 학원 경영 이야기. 미디어숲.

박병기, 유경순(2000). 창의성과 지능의 관계구조. 교육심리연구, 14(2).

박봉환(2017). 유아교사의 이직의도에 관한 인식유형 연구: Q 방법론적 접근. 대구한의대학교 대학원 박사학위논문.

박부숙, 이수경(2017). 보육교사의 통합적 인성 실천을 위한 협력적 실행연구. 생태유아교육연구, 16(3).

박상곤, 이태복(2011). 긍정조직혁명. 물푸레.

박상희, 김경의, 이효숙(2005). 유아교사의 창의적 인성과 창의성 증진을 위한 교사 역할 수행에 관한 연구. 미래유아교육학회지, 12(4).

박순정(2013). 예비유아교사를 위한 창의·인성교육 프로그램개발 및 적용효과. 동의대학교 박사학위논문.

박신영, 이진희(2013). 어린이집-가정 연계를 통한 아버지 놀이참여 활동이 놀이신념 및 영아-아버지 상호작용에 미치는 영향. 육아지원연구, 8(1).

박영례, 이소희(2018). 유아 인성리더십 구성요인과 특성에 관한 연구. 영유아보육교육연구, 1(2).

박영태(2002). 창의성의 별. 학지사.

박영태, 이경님, 하수연(2009). 유아교사의 교사효능감과 직무만족도 및 창의적 인성의 관계. 미래유아교육학회지, 16(1).

박은주(2009). 돌봄의 관점에서 살펴본 보육교사의 윤리적 딜레마. 유아교육학논집, 13(5).

박은주(2016). 예비보육교사의 적성이 보육실습 스트레스에 미치는 영향. 한국보육학회지, 16(1).

박은혜(2005). 유아교사론. 창지사.

박은혜(2017). 유아교사론(5판). 창지사.

박은혜, 조운주(2007). 유아교육실습. 창지사.

박윤조, 임명희, 안정숙(2015). 보육교사의 인성이 직무스트레스 및 스트레스 대처유형에 미치는 영향. 한국보육학회지, 15(3).

박정영(2010). SPC 코칭센터 3CS 코칭 매뉴얼. 보명사.

박진아, 이경숙, 신의진(2015). 모의 어린이집 아동학대 관련 경험, 인식 및 상담 요구도 실태조사. 한국심리학회지, 20(3).

박찬옥, 이영미(2007). 멘토링(mentoring)을 통한 2세 영아교사 보육프로그램 수행 과정 탐색. 유아교육연구, 27(4).

박현정(2016). 아동학대 평가 척도에 대한 체계적 고찰. 한국간호과학회 학술대회, 307~307.

박현정(2018). 영유아기 교사와 부모의 학대언어제한과 촉진적 상호작용을 위한 교육훈련효과: TREASURE-CCTV 모델의 활용. 숙명여자대학교 박사학위논문.

박혜경(2015). 인성교육진흥법의 내용과 쟁점 논의. 교육법학연구, 27(3).

백영숙, 김준자(2011). 어린이집 종사자들의 멘토링과 멘토 교육에 대한 인식 및 요구(전남 지역을 중심으로). 한국아동교육학회 아동교육, 20(2).

백은주, 고영미(2016). 영유아교사론. 양서원.

변미옥, 도미향(2016). 유아교사의 인성향상을 위한 코칭프로그램 개발. 한국가정관리학회 공동춘계학술대회 자료집.

변선영, 황해익(2013). 영아교사의 멘토링 장학프로그램 실행연구. 어린이문학교육연구, 14(2).

변윤지, 이대균(2015). 직장어린이집 교사의 어려움과 바람. 유아교육연구, 35(2).

변윤희, 이경선, 이정화(2016a). 예비보육교사의 실습기관에서의 수업계획과정 탐색. 한국유아교육학회 정기학술발표논문집, 2.

변은경, 장경오(2015). 보육교사의 자아존중감, 직무스트레스가 교사효능감에 미치는 영향. 한국산학기술학회논문지, 16(6).

보건복지부, 중앙종합지원센터, 이소희(2015). 클로버부모교육프로그램.

북모닝 CEO 편집팀(2016). 독(讀)해야 이긴다: 지식인, 책읽기로 삶을 완성한다. 북모닝.

비전에니어그램교육연구소(2012). BASIC과정 매뉴얼(이소희 개발).

서경혜, 최진영, 노선숙, 김수진, 이지영, 현성혜(2013). 예비교사 교직 인성 평가도구 개발 및 타당화. 교육과학연구, 44(1).

서동미, 연선영(2016). 보육교사의 직무스트레스, 영유아 학대에 대한 인식과 영유아 학대 실제 행동에 대한 자기평가와의 관계. 유아교육학논집, 20(1).

서은주, 홍순옥 등(2017). 어린이집 평가인증 3차 지표에 대한 보육교사의 교육적 요구. 유아교육학논집, 21(3).

서울여성가족재단(2018). 서울시 국공립어린이집 운영의 실제.

세이브더칠드런, 서울대 사회복지연구소(2015). 지표를 통해 본 아동의 삶의 질.

성은영(2006). 반성적 사고 중심의 발문 개선교육 과정에 나타난 교사의 발문 변화 . 중앙대학교 박사학위논문.

손경원(2016). 인성교육 프로그램의 효과성 제고 방향. 윤리교육연구, 41.

손수연, 이진희(2014). 예비유아교사의 창의적 인성 및 교육실습경험에 따른 창의성 교육에 대한인식 차이. 한국보육학회지, 14(2).

손은주, 박영태(2012). 교사효능감과 창의적 인성이 보육교사의 직무만족도에 미치는 효과. 유아교육·보육복지연구, 16(1).

손정위(2015). 기독교교육: 예비 기독교 종교교사의 정체성 형성에 관한 연구. 서울신학대학교 기독교신학연구소. 신학과 선교, 46.

손홍숙(2015). 보육교사 전문성 담론의 개념적 쟁점. 교육학연구. 53(1).

손홍숙(2015). 보육정책과 보육교사의 전문성: 비판적 담론분석. 한국보육학회지, 15(2).

송영미, 윤은주(2016). 유치원교사와 보육교사의 권리와 의무에 관한 인식 연구. 한국아동학회 학술발표논문집, 193~194.

송주연, 나정(2017). 보육교사의 성공적인 수업에 대한 의미와 조건 탐색. 유아교육학논집, 21(1).

스티븐 코비(2003). 성공하는 사람들의 7가지 습관. 김경섭 옮김, 김영사.

신동주, 임소영(2017). 보육교사의 인성과 심리적 안녕감이 정서노동유형에 미치는 영향. 유아교육학논집, 21(5).

신은수, 유홍옥, 안부금, 안경숙, 김은정, 유영의(2013). 유아교사론. 학지사.

신춘희, 이소희(2016). 전문가 델파이 기법을 이용한 유아기 자녀를 둔 부모의 인성리더십 구성 요인 개발에 관한 연구. 한국가정관리학회 학술발표대회 자료집.

신현정, 박진성(2010). 유아교사의 심리적 안녕감에 영향을 주는 관련변인 탐색연구. 유아교육학논집, 14(2).

심리학용어사전(2014). 한국심리학회.

안나래, 김희수, 안선희(2015). 보육교사의 직무스트레스와 이직의도의 관계에서 교직선택동기의 조절효과. 한국가정관리학회지, 33(5).

양광모, 박영삼, 김형배(2015). NCS기반 재설계 자격수준과 NCS수준의 적합성 개발 연구보고서. 한국평생능력평가원 한국산업인력공단, 1-220.

양미선, 정주영, 임지희(2013). 어린이집 및 유치원 운영의 공공성 제고를 위한 정책 방안. 육아정책연구소.
양승연, 도미향(2015). 보육교사-영아 상호작용에 대한 코칭프로그램 효과분석. 코칭연구, 8(1).
양옥승(2002). 유치원교사 양성체제와 유아교육의 전문성 신장. 한국교원교육연구, 19(1).
엄은나, 전우경, 서동미(2016). 유아교사 인성에 대한 예비유아교사의 기대와 자기평가. 유아교육학논집, 20(1).
에노모토 히데다케(2004). 마법의 코칭. 황소연 옮김. 새로운 제안.
염지숙(2005). 유아교육현장에서 돌봄의 실천과 한계. 유아교육연구. 25(5).
염지숙, 방유선(2013). 영유아교사의 직업의식과 윤리. 유아교육학논집, 17(5).
오숙자, 최진아(2014). 보육교사의 적성이 직무만족도에 미치는 영향. 한국부모놀이치료학회지, 5.
오채선(2010). 교사재교육 참여를 통한 교사교육자들 간 협력 경험의 의미. 유아교육학논집, 14(5).
우남희(2016). 수용적 독서와 표현적 글쓰기를 통한 자가 치유 고찰. 인문사회과학연구, 17(1).
원혜경, 이소정(2015). 예비영유아교사의 교직 적,인성 분석: 보육 관련 학과 중심으로. 유아교육학논집, 19(5).
유미숙(2014). 놀이치료학의 역사. 상담과 선교, 82.
유미숙(2015). 놀이치료-치료관계의 기술. 학지사.
유주연, 김순환(2015). 유아교사의 통합적 인성함양 프로그램 개발 및 적용. 육아지원연구, 10(2).
유현숙, 권정해(2017). 보육교사의 직무스트레스, 교사효능감, 조직헌신, 소진과 이직의도 간의 구조적 관계. 유아교육학논집, 21(1).
유홍옥(2005). 반성적 사고에 기초한 유치원 교육실습과 예비교사의 발달적 변화. 유아교육학논집, 9(1).
육아정책연구소(2015). 돌봄 취약계층 맞춤형 육아지원방안(1).
윤영돈(2012). 사회구성주의의 관점에서 본 내러티브와 인성교육. 춘계학술대회 한국육아지원학회 자료집, 19~44.
윤혜미, 노필순(2013). 보육교사의 직무스트레스, 경력몰입, 소진과 이직의도 간 관계. 한국아동복지학, 43.
윤혜진(2017). 예비보육교사가 관찰한 어린이집에서의 아동학대 연구. 한국지역사회생활과학회지, 28(2).
이경민(2010). 유아교사 인성교육 세미나 자료.
이가형, 정선아(2015). '돌봄'의 관점에서 유아교사 삶의 특성. 한국교원교육연구, 32(4).
이경남(1989). 새마을 유아원의 사회적 서비스 기능에 관한 연구. 서울대학교 석사학위논문.
이경민(2010). 유아교사 인성교육 세미나 자료집.
이경민, 최윤정(2009). 유아교사의 행복, 강점, 직무만족의 관련성 탐색 연구. 유아교육연구, 29(3).
이경민, 최윤정, 박순정(2013). 예비유아교사를 위한 창의·인성교육프로그램 개발 및 적용. 어린이미디어연구. 12(2).
이경순(2008). 한국보육정책의 발전방안. 고려대학교 석사학위논문.
이경애(2010). 유아교사의 행복과 직무관련변인의 관계분석: 직무만족, 교사효능감, 역할수행능력,

이직의도를 중심으로. 동의대학교 박사학위논문.
이경하, 석은조(2010). 예비교사와 현직교사가 생각하는 좋은 유아교사의 자질. 열린유아교육연구, 15(5).
이경화 손원경, 남미경, 정혜영, 김남희, 손유진, 정혜영, 이연선(2018). 유아교사론. 학지사.
이근철(1996). 인성교육을 위한 도덕과 교육내용의 구조화 방안. 인천교육대학교 논문집, 29(2).
이미경, 배지현(2016). 자기성찰과정에서 나타난 햇빛어린이집 교사의 정체성 탐색. 열린유아교육연구, 21(3).
이미화, 홍승아, 김영란, 유계숙, 이영미, 이연정, 이채정(2009). 일가족양립정책의 국제 비교연구: 정책이용실태 및 일가족양립현실. 한국여성정책연구원 연구보고서, 1-563.
이병석(2009). 인지·정의 통합적 접근을 위한 유아 인성교육 프로그램 개발을 위한 기초연구. 한국영유아보육학, 57.
이병래, 김진호, 강정원(2005). 영유아교사 양성을 위한 기준교육과정 구성 및 운영 방향모색. 유아교육학논집, 9(1).
이새별, 황희숙(2016). 어린이집의 조직문화와 보육교사의 창의적 인성이 보육교사의 행복에 미치는 영향. 한국유아교육학회 정기학술발표논문집.
이새별, 황희숙, 정선령(2017). 자연친화적 번스타인의 사고도구 훈련이 유아의 창의성 및 자연친화적 태도에 미치는 효과. 인지발달중재학회지, 8(3).
이새별, 황의숙(2017). 에리히 프롬의 소유와 존재양식에서 본 유아교사의 실존에 대한 탐구. 한국유아교육학회 정기학술대회논문집.
이선미(2012). 예비보육교사의 보육실습 경험에 대한 질적 탐색. 미래유아교육학회, 19(4).
이석순(2014). 영아보육교사의 전문성 인식과 전문성 발달수준에 관한 연구. 한국유아교육·보육복지연구, 18(4).
이수련, 이정화, 최인수(2010). 유아의 인지수준에 따른 협동학습의 효과: 사회적 능력과 자아존중감을 중심으로. 아동학회지, 31(2).
이소희(2009). 매일멋진리더십 프로그램 매뉴얼. 한국영리더십센터.
이소희(2009). 멋진응원, 코칭. 신정.
이소희(2009). 비전에니어그램 Basic과정. 비전에니어그램교육연구소.
이소희(2010). 유아의 창의적 리더십계발을 위한 부모코칭. 숙명여자대학교 아동연구소 동계 워크샵 자료집.
이소희(2012). 클로버 학습진로코칭 매뉴얼. 한국코치협회.
이소희(2012). Magic9 부모코칭 매뉴얼. 비전에니어그램교육연구소.
이소희(2012b). TREASURE Talk 상호작용연구소(2012). TREASURE 모델.
이소희(2013a). 부모자녀관계와 리더십. 남서울대학교 아동가족 상담센터 자료집.
이소희(2014). 제1회 인성보육포럼. 한국보육진흥원.
이소희(2014b). TREASURE Talk 코칭모델 개발을 위한 연구(1). 코칭연구, 7(1).
이소희(2017). CCTV 모델에 기반한 성인-아동의 부정적 상호작용척도 개발과 타당화. 영유아보육교육연구, 1(1).
이소희(2018c). 보육현장 중심. 아동권리와 아동복지. 신정.
이소희, 강경자, 김주아(2004). 4RL (The 4 Roles of Leadership) 모델에 기반 한 유아교육 기관장 리더십의 평가척도 개발 연구. 한국가족복지학, 9(2).
이소희, 도미향, 길명환, 김혜연(2014). 코칭학개론. 신정.
이소희, 마미정(2019). 최신 현장중심 보육학개론. 신정.
이송이, 손여경(2009). 보육시설 평가인증지표 관련연구에 관한 메타분석. 한국유아교육, 13(4).
이소희, 심교준(2010). 너와 나를 사랑으로 묶는 끈 NLP. 신정.
이소희, 원종순(2018d). 유아교사의 NLP 선호표상체계에 관한 연구. 코칭연구, 11(4).
이승국(2011). 초등학교 교사의 배경변인, 감성지능 및 직무만족도와의 관계. 한국심리학회 연차 학술발표 논문집, 1.
이영, 신은주, 나종혜(1994). 영유아 양육환경에 대한 생태학적 연구(1). 아동학회지, 15(2).
이영, 이정희, 김온기, 이미란, 조성연(2017). 영유아발달. 학지사.
이완희, 박찬옥(2005). 2세 영아반 초임 교사의 정체성 형성 과정. 유아교육학논집, 9(3).
이유미(2010). 보육실습지도에서 e-멘토링 활용에 대한 보육교사의 인식. 방과후아동지도연구, 7(1).
이윤옥(1998). 유아를 위한 인성교육 프로그램: 협력 학습활동 중심으로. 창지사.
이윤진(2016). 남북한 여성가족 통계 비교 연구. 한국여성정책연구원 연구보고서, 11.
이윤진, 권미경, 김승진(2015). 조부모 손자녀 양육실태 지원방안 연구, 육아정책, 연구보고서, 10.
이은영(2012). 유아의 환경교육과 자연체험에 대한 교사인식 및 실태 조사연구. 동국대학교, 석사학위논문.
이은화, 배소연, 조부경(1995). 유아교사론. 양서원.
이전이, 박주호, 유지현, 강영민(2017). 대학 졸업유예가 취업 및 임금에 미친 효과, 교육재정경제연구.
이정림, 김은영, 엄지원, 강경숙(2012). 장애영유아 통합보육·교육현황과 선진화 방안. 육아정책연구소.
이정현, 안효진(2012). 유아교사의 직무만족도와 교사효능감 및 직무스트레스의 관계 연구. 아동학회지. 33(4).
이주한(2012). Dewey의 반성적 사고 개념에서 본 반성적 교사의 특질. 한국초등교육, 23(2).
이진희, 홍혜경(2011). 영아 보육교사 현직연수 프로그램이 교사의 효능감과 만족도에 미치는 효과. 열린유아교육연구, 16(4).
이채호, 고태선(2008). 보육교사의 직무만족도, 보육효능감 및 건강증진 생활양식과 심리적보육교사의 심리적 안녕감, 건강지각 및 건강증진 생활양식에 관한 연구. 한국유아교육보육행정연구, 12(2).
이혜경, 윤재희(2017). 유아교육과에서 예비유아교사의 교사 되어감에 대한 질적 연구. 예술인문사회융합멀티미디어논문지, 7(4).
이희경, 김성수(2007). 유아교사 역할에 대한 예비유아교사의 신념 분석: Q-방법론적 교육연구, 10.
임부연, 김성숙, 송진영(2014). 유아교사론. 양서원.
임정수, 이완정(2009). 유아교사 윤리강령을 토대로 분석한 동료 관계에서의 스트레스와 대처방식.

아동과 권리. 한국아동권리학회. 13(4).
염지숙, 방유선(2013). 영유아교사의 직업의식과 윤리. 유아교육학논집. 17(5).
육아정책연구소(2015). 권미경, 최효미, 최지은 김건희. 돌봄 취약계층 맞춤형 육아지원 방안(1).
장승희(2015). '인성교육진흥법'에서 추구해야 할 인성의 본질과 인성교육의 방향 - 행복담론을 중심으로. 윤리교육연구, 37.
전경원(2018). 유아교육에서의 질적 연구. 정민사.
전재선(2011). 유아교사 자기인성평가도구 개발 및 타당화 연구. 성균관대학교 박사학위논문.
전재선, 최종옥(2012). 유아교사 인성 자기평가도구 개발에 관한 연구. 한국보육학회지, 12(1).
정다우리(2013). 어린이집 교사의 행복감, 관심사 및 교사 인성과 교사-유아 상호작용과의 관계. 한국영유아보육학, 81.
정명자, 최혜순(2014). 보육교사의 윤리의식과 행복감에 관한 연구. 한국영유아보육학, 88.
정민정, 김유진(2017). 보육교사의 인성이 행복감에 미치는 영향: 회복탄력성의 매개효과. 예술인문사회융합멀티미디어논문지, 7(11).
정범모(1987). 교육 및 심리검사의 발전과제와 전망. 교육평가연구, 2.
정범모(2009). 교육의 향방. 교육과학사.
정선아(2015). 보육의 전문성과 보육교직원의 양성체계. 한국보육학회 학술대회자료집.
정순경(2016). 유아교육자의 삶과 정체성의 변화에 관한 자문화기술지. 열린유아교육연구, 21(6).
정아란, 김영철(2013). 조손(祖孫)가정의 격대교육에 대한 보육교사들의 인식. 한국보육학회지, 14(2).
정유경(2014). 한국 초등학교 수학수업에서 발현되는 교사 지식의 분석틀 탐색. 한국교원대학교 박사학위논문.
정창우, 김란, 이경은, 황광원(2016). 교사, 인성교육을 생각하다. 교육과학사.
정창우(2016). 교사, 인성교육을 생각하다: 유·초·중·고 교사의 인성교육 전문성 발달을 위한 자기 성찰 프로젝트. 교육과학사.
정채옥(2006). 현직보육교사와 예비보육교사의 지원동기 및 전문성과 발달에 적합한 실제에 관한 인식비교 연구. 유아교육학논집, 10(3).
조난심, 이종태(1997). 인간 교육의 개념 정립을 위한 연구: 현대 사회에서의 인간교육의 의미와 실천 방향 탐색. 교육철학, 18.
조부경, 백은주, 고영미(2016). 영유아교사론. 양서원.
조성연(2004). 보육교사의 직무만족도와 직무스트레스. 한국영유아보육학, 36.
조성연(2005). 보육교사의 직무만족도와 자아존중감. 아동학회지, 26(1).
조성연, 이정희, 천희영, 심미경, 황혜정(2014). 영아발달. 신정.
조영숙(2018). 장애유아통합교육. 학지사.
조용개(2009). 교수력 향상을 위한 수업 포트폴리오 활용 전략. 경북대학교 박사학위논문.
조윤경(2013). 만 3세 미만 장애 영아 부모를 통해 본 장애 발견과 진단 및 조기개입 연계과정과 지원요구. 보건사회연구, 33(1).

조윤경, 김수진(2016). 통합보육시설장과 장애전담교사의 장애보육지원센터 지원사업에 대한 만족도 비교. 육아정책연구, 4(2)
조윤경, 김수진, 송영희(2006). 장애관련 영아대상 국내연구경향 분석: 2006~2015. 유아 특수교육연구, 16(3).
조윤경, 김형미, 유연주, 장지윤(2017). 특수아 행동지도: 유아교사를 위한 장애아동 문제행동에 대한 긍정적 행동지원. 공동체.
조형숙(2009). 유아교사의 교직윤리관련 딜레마에 나타난 갈등요인. 유아교육학논집, 13(2).
조희숙, 김정신, 박성미, 박선해(2005). 예비 보육교사와 현직 보육교사의 교사 역할인식에 관한 연구. 한국영유아보육학, 41.
존 맥스웰(2002). 리더십의 파워. 심재철 옮김. 해일.
주윤하, 박영희, 황희숙(2015). 보육 효능감과 창의적 인성이 전문성 인식에 미치는 영향. 인지발달중재학회지, 6(1).
최선, 고유림, 박정은, 신예지, 강민철(2012). 학교상담자 윤리강령에 대한 고찰: 학교상담학회 윤리강령 개정에 대한 제언을 중심으로. 상담학연구, 13(2).
최윤정(2009). 유아교사의 인성강점유형과 교직만족도의 관계. 한국유아교육학회 정기학술발표논문집, 315~316.
최윤정(2009). 유아교사의 행복증진 프로그램 개발 연구: Seligman 의 강점을 중심으로. 성균관대학교 대학원 박사학위논문.
최은아(2016). 예비유아교사의 사회인구학적 요인, 공감, 교직윤리의식이 인성에 미치는 영향. 학습자중심교과교육연구, 16.
최지혜(2017). 예비유아교사의 특수교육 경험에 따른 교직인성검사 차이. 교육연구논총, 38(3).
최진원(2015). 비유아교사를 위한 인성교육 모형개발. 코칭연구, 8(3).
최항준, 최선녀, 임현주(2013). 어머니의 양육행동, 영아의 사회·정서행동, 아버지의 양육 참여가 영아의 어린이집 적응에 미치는 영향. 한국영유아보육학, 76.
최혜순, 양은호, 김계중, 이미현(2013). 영유아 안전교육: 표준보육과정, 누리과정을 적용한 현장중심. 신정.
클라우스 슈밥(2018). 클라우스 슈밥의 제4차 산업혁명 더 넥스트. 새로운현재.
탈 벤 샤하르(2007). 해피어. 노혜숙 옮김. 위즈덤하우스.
피터 드러커(1995). 미래의 결단. 이재규 옮김. 한국경제신문사.
토마스 차모로-프레무지크(2017). 내 성격이 커리어를 망친다. 하버드비즈니스리뷰코리아.
하주현(2000). 창의적 인성 검사 개발. 교육심리연구, 14(2).
학습자중심교과교육학회(2017). 미래인재양성을 위한 교과교육과 인성교육의 통합적 접근. 춘계학술대회자료집.
한국과학창의재단(2017). STEAM 프로그램 활용 가이드북.
한국보육진흥원(2015). 홈페이지 – 장애보육 관련 자료.
한국보육진흥원(2017). 마음성장프로젝트.
한국보육진흥원(2019). 보육교직원의 장애인식개선 및 차별없는 보육환경 조성 자료.

한국영리더십센터(2008). 멋진영리더의 7가지 습관.

한국장애아영유아통합실천연구회(2004). 장애유아교원지지 하계교육자료.

한홍(2007). 거인들의 발자국. 비전과리더십.

황정규(1990). 교직적성 및 면접고사 실시의 논리와 방안. 교직적성과 면접고사에 관한 세미나 자료집.

황해익, 박성미 외(2008). 보육교사 승급보수교육에 대한 교사와 시설장의 인식조사. 한국영유아보육학. 53.

황해익, 탁정화(2013). 영아보육 멘토링 장학 모형 개발을 위한 연구. 열린유아교육연구, 18(1).

현온강, 태진(2000). 보육환경의 질과 영유아의 적응-인천직할시 보육시설을 중심으로-. 대한가정학회, 38(3).

홍금자, 이혜영(2008). 보육교사의 전문성증진과 전문 인력의 확대방안. 한국영유아보육학, 52.

홍기철(2006). 교직적성 · 인성 검사도구의 적용연구. 초등교육연구논총, 22(1).

홍영희(2013). 사회복지사의 회복탄력성이 직무만족과 조직몰입에 미치는 영향에 관한 연구. 서울시립대학교 석사학위논문.

홍인혜(2006). 영유아보육 및 유아교육 통합정책 가능성에 관한 연구. 교육연구, 40.

〈외국문헌〉

Almerico, G., Johnston, P., Henriott, D., & Shapiro, M.(2011). Dispositions assessment in teacher education : Developing an assessment instrument for the college classroom and the field. *Research in High Education Journal*, *11*, 1-19.

Alvin Toftler(1980). The Third Wave, A Bantam Book, Association with William Morrow & Co., Inc.,

Anwar, M. N., Naz, A., Haq, R., & Bibi, C.(2012). An examination of teaching aptitude of teachers working at primary level : Demographic differences. *International Interdisciplinary Journal of Education*, *1*(2), 29-33.

Bass, B. M. (1990). From transactional to transformational leadership: Learning to share the vision. *Organizational dynamics*, *18*(3), 19-31.

Benningga, J. Berkowitz, M. & Smith k.(2006). character and academics : what good schools do. *Phi Delta kappan*, *87*(6), 448-452.

Burke, P. J, Chriensen, J. C, Fessler, R, McDonnell, J. H, & Price, J. R.(1984). The teacher career cycle Moral development and reseach report. Association Washington DC.(ERIC Document Reproduction Service No. ED 289 846).

Carl Gustav Jung(1968). The Archetypes and The Collective Unconscious. Routledge.

CASEL(2003). Safe and Sound - An Educational Leader's Guide to Evidence-Based Social and Emotional Learning Programs, Chicago, IL: CASEL.

CCP(Corporate Coach Program), CCUI.

Cohen, J.(2006). Social, emotional, ethical, and academic education: creating a climate for learning, participation in democracy, and well-being. *Harvard Educational Review*, *76*(2), 201-237.

Connelly, F. M., & Clandinin, D. J.(1988). Teachers as Curriculum Planners. Narratives of Experience. Teachers College Press, 1234 Amsterdam Ave., New York, NY 10027.

Elbaz, F.(1981). The teacher's "practical knowledge": Report of a case study. *Curriculum inquiry*, *11*(1), 43-71.

Fuller, F., & Brown, O.(1975). Become a teacher. Teacher Education, Seventy-fourth Yearbook of the National Society for the Study of Education(Part 2), 46.

G. H. Mead(2012). the timeliness. University of Chicago Press.

Goleman, D. (1995). Emotional intelligence: Why it can matter more than IQ New York: Bantam Dell.

Howard Gardner(2007). Creativity, Wisdom, and Trusteeship. SAGE Publications.

Howes, C., & Smith, E. W. (1995). Relations among child care quality, teacher behavior, children's play activities, emotional security, and cognitive activity in child care. *Early Childhood Research Quarterly*, *10*(4), 381-404.

Hyun, O.K., & Tae, J.(2000). 육아 환경과 유아의 질보육 시설 조정 - 인천 보육 시설 기준. 대한 가정 학회지, *38*(3), 25-42.

Jacobs, T. O. & Jaques, E. (1990). Military executive leadership. In D. E. Clark & M. B. Clark(Eds.), *Measures of leadership*(pp. 281-295). West Orange, N J: Leadership Library of America.

John Bowlby(1965). *Child care and the growth of love*. London: Baltimore: Penguin Books.

K Lorenz(2002). On Aggression. Psychology Press.

Kadushin, A., & Martin, J. A.(1988). Child welfare services. Pearson College Division.

Katz, L. G.(1972). Developmental stage of Preschool teacher. *Elementary School Journal*, *73*, 50-54.

Katz(1989). 유아교사를 위한 제언. 이차숙 옮김. 양서원.

Klaus Schwab(2016). *The Fourth Industrial Revolution*.

Kochhar, C.A., West, L.L., & Taymans, J.M.(2000). *Successful Inclusion*. Upper Saddle River, NJ: Merrill.

Korthagen, Fred A. J.(2004). In search of the essence of a good teacher: towards a more holistic approach in teacher education. *Teaching and Teacher Education*, *10*, 15-27.

Law H., Ireland., & Hussain, Z.(2010). The psychology of coaching, mentoring and learning. Second Edition. Wiley.

M. A. Natanson(2013). Alfred Schutz' Theory of Communicative Action. *Human Studies*, *36*(3) 323-337. Springer.

M. Diane Klein, Ruth E. Cook 외(2006). (영유아 교육현장) 장애유아 통합교육 전략. M. Diane Klein, Ruth E. Cook, Anne Marie Richardson-Gibbs [공] 지음; 유수옥, 문연심, 김호연, 송미선, 김혜경, 심성경, 박주희 옮김. Strategies for including children with special needs in early childhood settings. 서울 : 창지사.

MacKinnon, C.(2005), Character Possession and Human Flourishing, in Character

Psychology and Character Education, Lapsley, D. K., Power, F. C.(Eds.), 정창우역(2008), 도덕 심리학과 도덕교육, 인간사랑.

Martin Buber(2007). Das Problem des Menschen, 인간의 문제, 윤석빈 옮김. 길.

Marvin W. Berkowitz(2002). The science of character education. Bring in a new era in character education, 508, 43-63.

Milson, A. J.(2001). Teacher efficacy and character education. paper presented at the Annual Meeting of the American Education Research Association, 1-32, April 10-14 Seattle, WA.

Mitchell, A.(1997). Reflections on early childhood leadership development: Finding your own path. Leadership in early care and education, 85-94.

Northouse P. G.(2001). 리더십: 이론 응용 비판 측정사례. 김남현, 김정원 옮김. 경문사.

Norton, B.(1997). Language, identity, and the ownership of English. *TESOL quarterly*, *31*(3), 409-429.Norton(1997).

Park, Peterson(2005). Park, N., Peterson, C., & Seligman, M. E. P. (2004). Strengths of character and well-being. *Journal of Social and Clinical Psychology*, *23*(5), 603-619.

Parker J. Palmer(2001). 가르칠 수 있는 용기. 이종인 옮김. 한문화.

Perterson(2006). Character strengths in organizations. Journal of Organizational Behavior/ Volume 27, Issue 8. Wiley

Piaget(2000). The Psychology of the Child. Basic Books.

Polanyni, M.(1958). *Personal knowledge: Towards a post-critical philosophy* . London: Routledge &Kegan Pau.l

Ross, D. D.(1989). First steps in developing a reflective approach. *Journal of teacher education*, *40*(2), 22-30.

Schussler, Bercaw, & Stooksberry(2008).

Stephanie Feeney, Nancy K. Freeman(2018). Ethics and the Early Childhood Educator: Using the NAEYC Code.

Tal Ben-Shahar(2011). 해피어(Happier). 위즈덤하우스.

Thomas Lickona(1998). 인격교육론. 박장호, 추병완 옮김. 백의.

Yukl, G.(2004). 현대조직의 리더십 이론. 이상욱 옮김. 시그마 프레스.

〈홈페이지 자료〉

국가법령정보센터, www.law.go.kr

국가직무능력표준. https://www.ncs.go.kr

NCS능력단위-보육연구학습모듈.

hrdc.hrdkorea.or.kr/hrdc/download/downloadFile.hrd?attachSeq=514569

국제대학 아동보육과(2015. 3. 17.). http://dept.kookje.ac.kr

경기 의왕시 L어린이집 블로그. http://littlefamily.co.kr

교육부. www.moe.go.krwww.moe.go.kr.

네이버 지식iN. https://kin.naver.comhttps://kin.naver.com

네이버 지식백과(2018). https://terms.naver.com/

네이버 블로그(해밀의 시대). https://blog.naver.com/bodeng5928/12020780643

뉴시스(2016. 10. 20.). http://www.newsis.com
뉴스포스트 페이스북(2015. 8. 11.). http://www.facebook.com/newspost.kr
랜드연구소. https://rand.org
매일경남뉴스(2018. 2. 25.). http://www.mgenews1.com
베이비뉴스(2013. 6. 27.).http://ibabynews.comhttp://www.ibabynews.com
보건복지부. http://www.mohw.go.kr
보듬손어린이집. imomtv1(보듬손어린이집, 2013. 6. 23.).
https://vidmoon.info/channel/youtube:UCoX8fDmUCbV0Rt9zJgpFLxA
생명보험사회공헌재단 수탁 어린이집 대상 보육교사생활수기 공모전(2016. 12. 23.).
http://m.blog.naver.com/PostList.nhn?blogId=lifefound
서울용산구육아종합지원센터. www.ysccic.or.kr
서울강남구건강가정지원센터www.gngfamily.com
성남시육아종합지원센터. http://littlefamily.co.kr
성남복지넷. http://www.snbokji.net
연합뉴스(2018. 10. 16.).
http://www.yna.co.kr/view/AKR20181016073100065?input=1195m
용인뉴스(2013. 9. 7.). http://yonginnews.net
위키백과. https://ko.wikipedia.org
인천광역시 육아종합지원센터. https://incheon.childcare.go.kr
전국장애아통합어린이집협의회 http://kidsinco.or.kr
쥰키TV(2018. 1. 5.). https://www.facebook.com/joonkiskhan
중앙육아종합지원센터, https://central.childcare.go.kr
청주시장애인가족지원센터. www.cjfamily.or.kr
채널 A(2017. 12. 5.). http://www.ichannela.com
한국교육학회.http://ekera.org
한국미래교육센터. www.한국미래교육센터.com
한국NLP연구소(2012). http://www.nlpkorea.kr
한국보육진흥원(2018). https://www.kcpi.or.kr
한국아동가족복지학회(2014). http://www.familywelfare.net
한국영리더십센터(2016). http://www.youngleadership.co.kr
한국코칭학회(2016. 4. 30. / 6. 12.). http://www.koreacoaching.kr
A. W. Smokey Linn의 시(1958). https://88jangsu.blog.me/160725421
YTN뉴스. https://www.ytn.co.kr

저자약력

이소희

현〉 숙명여대 아동복지학부 교수

숙명여대 및 동대학원 졸업, 아동복지학 박사
한국어린이집협회 간사
거여어린이집 원장
숙명유아원 원장
숙명여대 아동연구소 소장
한국영리더십센터 / 한국아동코칭센터 자문교수

대통령직속 유아교육개혁위원회 위원
여성가족부 보육정책원탁회의단 위원
한국코칭학회 회장
한국부모교육학회 회장
한국아동가족복지학회 회장

저서〉
『보육과정』(2013). 공저. 신정.
『보육실습』(2012). 공저. 동문사.
『보육학개론』(2019). 공저. 신정.
『아동복지』(2012). 양서원.
『아동권리와 아동복지』(2018). 신정.
『유아리더십교육의 이론과 실제』(2009). 공저. 창지사.
『가족복지』. 공저. 양지.
『멋진응원코칭(2009)』. 신정.
『코칭학개론(2014)』. 공저. 신정.

개발 프로그램〉
매일멋진영리더 / 매일멋진사람들 /
TREASURE Talk 상호작용 코칭프로그램
비전에니어그램 Basic & Plus
클로버 부모교육프로그램(*보건복지부, 중앙육아종합지원센터)

매일 멋진

보육교사 인성론과 리더십

초판 1쇄 인쇄 2019년 2월 28일
초판 1쇄 발행 2019년 3월 4일

지 은 이 | 이소희
펴 낸 이 | 김기섭
편 집 인 | 이초롱
펴 낸 곳 | 창지사 www.changJisa.com
08589 서울시 금천구 가산디지털 1로 83 파트너스타워 1차 9층
전화 (02)719-2211~3
팩스 (02)701-9386
등 록 | 1977년 4월 28일 · 제1-421호

ISBN 978-89-426-1196-6 (93370)

값 20,000원

이 도서의 국립중앙도서관 출판예정도서목록(CIP)은 서지정보유통 지원시스템 홈페이지(http://seoJi.nl.go.kr)와 국가자료공동목록시스템(http://www.nl.go.kr/kolisnet)에서 이용하실 수 있습니다(CIP제어번호: CIP2019007387).